U0925082

教育部人文社会科学研究规划基金项目资助

南亚恐怖主义与反恐合作研究

马 勇◎著

A Study of South Asia's Terrorism and Counter-terrorism Cooperation

时事出版社
北京

目录

绪 论

一、南亚范围的界定

南亚位于东南亚和西亚之间，人们习惯把喜马拉雅山脉西段和中段的南侧到印度洋之间的广大地区称为南亚。其中的陆地部分被称为“南亚次大陆”。南亚南临印度洋，北接喜马拉雅山，面积约 482 余万平方千米，人口约 17.3 亿。[①] 南亚次大陆的北部是喜马拉雅山脉南侧的山地，南部是德干高原，山地和高原之间是广阔的印度河—恒河平原。次大陆北部的喜马拉雅山脉，西起帕米尔高原，东至中缅边界，全长约 2500 千米，与西北部的喀喇昆仑山脉和兴都库什山脉以及东北部的那加山脉一起形成了一道天然屏障，只有少数山口与外界相通[②]。位于次大陆南部的印度洋战略意义重大，它是连接大西洋和太平洋的交通纽带，是世界的经济命脉。世界海权理论之父马汉就曾说，“谁控制了印度洋，谁就控制了整个亚洲，印度洋是七大洋的关键。”[③]

长期以来，在中外学术界关于南亚国家的范围并不统一。一般认为，南亚国家包括印度、巴基斯坦、尼泊尔、不丹、孟加拉国、斯里兰卡、马尔代夫，而阿富汗被归入南亚国家、中亚国家及西亚国家等情况都存

---

① 数据来源：依据中华人民共和国外交部网站，http：//www.fmprc.gov.cn/web/gjhdq_676201/，其中，印度面积不包括中印边境印占区和克什米尔印度实际控制区等、巴基斯坦面积不包括巴控克什米尔地区。

② 孙士海：《南亚的政治、国际关系及安全》，中国社会科学出版社，1998 年版，第 2 页。

③ ［美］马汉著，萧伟中、梅然译：《海权论》，中国言实出版社，1997 年版，第 259 页。

在。阿富汗处于南亚和中亚以及西亚的交会点，长期以来其地缘政治位置归属存有争议。在此基础上，衍生出“大中亚”说、“大中东”说、“大亚太”说、“帕西”说及“中南亚”说等，而且似乎都有道理。[①]

“9·11”事件前，一些中国学者有关南亚问题的研究中并未涉及阿富汗。[②]“9·11”事件后，在中外关于南亚问题特别是南亚恐怖主义与反恐问题的研究中，阿富汗似乎已成为不可或缺的部分。2005 年，阿富汗正式加入南亚区域合作联盟。此后，阿富汗被视为南亚国家似乎顺理成章了。尽管如此，近年来仍然有一些中国学者在南亚问题研究中避开了阿富汗。[③] 值得注意的是，这种情况也在变化，把阿富汗归入南亚国家在成为一种趋势。[④] 中国还有一些学者认为，将阿富汗归入“中南亚”似乎更为合理，尽管他们所界定的“中南亚”范围并不一致。[⑤]

在包括美国、印度、巴基斯坦等国家的国外学术界，也存在上述类似的争议。然而，联合国、美国等国际组织和国家早已将阿富汗视为南亚国家。联合国会员国情况介绍中，将阿富汗归入南亚国家[⑥]；“9·11”事件前，美国国务院发布的《全球恐怖主义形势报告》（1996 年）中已将阿富汗归入南亚。[⑦] 美国中央情报局也是把阿富汗列为南亚国家。[⑧]

在与南亚恐怖主义问题研究相关的网站中，毫无疑问，南亚恐怖主义门户网站（South Asia Terrorism Portal，SATP）是非常重要的一个网站，而这个网站截至 2017 年 10 月未将阿富汗恐怖主义单列出来，尽管在南亚恐怖主义形势的评估中有时有所提及。

---

① 潘志平主编：《中南亚的民族宗教冲突》，新疆人民出版社，2003 年版，第 3—6 页。

② 林良光、叶正佳、韩华：《当代中国与南亚国家关系》，社会科学文献出版社，2001 年版。

③ 胡志勇：《21 世纪初期南亚国际关系研究》，上海社会科学院出版社，2013 年版；任佳主编：《南亚国情研究》，中国社会科学出版社，2012 年版。

④ 任佳主编：《南亚国情研究》（第二辑），中国社会科学出版社，2015 年版。

⑤ 胡志勇等著：《中—南亚地区安全报告》，知识产权出版社，2013 年版，第 1 页。

⑥ Afghanistan，http：//data. un. org/CountryProfile. aspx？crName = Afghanistan.

⑦ Patterns of Global Terrorism Report 1996，https：//1997 – 2001. state. gov/www/global/terrorism/1996Report/1996index. html.

⑧ The World Factbook，https：//www. cia. gov/library/publications/resources/the-world-factbook/fields/2023. html#11.

鉴于阿富汗的地缘位置及其南盟成员国身份，以及阿富汗的恐怖主义与反恐问题与南亚其他国家的密切关联性，在我们的研究中阿富汗是重点研究的南亚国家之一。

二、什么是恐怖主义?

(一) 恐怖主义的界定

“9·11”事件以来，恐怖主义一词充斥于各类媒体之中，恐怖主义问题似乎已成为国际政治中的最大热点之一。然而，恐怖主义可能是一般国际法中最难界定的术语①。迄今为止，国际社会就恐怖主义定义并未达成共识。在南亚地区，关于恐怖主义的认知，各国学术界和官方也存在分歧甚至矛盾。毋庸置疑，南亚各国、美国等国政府以及南亚区域合作联盟（以下简称“南盟”）、联合国、北大西洋公约组织（以下简称“北约”）、上海合作组织（以下简称“上合组织”）等官方的界定，对于我们认识和理解南亚地区的恐怖主义尤为重要。

作为南亚最大国家的印度，深受恐怖主义困扰。1985 年 5 月和 1987 年 5 月，印度国会分别通过《恐怖主义和破坏性活动（预防）法》(1985) 和《恐怖主义和破坏性活动（预防）法》(1987)。2001 年 1 月，印度总统纳拉亚南公布《防止恐怖主义法》。这些法律对恐怖主义的界定为印度反恐提供了重要的法律依据。

在国际反恐领域，美国掌握非同寻常的话语权。美国政府将恐怖主义界定为“亚国家集团或秘密机构对非战斗人员实施的、有预谋的、有政治动机的暴力行为，通常旨在影响其拥护者”②。这一定义将恐怖主义界定为暴力行为，而且强调其政治动机，但将国家行为体直接排出在恐怖主义实施主体之外。美国联邦调查局（FBI）所界定的恐怖主义“是

---

① Javaid Rehman, Islamic State Practices, International Law and the Threat from Terrorism: A Critique of the “Clash of Civilisations” in the New World Order, Oxford: Hart, 2005, p. 73.

② ［美］哈里·亨德森著，贾伟等译:《全球恐怖主义——完全参考指南》，中国社会科学出版社，2003 年版，第 4 页。

通过对人们或财产非法使用武力或暴力，来恐吓或胁迫政府和平民或其中任何一方面，以达到其政治或社会目标。”① 这是一个较为简洁的定义，将恐怖主义定性为暴力或武力的非法使用，其作用方式是恐吓或胁迫政府或平民，目标可能是政治性的、也可能是社会性的。这一定义在美国联邦调查局统计和分析恐怖主义问题时被长期使用。

最大的全球性国际组织——联合国从 20 世纪 70 年代开始，就试图界定恐怖主义，但由于成员国，特别是发达国家与阿拉伯国家以及苏联东欧集团之间存在严重分歧，一直未能达成共识。2005 年 3 月 17 日，联合国专家小组界定恐怖主义为：故意造成平民或非战斗人员死亡或严重人身伤害，目的是恐吓民众或迫使政府或国际组织实施或不实施某种行为。② 虽然这个界定并非联合国的正式定义，但对于会员国增进共识仍然不乏借鉴意义。

北约将恐怖主义定义为对个人或财产非法使用或威胁使用武力或暴力，企图胁迫或威胁政府或社会，以实现政治、宗教或意识形态目标。③ 在此，恐怖主义的目标不限于政治目标，还包括宗教或意识形态目标。

上合组织成员国签署的《打击恐怖主义、分裂主义和极端主义上海公约》，对恐怖主义做出了明确界定：致使平民或武装冲突情况下未积极参与军事行动的任何其他人员死亡或对其造成重大人身伤害、对物质目标造成重大损失的任何其他行为，以及组织、策划、共谋、教唆上述活动的行为，而此类行为因其性质或背景可认定为恐吓居民、破坏公共安全或强制政权机关或国际组织以实施或不实施某种行为，并且是依各方国内法应追究刑事责任的任何行为。④ 这不仅使上合组织成员国之间

---

① FBI Analysis of Terrorism Incidents in the United States 1982, http: //www. mipt. org/pdf/TerrorismInUS1982. pdf.

② Mussarat Jabeen, Ishtiaq A. Choudhry, Role of SAARC for Countering Terrorism in South Asia, South Asian Studies, Vol. 28, No. 2, July-December 2013, p. 390.

③ Gábor IKLÓDY, The New Strategic Concept and the Fight Against Terrorism: Challenges & Opportunities, Defence Against Terrorism Review, Vol. 3, No. 2, Fall 2010, p. 4.

④ 赵秉志：《惩治恐怖主义犯罪理论与立法》，中国人民公安大学出版，2005 年版，第 354—355 页。

反恐合作具有重要法律基础，也为上合组织成员国参与南亚地区的反恐合作提供重要指导。

《南亚区域合作联盟制止恐怖主义公约》的第1条和《南盟制止恐怖主义公约附加议定书》的第3条，明确界定恐怖主义行为是犯罪行为，即“任何意图对平民造成死亡或严重人身伤害的行径，这种行为的性质或目的是恐吓民众，或强迫政府或国际组织实施或不实施某种行为”，“如果任何人以任何方式直接或间接，非法和故意地提供或募集资金，意图使用该资金或事前了解它们将会全部或部分用于恐怖主义行为”也将被视为恐怖主义行为。[①] 这个公约和议定书为南盟成员国开展反恐合作提供了基本的法律框架，尽管这个框架很虚弱。

尽管各种恐怖主义定义之间存在不同程度的差异，但对恐怖主义的揭示，可以归纳出一些共同的要素，恐怖主义行为至少包括四种要素：（1）暴力行为；（2）具有政治动机或目标；（3）对无辜者的犯罪；（4）使民众产生害怕和恐惧的反应。[②] 这概括了恐怖主义构成的一般要素，但不够具体，也不够全面。恐怖主义的构成要素应该包括：（1）主体——个人、组织以及国家；（2）客体——平民、政府官员、非战斗状态的军事人员以及政治经济目标和公共设施；（3）动机——影响或改变政府决策、实施报复以及获取经济利益；（4）方式——营造恐怖气氛；（5）后果——造成人员伤亡、公共设施破坏；（6）性质——属于违反国内或国际法的犯罪行为；（7）手段——使用暴力或技术手段。

（二）南亚恐怖主义的类型

由左翼组织、民族—政治组织、政治—宗教组织和运动所推行的意识形态极端主义、恐怖主义和叛乱对所有南亚国家构成威胁。[③]

---

① SAARC Regional Convention on Suppression of Terrorism, Additional Protocol to the SAARC Regional Convention on Suppression of Terrorism, http: //saarc-sec. org/digital_library.

② Cindy C. Combs, Terrorism in the Twenty-First Century, Upper Saddle River, N. J. : Prentice Hall, 2003, p. 17.

③ Rohan Gunaratna, Current and Emerging Threat of Terrorism in South Asia , Pakistan Journal of Criminology, Vol. 5, No. 2, 2013, p. 116.

在南亚，按照起因，恐怖主义可以分为宗教极端型恐怖主义、左翼激进型恐怖主义、民族分裂型恐怖主义。宗教极端型恐怖主义是指带有明显宗教狂热色彩的或打着宗教旗号的新兴教派或膜拜团体的狂热性引发的恐怖主义活动，是最为悠久的恐怖主义类型之一。一些激进势力打着伊斯兰旗号从事恐怖主义活动，加之西方媒体的渲染，使得当今世界恐怖主义图谱中所谓的“伊斯兰极端恐怖主义”似乎已成为最主要的类型。在南亚地区，宗教极端型恐怖主义主要与伊斯兰教联系在一起，也存在与印度教和锡克教甚至基督教相关联的宗教极端型恐怖主义，但是，这并不意味着这些宗教导致了恐怖主义，更不能将恐怖主义与这些宗教画等号。

所谓左翼激进型恐怖主义，即左派恐怖组织从事的恐怖主义，这些组织是指那些在意识形态上自我标榜为信奉“马克思—列宁主义”，并以变革社会制度为奋斗目标，采取各种恐怖手段进行暴力活动的团体。[①] 这类恐怖主义虽然打着社会主义旗号，但这并不能表明社会主义运动必然产生恐怖主义。如果说意识形态型恐怖主义与社会主义有某种联系的话，那也只是对社会主义的歪曲或异化。在南亚地区，印度、尼泊尔、不丹等国都曾遭受或仍在遭受左翼激进型恐怖主义的困扰。尽管南亚的某些左翼组织被一些国家指认为恐怖组织，但左翼激进型恐怖主义问题在国际上一直存有争议，同时不能否认的是，左翼激进势力确实借助恐怖袭击活动形式，以实现其政治目标。

著名学者王逸舟认为：“民族主义表达了一种强烈的、通常已经意识形态化了的族际情感。它有时作为一种思想状态，吸引族内每个个人忠诚和报效热情；它有时变成一种形态化的理论和政策，为实际的民族成长过程提供原则和观念；它有时充当一种运动的口号和象征，起着支持或分裂民族国家的巨大作用；它还可以有多种变形，一切视具体的条件和场合而定。”[②] 显然，民族主义的表现形式以及影响和作用都是十分复

① 刘玉霞编著：《国际恐怖活动》，时事出版社，1985 年版，第 4 页。
② 王逸舟：《当代国际政治析论》，上海人民出版社，1995 年版，第 96—97 页。

杂的。在民族主义演化和发展的进程中，“民族自决”的理念和实践成为核心内容之一。然而，“民族主义”和“民族自决”作为旗帜被极端民族主义势力擎起时，往往可能滑向恐怖主义，即民族分裂型恐怖主义。民族分裂型恐怖主义根源于对本民族领土、语言、宗教、文化、心理、生活习俗与生活方式的极端认同，为实现本民族完全的自治或独立，不惜采用恐怖主义手段。这类恐怖主义与民族主义的兴起有着直接的联系，不仅在历次民族自决浪潮中都有程度不同的表现，而且其危害也呈现加剧趋势。在南亚，民族分裂型恐怖主义在印度、巴基斯坦、斯里兰卡及阿富汗有程度不同的表现和影响。

（三）恐怖主义与“叛乱”

恐怖主义早已成为一个令人憎恶的术语，无论个人或组织被指称或关联恐怖主义时，都必将成为众矢之的。“恐怖主义”已成为流行的标签，特别是在“9·11”事件后，南亚国家政府开始把许多国内政治暴力活动称作“恐怖主义”。所有的基于政治动机的暴力，如叛乱、反叛、武装斗争，基于宗教动机的“圣战”、低烈度冲突、政治谋杀和暗杀，左翼暴力，甚至骚乱，统统称为恐怖主义。这样一来，政府可以把这些组织排出到法律框架以外，进而禁止他们的存在和活动。[①] 的确，反对或打击恐怖主义正在成为一些国家应对国内政治反对势力以及国际对手“非常好用的工具”之一。

恐怖主义可以理解为使用或主张使用无规则的暴力或技术手段，或是袭击平民或袭击公用设施，以图达到政治目的的一种行为与社会思潮。[②] 从政治角度或反政府的性质而言，在南亚地区，作为特定行为的恐怖主义与“叛乱”时常关联。叛乱被认为是非常规战争的重要组成部

① P. R. Kumaraswamy, Terrorism in South Asia: The Changing Trends Trends, in P. R. Kumaraswamy and Ian Copland eds, South Asia: The Spectre of Terrorism, New York: Routledge, 2009, p. 27.

② 李湛军:《恐怖主义与国际治理》，中国经济出版社，2006 年版，第 21 页。

分，也被称为“非常规冲突”的一种形式。[①] 美国政府将叛乱定义为“利用颠覆和暴力来夺取、取消或挑战某一地区的政治控制”。[②]

值得指出的是，叛乱和恐怖主义不是一回事。叛乱的目标通常是政治性的，是对当局的反抗；而恐怖主义仅是实现某种目标的策略。不过，叛乱分子有时也采用这种策略。[③] 恐怖主义与“叛乱”在许多情况下混杂在一起、合二为一，但并非所有的“叛乱”都等同于恐怖主义。换言之，在南亚，并非所有的恐怖主义都表现为叛乱。在叛乱的范围内，叛乱分子可能采取并运用各种方法和方式来实现他们的目标，如恐怖主义、颠覆和非常规战争。[④] 在南亚地区，反恐与反叛往往结合在一起，尽管二者也不能完全等同起来。叛乱者诉诸恐怖主义手段，对国家安全构成了严峻的挑战。它不仅质疑国家对暴力的垄断——任何暴力性的反对行为都表达了这种质疑——而且表明国家对其最重要的工作不再有能力处理，也不再能够为其公民提供基本的安全保障。[⑤] 在南亚的民族分离运动中，恐怖暴行曾被一些激进势力所推崇。显然作为政治武器的恐怖主义是叛乱的前奏，恐怖分子希望通过迫使合法政府屈从基于少数民族认同的不合理要求，实现少数民族的自治，最终通过国家分裂建立少数民族自己的国家。[⑥]

---

① Harald Havåll, Lessons of the Classical Literature on Counterinsurgency and Its Applicability to the Afghan Hybrid Insurgency, 2008, https://www.files.ethz.ch/isn/92745/Lessons%20of%20the%20classifical%20literature%20on%20counterinsurgency.pdf.

② U.S. Government Counterinsurgency Guide, January 2009, https://www.state.gov/documents/organization/119629.pdf.

③ Rochana Das, Secrity and Terrorism: The North-east India, in Omprakash MIshra and Sucheta Ghosh eds., Terrorism and Low Intensity Conflict in South Asian Region, New Delhi: Manak Publications, 2003, p. 461.

④ Haldun YALÇINKAYA, Dilaver Arıkan AÇAR, NATO Peacekeeping in Afghanistan: Expanding the Role to Counterinsurgency or Limiting it to Security Assistance, Defence Against Terrorism Review, Vol. 2, No. 2, Fal l 2009, p. 66.

⑤ 依高普里·莫拉兹：《国家恐怖主义和反恐怖主义》，载［英］依高普里·莫拉兹编，周展、曹瑞涛、王俊译：《恐怖主义研究——哲学上的争议》，浙江大学出版社，2010年版，第173页。

⑥ Niranjan Dass, Terrorism and Militancy in South Asia, New Delhi: MD Publications Pvt Ltd., 2006, p. 172.

恐怖主义既可以通过特定行为或活动来表现，也可以体现为特定思潮或思想，但关于恐怖主义的理解及研究更多集中于其特定行为或活动，即恐怖活动。

（四）恐怖活动及其实施主体

《中华人民共和国反恐怖主义法》将恐怖活动界定为下列行为：第一，组织、策划、准备实施、实施造成或者意图造成人员伤亡、重大财产损失、公共设施损坏、社会秩序混乱等严重社会危害的活动的；第二，宣扬恐怖主义，煽动实施恐怖活动，或者非法持有宣扬恐怖主义的物品，强制他人在公共场所穿戴宣扬恐怖主义的服饰、标志的；第三，组织、领导、参加恐怖活动组织的；第四，为恐怖活动组织、恐怖活动人员、实施恐怖活动或者恐怖活动培训提供信息、资金、物资、劳务、技术、场所等支持、协助、便利的；第五，其他恐怖活动。[①]恐怖活动主要表现为针对非战斗目标（特别是无辜平民目标）的暗杀、爆炸、绑架与劫持人质、劫持交通工具、施毒、危害计算机系统以及其他形式的违法或刑事犯罪性质的暴力、暴力威胁或非暴力破坏活动。[②]显而易见，造成严重威胁和后果的恐怖活动往往是暴力恐怖袭击活动即暗杀和爆炸等激烈的暴力形式，而自杀式袭击为最极端的暴力恐怖活动形式。

值得注意的是，暗杀和爆炸乃至自杀式袭击也常用于战争尤其是游击战中。如果游击战的实践者不将自己的打击目标锁定在对方的平民目标或非交战人员以及与军事无关的住宅区、学校、机关和医院等，并且遵守国际公约，那么，游击战只是一种非正规的作战形式，不能将它与恐怖主义划等号。但是，如在游击战中蓄意袭击平民和民用目标，系统地使用非常规的恐怖手段来打击非交战人员以达到战场上不可能达到的

① 《中华人民共和国反恐怖主义法》，中国人大网，2015 年 12 月 27 日，http：//www.npc.gov.cn/npc/xinwen/2015－12/28/content_1957401.htm。

② 胡联合：《准确把握恐怖主义的基本含义》，《国际政治研究》，2006 年第 3 期，第 69 页。

目的，那么，这样的游击战就已沦为恐怖主义。[①] 在南亚地区，游击战是叛乱组织常用的作战形式，而恐怖主义充斥其中。

一般来说，恐怖活动的实施主体即指恐怖分子或恐怖组织。在南亚恐怖主义的相关研究文献中，实施恐怖活动的主体有多种称谓，如"恐怖组织""激进组织""极端组织""宗教极端组织""反政府武装""叛乱组织""非政府组织"等等。更为重要的是，一些实施大量恐怖袭击活动尤其是针对平民的自杀式恐怖袭击的组织，并未被相关国家政府指认为恐怖组织如阿富汗塔利班。

关于恐怖主义与反恐合作的研究中，都离不开对具体恐怖活动的分析。本研究中涉及的恐怖活动实施主体，既包括被一国或多国政府或国际组织已认定的恐怖组织，也包括至今尚未被指认为恐怖组织的一些激进组织。鉴于恐怖主义定义及恐怖活动认定的复杂性，为便于分析，本研究中恐怖活动数据及相关细节主要来自南亚恐怖主义信息门户（SATP）、巴基斯坦的年度安全报告、全球恐怖主义数据库（GTD）的相关数据和美国国务院全球恐怖主义年度报告的相关部分，而兰德公司的恐怖主义数据库、西点军校打击恐怖主义中心的数据则作为参考。当然，在使用这些数据时，尽可能力求统一或相互应证。

三、南亚恐怖主义形势依然严峻

事实上，南亚恐怖主义从20世纪40年代末至1950年已经出现，一直持续到现在。[②] 20世纪最后十年南亚恐怖主义猖獗一时，在斯里兰卡有"泰米尔猛虎"组织，在尼泊尔有反对王室的"毛派"分子，同时印度、不丹、孟加拉国、巴基斯坦和阿富汗恐怖组织及其活动都在不断增多。统计数据显示，在南亚被恐怖主义严重影响的地区是一条走廊，这条走廊从孟加拉湾延伸到巴基斯坦的西北边境地区，跨越孟加拉国、印

① 朱威烈：《中东恐怖主义研究》，时事出版社，2010年版，第21—22页。

② S. D. Muni, Issues in South Asian terrorism, in Marika Vicziany ed., Controlling Arms and Terror in the Asia Pacific: After Bali and Baghdad, UK: Northampton: Edward Elgar, 2007, p. 215.

度、巴基斯坦和阿富汗，即所谓的“BIPA 走廊”。[①] 尽管南亚恐怖主义由来已久，但在国际媒体及恐怖主义研究领域长期以来处于边缘位置。事实上，冷战后期，西欧、中东、拉美和南亚可以称为国际恐怖主义的四大热点地区。[②] 无论国际媒体的曝光率还是相关研究成果，南亚都远不及中东及西欧国家。“9·11”事件将南亚推向了国际反恐的前沿，南亚地区的反恐受到空前重视。10 余年来，南亚地区各国反恐及国际反恐合作可谓战绩辉煌。本·拉登的庇护者塔利班政权已被推翻；2011 年 5 月 1 日，本·拉登已被美国特种部队击毙；“基地”组织最初的领导层中有 75% 的人被俘或身亡[③]，可谓元气大伤；在南亚活跃的其他恐怖组织也受到美国、南亚国家及其他相关国家的不同程度打击，然而，南亚的恐怖主义形势依然严峻，“越反越恐”似乎成为南亚地区短期内难以改变的趋势。

就次区域而言，南亚的恐怖主义排在整个世界的前列。南亚各国存在的恐怖主义威胁程度存在显著差别。阿富汗、巴基斯坦、印度不仅在南亚范围内是重灾区，而且也是当今世界遭受恐怖主义威胁最为严重的三个国家。根据《全球恐怖主义指数》，2013 年，在 163 个国家和地区中，阿富汗排第 2 位，仅次于伊拉克，巴基斯坦和印度分列第 3 位和第 6 位；2014 年，在 162 个国家和地区中，阿富汗排第 2 位，仅次于伊拉克，巴基斯坦和印度分列第 4 位和第 6 位；2015 年，在 163 个国家和地区中，阿富汗排第 2 位，仅次于伊拉克，巴基斯坦和印度分列第 4 位和第 8 位。[④]

---

① Chiran Jung Thapa, Counter-terrorism and Regional Cooperation in South Asia, in Anand Kumar ed., The Terror Challenge in South Asia and Prospect of Regional Cooperation, New Delhi: Pentagon Security International, 2012, p. 119, 131.

② 花军、韩本毅：《国际恐怖主义》，中国人民大学出版社，1989 年版，第 118 页。

③ ［美］奥德丽·克罗宁著，宋德星、蔡焱译：《恐怖主义如何终结》，金城出版社，2017 年版，第 205 页。

④ Global Terrorism Index 2014, http://visionofhumanity.org/app/uploads/2017/04/Global-Terrorism-Index-Report-2014.pdf; Global Terrorism Index2015, http://visionofhumanity.org/app/uploads/2017/04/2015-Global-Terrorism-Index-Report.pdf; Global Terrorism Index 2016, http://visionofhumanity.org/app/uploads/2017/02/Global-Terrorism-Index-2016.pdf.

自 2015 年开始，南亚地区恐怖主义整体形势趋于好转，在恐怖主义事件爆发的数量和死伤人数上都呈现明显的下降趋势。2015 年南亚地区共爆发了 4578 起恐怖袭击事件，共造成了 8293 人死亡，10229 人受伤，恐怖袭击事件和死亡人数分别下降了 8.3% 和 0.7%，受伤人数略有增长。2016 年，南亚地区的恐怖主义形势依然呈下降趋势，全年共爆发了 3628 起恐怖袭击事件，共造成 7774 人死亡，9273 人受伤，较 2015 年分别下降了 20.8%、6.3% 和 9.3%。阿富汗、巴基斯坦和印度依然是南亚地区受恐怖主义威胁最为严重的国家。2016 年，这三个国家共爆发了 3260 起恐怖主义袭击事件，造成了 7693 人死亡，9163 人受伤，分别占南亚地区的 89.9%、99.0%、98.8%。[①]

南亚被认为是发生核恐怖主义可能性最大的地区。印巴都是拥有核武器的国家，尤其是巴基斯坦的拥核加重了西方国家对南亚地区大规模杀伤性武器与恐怖主义结合的担忧。这种担忧一旦变成现实，无论对本地区还是整个世界都将造成灾难性的影响。

近年来，尤其是 2017 年“伊斯兰国”遭受重创，在中东已是穷途末路。但是，“伊斯兰国”在南亚地区的扩张似乎并未收敛，甚至有可能加剧。

四、南亚反恐合作的重要性日渐凸显

南亚地区的反恐合作始于“9·11”事件前，“9·11”事件后美国的深度介入是影响南亚地区反恐合作最为重要的因素。迄今为止，美国仍然在主导南亚地区的反恐合作进程。

在所有次区域中，南亚区域反恐合作的广度堪称史无前例，因为基于“9·11”事件的全球反恐战争赢得了全球范围内极为广泛的支持，尽管南亚地区无论是双边还是多边反恐合作的深度或许很有限。

---

① 作者对相关数据进行了整理、计算，数据来源：Global Terrorism Database，https://www.start.umd.edu/gtd/search/Results.aspx?expanded=yes&casualties_type=&casualties_max=&success=yes®ion=6&ob=GTDID&od=desc&page=1&count=100#results-table。

按照与反对或打击恐怖主义的关联度，南亚区域的反恐合作可以区分为直接的反恐合作和间接的反恐合作。直接的反恐合作包括：情报分享、司法协助、反恐援助、联合反恐演习与联合反恐军事行动及预防核恐怖主义等。间接的反恐合作则包括国家治理能力建设、禁毒、边境控制、网络治理、民生、教育等领域的合作。应该指出的是，阿富汗重建与和解已成为南亚地区反恐合作不可或缺的组成部分。

按照反恐合作涉及的范围，南亚区域的反恐合作大体上可以区分为两种主要形式：双边反恐合作和多边反恐合作。双边反恐合作可分为区域内双边反恐合作和跨区域双边反恐合作，区域内双边反恐合作以印度与其他南亚国家之间的双边反恐合作及巴基斯坦和阿富汗之间的双边反恐合作为主要内容，而跨区域双边反恐合作则是指区域外国家主要是美国、中国、俄罗斯、伊朗等国家与南亚国家之间的双边反恐合作。多边反恐合作则是基于区域性国际组织、全球性国际组织及多个国家基础上的反恐合作，既包括南盟、联合国、上合组织框架下的反恐合作，也包括解决阿富汗问题相关国家的三边对话、四边协调等多边合作。

南亚是一个具有独特地缘战略地位的地区，具有重要的意义。它靠近中东，尤其是波斯湾地区和中亚国家，使它不仅对大国非常重要，而且使世界其他地区也极为关注。[①] 在南亚国家的历史上，恐怖主义既是地缘竞争的手段，也是国际干预的借口。南亚反恐合作已成为南亚国家之间乃至大国之间的关系调整的一个重要变量。“9·11”事件后全球反恐战争的发动、“后撤军时代”的开启以及特朗普政府南亚战略的出台，不仅拉升大国对南亚地区的关切，也在牵动大国关系的深度调整。

南亚反恐合作在中国的安全战略和外交战略中的地位持续上升。对中国“西向战略”及“一带一路”倡议尤其是中巴经济走廊和孟中印缅

---

① Raja Qaiser Ahmed, Misbah Arif & Sheryar Khan, Security Architecture of South Asia: A New Framework of Analysis, The Dialogue, Vol. X, No. 3, 2015, p. 238.

经济走廊的实施和成败的重要性不可低估。南亚地区的反恐合作对中国而言，既是挑战，也是机遇。若南亚反恐合作失利，势将造成恐怖主义对中国的外溢及与中国境内恐怖主义势力之间联动的强化，直接威胁中国的周边安全。中国积极参与南亚地区反恐合作，有助于加强中国与南亚国家之间的互信，推进中国—南亚命运共同体的构建。

第一章
南亚的恐怖主义态势

从南亚历史上看，英国人第一次使用“恐怖主义”（恐怖分子）这一词汇，指的是使用武力反抗英国殖民者的印度人。独立前的英国统治者，将巴格特·辛格、钱德拉·阿扎德和其他许多印度独立战士，统统称为“恐怖分子”，其中印度教徒和锡克教徒多于穆斯林。[①] 显然，这在内涵上与当今世界包括南亚地区“恐怖主义”（恐怖分子）相去甚远。不能否认的是，恐怖主义曾夹杂于南亚某些国家的独立进程中。战后尤其是冷战结束以来，恐怖主义已经成为南亚地区无法回避的重大难题。除了马尔代夫这个远离大陆也远离南亚纷争的群岛国家以外，印度、巴基斯坦、斯里兰卡、孟加拉国和尼泊尔，都面临着严重而复杂的恐怖主义威胁。[②]

第一节　印度恐怖主义问题的历史演进

印度是南亚次大陆最大国家。地理面积约 298 万平方千米（不包括中印边境争端区和克什米尔印度实际控制区等），人口 12.95 亿（世界银行 2014 年统计数据）。印度有 100 多个民族，其中印度斯坦族约占总人口的 30%，其他较大的民族包括马拉提族、孟加拉族、比哈尔族、泰

① 邱永辉：《“印度教特性恐怖”——南亚安全新挑战》，任佳主编：《南亚国情研究》，中国社会科学出版社，2012 年版，第 228 页。

② 张家栋：《当代南亚恐怖活动状况》，《南亚研究》，2009 年第 2 期，第 26 页。

固族、泰米尔族等。世界各大宗教在印度都有信徒，其中印度教教徒和穆斯林分别占总人口的80.5%和13.4%。①

印度自1947年8月15日摆脱英国的殖民统治、获得独立以来，一直在朝"有声有色的大国"目标迈进，如今印度的崛起已受到国际社会广泛的关注及越来越多国家的重视。然而，恐怖主义成为印度的"大国崛起之绊"之一。印度独立以来，恐怖主义一直被激进分子、叛乱者甚至犯罪团伙用于反印度。②

据印度内政部的调查结果显示，其国内恐怖组织林立，约有175支恐怖组织在活动，1/3的国土受到影响——600多个地区中，有200多个深受恐怖活动的威胁。③ 印度是世界上受恐怖主义困扰最严重的国家之一，地区和国际层面有近100个恐怖组织应被取缔。④ 作为南亚地区的一个大国，印度至今仍无法摆脱恐怖主义的梦魇。

一、印度恐怖袭击的总体态势

在冷战时期，印度恐怖主义威胁已经凸显。拉吉夫·甘地总理曾感慨颇深地说："恐怖主义和教派主义是印度面临的最大威胁。"⑤

冷战结束后，印度恐怖主义威胁曾一度呈现蔓延之势。1992年12月6日，数千名狂热的印度教徒手持锄头铁棍，冲破军警的警戒线，捣毁了16世纪建造的位于印度北方邦阿约迪亚的巴布里清真寺，从而导致印度教徒同穆斯林之间一场蔓延全国的血腥冲突，几天之内造成1200人

① 《印度国家概况》，中华人民共和国外交部网站，http://www.fmprc.gov.cn/web/gjhdq_676201/gj_676203/yz_676205/1206_677220/。

② Arvind Gupta, Ashok Behuria, P. v. Ramana and Pushpita Das, India's Experience in Dealing with Terrorism, in Anand Kumar ed., The Terror Challenge in South Asia and Prospect of Regional Cooperation, New Delhi: Pentagon Security International, 2012, p. 45.

③ 聂云：《175支本土恐怖组织困扰印度》，《中国国防报》，2008年12月2日第3版。

④ Animesh Roul, 100 More Terrorist Groups Banned in India: What are India's Counterterrorism Priorities? Terrorism Monitor, Vol. 8, No. 22, June 4, 2010, http://www.jamestown.org/programs/tm/single/?tx_ttnews%5Btt_news%5D=36451&tx_ttnews%5BbackPid%5D=457&no_cache=1#.V9gKHOyEBpY.

⑤ 花军、韩本毅：《国际恐怖主义》，中国人民大学出版社，1989年版，第150页。

丧生，5000 人受伤。这是 1948 年以来印度发生的最严重的教派冲突导致的流血事件。[①] 这一事件对激发印度宗教极端型恐怖主义产生不可低估的影响。1993 年 3 月 12 日，孟买发生恐怖袭击，造成 257 人死亡，713 人受伤。[②] 这是印度历史上最严重的恐怖袭击事件之一。“9・11”事件前，除了 1999 年，在 1994—2001 年间，印度每年发生的恐怖袭击造成的平民死亡人数都在 1500 人以上（见表 1—1）。可见，印度恐怖主义形势之严峻。

表 1—1　恐怖袭击造成的死亡人数

（1994—2001 年）

年份	平民	安全人员	恐怖分子	合计
1994	1696	417	1919	4032
1995	1779	493	1603	3875
1996	2084	615	1482	4181
1997	1740	641	1734	4115
1998	1819	526	1419	3764
1999	1377	763	1614	3754
2000	1803	788	2384	4975
2001	1693	721	3425	5839

数据来源：India Fatalities：1994—2017，http：//www. satp. org/satporgtp/countries/india/database/indiafatalities. htm。

尽管“9・11”事件以来，印度恐怖袭击造成的死亡人数整体上呈下降趋势（见表 1—2），但这不足以表明恐怖主义威胁减弱。2005 年 10 月 29 日，新德里发生连环爆炸，造成 62 人死亡，188 人受伤。[③] 2006 年

① 蒋恺：《印度的毁寺事件说明了什么》，《和平与发展》，1993 年第 1 期，第 28 页。

② P. R. Kumaraswamy，Terrorism in South Asia：The Changing Trends Trends，in P. R. Kumaraswamy and Ian Copland eds.，South Asia：The Spectre of Terrorism，New York：Routledge，2009，p. 49.

③ 中国现代国际关系研究院反恐怖研究中心编：《国际恐怖主义与反恐怖斗争年鉴（2005）》，时事出版社，2006 年版，第 66 页。

7 月 11 日，孟买郊区发生 7 起连环爆炸事件，造成 100 多人死亡，260 多人受伤；同年 9 月 8 日，马哈拉施特拉邦西部城市马勒岗连续发生爆炸，造成 32 人死亡，290 多人受伤。① 2008 年 11 月 26 日，孟买恐怖袭击事件的发生引起了世界轰动，使印度再一次被笼罩在恐怖主义的阴霾之下。恐怖分子攻击了政府、宾馆、车站等多个目标，与反恐部队进行了大约 60 个小时的对峙。此次事件造成至少 183 人死亡，300 多人受伤，而死亡人员当中包括 22 名外国人，其中有 6 名美国人和 14 名警察和安全部队的成员②。这一事件突显出了印度严峻的反恐形势。

表 1—2　恐怖袭击造成的死亡人数

（2002—2010 年）

年份	平民	安全人员	恐怖分子	合计
2002	1174	623	2176	3973
2003	1187	420	2095	3702
2004	886	434	1322	2642
2005	1212	437	1610	3259
2006	1118	388	1264	2770
2007	1013	407	1195	2615
2008	1007	374	1215	2596
2009	720	431	1080	2231
2010	759	371	772	1902

数据来源：India Fatalities：1994—2017，http：//www. satp. org/satporgtp/countries/india/database/indiafatalities. htm。

2011 年以来印度恐怖袭击造成的平民死亡人数明显减少（见表 1—3），2011 年至 2014 年恐怖袭击造成的平民死亡人数均在 400 人左右，

① 中国现代国际关系研究院反恐怖研究中心编：《国际恐怖主义与反恐怖斗争年鉴（2006）》，时事出版社，2007 年版，第 64 页。

② Country Reports on Terrorism 2008-India，http：//www. unhcr. org/refworld/country,，USDOS,，IND,，49fac6a8c，0. html.

而2015年和2016年恐怖袭击造成的平民死亡人数分别为202人和160人。应该说印度恐怖主义威胁已经大为缓解。

表1—3 恐怖袭击造成的死亡人数

(2011—2017年)

年份	平民	安全人员	恐怖分子	合计
2011	429	194	450	1073
2012	252	139	412	803
2013	303	193	388	884
2014	407	161	408	976
2015	181	155	386	722
2016	202	180	516	898
2017	160	144	333	637

数据来源：India Fatalities：1994—2017，数据截至2017年10月15日，http：//www. satp. org/satporgtp/countries/india/database/indiafatalities. htm。

长期以来，印度受到恐怖主义、分裂主义运动和低烈度冲突的困扰。印度东北地区的叛乱持续不断，而西部地区也是不稳定的地区，大量毛派左翼极端分子在印度中部和东部地区活动。[①] 恐怖或激进组织及其实施的恐怖袭击活动在印度不同地区呈现出明显差异。

二、印度恐怖袭击的区域分布

印度恐怖袭击的区域分布态势大体上可以划分为查谟—克什米尔邦、印度的东北部和所谓的“红色走廊”地带。

---

① Chiran Jung Thapa, Counter-terrorism and Regional Cooperation in South Asia, in Anand Kumar ed. , The Terror Challenge in South Asia and Prospect of Regional Cooperation, New Delhi: Pentagon Press, 2012, p. 133.

（一）查谟—克什米尔邦

查谟和克什米尔位于巴基斯坦西北部、印度东北部，与中国的新疆、西藏毗邻，西北部与阿富汗接壤，信仰伊斯兰教的居民约占77%，信仰印度教的占20%。随着世界范围的伊斯兰复兴运动的兴起，印控克什米尔地区出现两股不同的政治势力：一支是“克什米尔和查谟解放阵线”，要求民族自决、民族独立，鼓吹在民族主义基础上建立一个独立的克什米尔国家；另一支是“伊斯兰圣战者党”，主张用“圣战”反对印度教的统治，改变克什米尔的地位，将该地区并入巴基斯坦。1987年，印控克什米尔地区的穆斯林组成“穆斯林联合阵线”，在合法斗争失败后转向暴力对抗，从1989年起暴力冲突不断。① 这一地区的恐怖袭击在1988年造成的死亡人数为31人，其中包括平民29人，安全人员和恐怖分子各1人。1989年恐怖袭击造成的死亡人数增加197%，达92人，其中平民的死亡增幅为172%，达79人。1990年，这一地区的恐怖袭击暴增，造成的死亡人数达1177人，其中平民死亡人数为862人，较前一年增加991%。此后这一地区的恐怖主义威胁居高不下，持续至1996年（见表1—4）。围绕着查谟—克什米尔争端发生的印度教徒与伊斯兰教徒之间的冲突，是印度面临的主要恐怖主义威胁来源。②

表1—4 查谟—克什米尔恐怖袭击造成的死亡人数

（1988—1996年）

	平民	安全人员	恐怖分子	合计
1988	29	1	1	31
1989	79	13	0	92

① 高永久、李洁：《论中南亚的伊斯兰复兴运动及对中国的影响》，《烟台大学学报（哲学社会科学版）》，2006年第4期，第438页。

② 张家栋：《当代南亚恐怖活动状况》，《南亚研究》，2009年第2期，第26页。

续表

	平民	安全人员	恐怖分子	合计
1990	862	132	183	1177
1991	594	185	614	1393
1992	859	177	873	1909
1993	1023	216	1328	2567
1994	1012	236	1651	2899
1995	1161	297	1338	2796
1996	1333	376	1194	2903

数据来源：Fatalities in Terrorist Violence 1988—2017，http：//www. satp. org/satporgtp/countries/india/states/jandk/data_sheets/annual_casualties. htm。

自 1997 年始，查谟—克什米尔地区的恐怖主义威胁逐渐减弱。2001 年略有反弹，然后持续减弱（见表 1—5）。

表 1—5　查谟—克什米尔恐怖袭击造成的死亡人数（1997—2006 年）

	平民	安全人员	恐怖分子	合计
1997	840	355	1177	2372
1998	877	339	1045	2261
1999	799	555	1184	2538
2000	842	638	1808	3288
2001	1067	590	2850	4507
2002	839	469	1714	3022
2003	658	338	1546	2542
2004	534	325	951	1810
2005	521	218	1000	1739
2006	349	168	599	1116

数据来源：Fatalities in Terrorist Violence 1988—2017，http：//www. satp. org/satporgtp/countries/india/states/jandk/data_sheets/annual_casualties. htm。

2004 年克什米尔地区的暴力活动有所减少，主要原因是：印巴关系回暖导致两国在 2003 年停火。更重要的原因是，在国际社会的压力下，印巴被迫对于本国领土上的激进分子的训练营采取行动。①

2007 年以来，查谟—克什米尔地区的恐怖主义威胁持续减弱，而这一态势在 2011 年后更加明显（见表 1—6）。之所以如此，主要因为：（1）维持社会化稳定、大力发展查谟—克什米尔地区的经济建设成为民心所向；（2）政府加大在查谟—克什米尔地区的警力投入；（3）巴基斯坦方面对查谟—克什米尔地区宗教极端组织的支持和煽动明显减少。② 2016 年，这一地区恐怖袭击造成的死亡人数为 267 人，其中平民 14 人，安全人员 88 人，恐怖分子 165 人。可以说，这一地区的恐怖主义威胁已基本上被有效遏制。

表 1—6 查谟—克什米尔地区的恐怖袭击造成的死亡人数
（2007—2017 年）

	平民	安全人员	恐怖分子	合计
2007	164	121	492	777
2008	69	90	382	541
2009	55	78	242	375
2010	36	69	270	375
2011	34	30	119	183
2012	16	17	84	117
2013	20	61	100	181
2014	32	51	110	193
2015	20	41	113	174
2016	14	88	165	267
2017	49	65	176	290

数据来源：Fatalities in Terrorist Violence 1988—2017，2017 年数据截至 2017 年 10 月 22 日，http：//www. satp. org/satporgtp/countries/india/states/jandk/data_sheets/annual_casualties. htm。

① B. K. Singh，Insurgency and terrorism in India and Pakistan，Delhi：A. k. Publications，2009，p. 19.

② 中国现代国际关系研究院反恐怖研究中心编：《国际恐怖主义与反恐怖斗争年鉴（2011）》，时事出版社，2014 年版，第 62 页。

在这一地区活动的恐怖组织或激进组织主要有“白达尔”“乌玛尔圣战军”“杜卡塔兰战士”“圣战者运动党”“伊斯兰圣战运动”“圣战者真主党”“穆罕默德军”“圣战者运动”“查谟克什米尔伊斯兰阵线”“虔诚军”等。“虔诚军”在当地曾颇为活跃，其主要目标是要结束印度对印控克什米尔的控制权，并通过采取在印国内以及印控克什米尔地区不断制造恐怖袭击的方式实现其目的。然而在对待“虔诚军”问题上，巴当局态度模糊，甚至暗中支持和帮助，助长了这一地区的恐怖主义威胁。

（二）印度的东北部

印度东北部包括阿萨姆、那加兰、梅加拉亚、曼尼普尔、特里普拉和米佐拉姆六邦及印度非法成立的所谓“阿鲁纳恰尔邦”（中国藏南地区）。1992 年以来，这一地区恐怖袭击造成的平民伤亡持续增加，直到 2000 年达到 946 人（见表 1—7）。

表 1—7　印度东北地区恐怖袭击造成的死亡人数
（1992—2000 年）

年份	平民	安全人员	恐怖分子	合计
1992	257	115	120	492
1993	551	188	174	913
1994	685	181	192	1058
1995	621	196	254	1071
1996	710	236	285	1231
1997	839	289	556	1684
1998	865	189	375	1429
1999	577	203	433	1213
2000	946	151	599	1696

数据来源：Fatalities in Terrorist Violence in India’s Northeast 1992—2017，http：//www. satp. org/satporgtp/countries/india/database/fatalitiesnorteast2006. htm。

自2001年起，印度东北地区恐怖袭击造成的平民死亡人数开始减少，2009年已减至270人（见表1—8）。在这一时期，也发生过恶性恐怖袭击事件。2008年10月30日，阿萨姆邦首府发生12起连环爆炸，造成近400人死伤。①

表1—8 印度东北地区恐怖袭击造成的死亡人数

（2001—2009年）

年份	平民	安全人员	恐怖分子	合计
2001	666	144	582	1392
2002	309	152	481	942
2003	470	84	579	1133
2004	348	112	406	866
2005	334	69	314	717
2006	232	92	313	637
2007	457	68	511	1036
2008	404	40	607	1051
2009	270	40	542	852

数据来源：Fatalities in Terrorist Violence in India's Northeast 1992—2017，http：//www. satp. org/satporgtp/countries/india/database/fatalitiesnorteast2006. htm。

2009年以来，印度东北部恐怖袭击造成的平民和恐怖分子死亡人数都曾持续较少，但2014年因阿萨姆邦恐怖袭击造成的平民死亡大幅增加而明显反弹（见表1—9）。2011年后印度东北地区恐怖主义形势进一步缓和，与印度政府对该地区推行"以打促谈"的措施直接相关。"波多民族民主阵线""阿萨姆联合解放阵线"等多个重要民族分离武装组织的首领被捕，迫使相关组织宣布停火；通过和谈，印中央政府联合阿萨

① 中国现代国际关系研究院反恐怖研究中心编：《国际恐怖主义与反恐怖斗争年鉴（2009）》，时事出版社，2010年版，第60页。

姆邦、西孟加拉邦等地方政府与多个地方武装组织签订了三边区域管理协定。①

表1—9　印度东北地区恐怖袭击造成的死亡人数（2010—2017年）

年份	平民	安全人员	恐怖分子	合计
2010	77	22	223	322
2011	79	35	132	246
2012	90	18	208	316
2013	95	21	136	252
2014	245	23	197	465
2015	62	49	162	273
2016	61	17	82	160
2017	30	10	48	88

数据来源：Fatalities in Terrorist Violence in India's Northeast 1992—2017，截至2017年10月15日，http：//www. satp. org/satporgtp/countries/india/database/fatalitiesnorteast2006. htm。

印度东北部2016年恐怖袭击事件造成的死亡人数为160人，其中包括平民61人、安全部队人员17人和恐怖分子82人，曼尼普尔、梅加拉亚和那加兰各邦恐怖威胁相对严重，米佐拉姆和特里普拉恐怖威胁微弱。目前，印度东北部约有30多个武装分离组织，主要集中在阿萨姆邦、那加兰邦、曼尼普尔邦和特里普拉邦。这些组织的主要目标是建立高度自治的政治实体、邦或是从印度分离出去。为此，它们经常借助恐怖手段。其中比较活跃的有“阿萨姆联合解放战线”“那加国家社会主义委员会”“波多民族民主阵线”“卡塔普尔解放组织”“狄玛沙民族解放阵线”“特里普拉民族解放阵线”等。这当中又数“阿萨姆联合解放阵线”的影响最大。②

① 中国现代国际关系研究院反恐怖研究中心编：《国际恐怖主义与反恐怖斗争年鉴（2011）》，时事出版社，2014年版，第61页。

② 时宏远：《印度的反恐形势及反恐政策》，《国际论坛》，2013年第5期，第67页。

印度东北地区的恐怖主义是多层次和多维的现象。一方面源于中央和地方之间混乱的关系，同时也是政治、经济和文化异化的结果；另一方面，与多数民族和少数民族的纷争，以及人口压力的增长联系在一起。①

（三）“红色走廊”地带的“恐怖威胁”

纳萨尔派（Naxalites）自称为“毛派”，是印度左翼激进势力的代表。20 世纪 60 年代末，西孟加拉邦的纳萨尔巴里爆发农民武装起义，这被普遍认为是印度毛派运动的开端。② 此运动反映了农民对获得土地、对改变自己经济地位的渴望。但是，当这一运动遭到政府和地主的联合镇压时，印度共产党（马列解放派）内的极端领导人查鲁·马宗达出于绝望，提出全面消灭阶级敌人的主张，把运动引向了个人恐怖的道路。③在后殖民时代，发源于西孟加拉邦的纳萨尔运动在印度率先将恐怖主义作为政治策略。④ 70 年代，纳萨尔派发生分裂，曾一度沉寂。冷战后，纳萨尔派又渐渐活跃起来，暴力袭击成为其对抗印度政府的主要形式。

2004 年 9 月 21 日，“印度毛主义共产党中心”（Maoist Communist Centre）与“印度共产党（马列）[人民战争]”[Communist Party of India（ML-People's War Group）] 这两个最强大的毛派组织联合组成新的毛派组织——印度共产党（毛主义），简称印共（毛）。此后，纳萨尔派的活动范围迅速扩展，开始活跃于恰蒂斯加尔邦、奥利萨邦、卡纳塔克邦、安得拉邦、比哈尔邦、恰尔肯德邦和西孟加拉邦，从印度东北到西南建立起一条所谓的“红色走廊”地带。

---

① Rochana Das, Secrity and Terrorism: The North-east India, in Omprakash MIshra and Sucheta Ghosh eds., Terrorism and Low Intensity Conflict in South Asian Region, New Delhi: Manak Publications, 2003, p. 466.

② 王晴锋：《印度政府对毛派的非军事性遏制策略及存在的问题》，《印度洋经济体研究》，2016 年第 4 期，第 26—27 页。

③ 林承节：《印度近二十年的发展历程：从拉吉夫·甘地执政到曼莫汉·辛格》，北京大学出版社，2012 年版，第 353 页。

④ Sumit Ganguly, Counterterrorism Cooperation in South Asia: History and Prospects, December 2009, http://www.nbr.org/publications/specialreport/pdf/Free/SR21.pdf.

2005年以来，纳萨尔派的暴力袭击活动曾呈现愈演愈烈之势（见表1—10）。事实上，在1999年至2010年间，印共（毛）对超过90%的左翼恐怖袭击事件和95%的相关死亡负责。[①] 2009年6月，印度政府正式将印共（毛）列为恐怖组织，并于同年11月对印共（毛）发起名为“绿色狩猎”的清剿行动。纳萨尔派无疑遭到了重创，但与印度政府的对抗也越发激烈。2010年4月6日，在恰蒂斯加尔邦的伏击中，76名中央储备警察部队成员被杀害，这是自纳萨尔运动形成以来，印度安全部队遭受的最致命袭击。[②] 在印度国内，左翼激进势力和宗教极端势力的壮大从根本上给其国内安全造成了极大的威胁。印度总理辛格曾在议会宣称：纳萨尔派的活动对印度国内安全构成最严重的威胁。[③]

表1—10　纳萨尔派武装暴力活动造成的死亡人数

（2005—2010年）

年份	平民	安全人员
2005	281	150
2006	266	128
2007	240	218
2008	220	214
2009	391	312
2010	626	277

数据来源：Fatalities in Left-wing Extremism 2017，http：//www. satp. org/satporgtp/countries/india/maoist/data_sheets/fatalitiesnaxal05 – 11. htm。

① Arvind Gupta，Ashok Behuria，P. v. Ramana and Pushpita Das，India's Experience in Dealing with Terrorism，in Anand Kumar ed.，The Terror Challenge in South Asia and Prospect of Regional Cooperation，New Delhi：Pentagon Security International，2012，p. 47.

② William Magioncalda，A Modern Insurgency：India's Evolving Naxalite Problem，April 8，2010，https：//www. csis. org/analysis/south-asia-monitor-modern-insurgency-indias-evolving-naxalite-problem.

③ Chiran Jung Thapa，Counter-terrorism and Regional Cooperation in South Asia，in Anand Kumar ed.，The Terror Challenge in South Asia and Prospect of Regional Cooperation，New Delhi：Pentagon Security International，2012，p. 134.

2011 年，印度政府再次实施“绿色狩猎”清剿行动，印共（毛）二、三号指挥官先后在西孟加拉邦被毙；印安全部队收复印共（毛）前司令部所在地萨拉达森林地区。[①] 2011 年以来，纳萨尔派武装的暴力活动造成死亡人数持续减少，2013 年小幅上升，2014 年再度回落。2016 年，纳萨尔派武装的暴力活动造成 189 人死亡，包括平民 123 人、安全部队人员 66 人（见表 1—11）。

表 1—11 纳萨尔派武装暴力活动造成的死亡人数

（2011—2017 年）

年份	平民	安全人员
2011	275	128
2012	146	104
2013	159	111
2014	128	87
2015	93	57
2016	123	66
2017	86	69

数据来源：Fatalities in Left-wing Extremism 2017，2017 年数据截至 10 月 22 日，http：//www. satp. org/satporgtp/countries/india/maoist/data_sheets/fatalitiesnaxal05 – 11. htm。

自 2014 年莫迪政府推出升级版的“绿色狩猎”行动以来，印度政府军与纳萨尔派武装实力对比并未发生明显改变，但纳萨尔派武装的暴力活动造成的伤亡总体上呈下降趋势。

在印度政府的话语体系里，纳萨尔派的暴力活动被视为恐怖袭击；纳萨尔派影响的地区被视为受恐怖主义影响的地区。不仅如此，印度政府还在美国的配合和帮助下，通过西方社会的主流媒体大肆渲染纳萨尔派的恐怖组织属性，甚至不惜造谣[②]。毋庸置疑，纳萨尔派是反政府组

① 中国现代国际关系研究院反恐怖研究中心编：《国际恐怖主义与反恐怖斗争年鉴（2011）》，时事出版社，2014 年版，第 60 页。

② 王静：《印度共产党（毛主义者）的理论与实践研究》，社会科学文献出版社，2016 年版，第 99—100 页，第 112—117 页。

织，而且公开崇尚暴力斗争，也发生过为数较少的殃及无辜的暴力事件，但这绝不同于滥杀无辜。纳萨尔派不仅在国内拥有不可低估的民意基础，而且在国际上曾赢得一些政治势力的同情与支持。纳萨尔派辩称，他们的革命行动（革命暴力）从根本上区别于“恐怖主义”[①]。纳萨尔派所谓的恐怖组织属性一直存有较大争议，“恐怖组织”或“恐怖主义”这样的标签被强加于纳萨尔派，或许在某种程度上可以解读为印度政府和主流媒体对纳萨尔派的污蔑。[②]

三、印度恐怖袭击活动的实施主体

2001 年 1 月 26 日，印度总统纳拉亚南颁布《防止恐怖主义法》（POTO），取代了几年前颁布的旧法《恐怖主义和破坏性活动（预防）法》（TADA），宣布取缔 23 个恐怖组织[③]。2002 年，印度议会通过《防止恐怖主义法》，将被禁组织增加到 32 个。2004 年，又增加两个被取缔的组织，即印共（毛）和“人类正义阵线”，其中印共（毛）由毛派共产主义中心和人民战争团合并而成，因此，印度的恐怖组织名单中有 33 个组织。2012 年，印度被取缔的恐怖组织为 33 个。

在印度，实施恐怖袭击活动的主体主要有：“虔诚军”“阿萨姆联合解放战线”“穆罕默德军”“印度伊斯兰学生运动”“伊斯兰国”及其分支等。

（一）“虔诚军”（Lashkar-e-Toiba，缩写：LeT）

“虔诚军”成立于 20 世纪 80 年代末，是最大的反印恐怖组织之

① 王晴锋：《纳萨尔暴力的多重阐释》，《中央民族大学学报（哲学社会科学版）》，2017 年第 2 期，第 142—146 页。

② 王静：《印度共产党（毛主义者）的理论与实践研究》，社会科学文献出版社，2016 年版，第 128—130 页。

③ 赵章云：《视为恐怖主义 印度禁止 23 个组织活动》，人民网，2001 年 10 月 30 日，http：//www.people.com.cn/GB/guoji/22/85/20011030/593616.html。

一，[①] 属瓦哈比派，称美国、以色列、印度为三大敌人，要发动对基督教徒、犹太教徒和印度教徒的“圣战”，解放全印度，将巴基斯坦周围穆斯林占多数的地区建成一个统一的国家。领导人为哈菲兹·穆罕默德·萨义德（Hafiz Mohammad Sayeed）。成员近 10 万，其中多为阿富汗人和巴基斯坦人。该组织 1993 年进入印控克什米尔，在 1999 年卡吉尔冲突中名声大噪。2001 年，该组织涉嫌袭击印度国会大厦。2002 年 1 月被巴政府取缔，12 月被美国列为恐怖组织。2002 年也被印度列为恐怖组织。2003 年 12 月再度被美国列入恐怖组织名单。2004 年该组织出现分裂：一派改称“召唤者协会”（Jammut-ud-Dawa），另一派改称“人民福利社”（Khair-un-Naas）。该组织与“基地”组织有联系，联合国将它及其下属组织列入取缔名单，并根据第 1267 号决议要求所有国家冻结其资产。该组织涉嫌策划、实施“7·11”事件和 2008 年孟买恐袭事件。

（二）“阿萨姆联合解放战线”（United Liberation Front of Asom，**缩写**：ULFA）

“阿萨姆联合解放战线”于 1979 年成立，是印度东北地区最大的恐怖组织，以实施暗杀、绑架、袭击军警等暴力活动而著称。主张通过武装斗争建立一个独立自主的阿萨姆社会主义国家。该组织政治和军事机构完全分开。2007 年以后，该组织的武装袭击活动日渐频繁，且越来越多地采用恐怖手段追求“政治独立”。2008 年 10 月 30 日，阿萨姆邦发生 12 起连环爆炸，至少 60 人死亡，逾 300 人受伤。印度政府调查结果表明，该组织是这次恐怖袭击的策划者。[②] 阿萨姆联合解放战线自称是为建立一个自治、独立的阿萨姆与印度国家恐怖主义进行“解放斗争”的“革命政治组织”。该组织否认其为国家分裂主义组织，认为阿萨姆从来就不是印度的一部分，追求要把阿萨姆从“印度统治下解放出来”。

---

① Country Reports on Terrorism 2016，https：//www. state. gov/j/ct/rls/crt/2016/272238. htm.

② 中国现代国际关系研究院反恐怖研究中心编：《国际恐怖主义与反恐怖斗争年鉴（2008）》，时事出版社，2009 年版，第 305 页。

（三）“穆罕默德军”(Jaish-E-Mohammed，缩写：JeM)

“穆罕默德军”成立于2000年初，该组织的目标是将查谟—克什米尔并入巴基斯坦，迫使国际联军从阿富汗撤离。① 又称“先知军”，被取缔后，利用“伊斯兰之仆”（Khudam-ul-Islam）之名进行活动。该组织为什叶派激进组织，主张通过“圣战”在穆斯林世界建立纯伊斯兰统治，将克什米尔完全归并到巴基斯坦，防止逊尼派原教旨主义者进攻什叶派团体。2001年8月，被巴基斯坦政府确定为极端组织，12月被美国列为恐怖组织，2002年被印度列为恐怖组织。2003年11月，“伊斯兰之仆”再度被巴政府取缔。同年12月，其母体组织再度被美国列入恐怖组织名单。2003年4月和2005年4月，两度被澳大利亚列为恐怖组织。

（四）“印度伊斯兰学生运动”（Students Islamic Movement of India，缩写：SIMI）

该组织于1977年4月25日在印度北方邦的阿里格穆斯林大学创建，作为一个激进的学生组织，其使命是在印度复兴伊斯兰教，将整个国家改造成一个“伊斯兰国家”。② 该组织反对世俗主义、民族主义，动员青年行动起来宣传伊斯兰，支持“圣战”，恢复哈里发统治，认为以色列应对“9·11”事件负责，本·拉登是“圣战”典范，查漠和克什米尔不该属于印度。领导人为纳戈里，成员包括400名全职干部和2万名成员。总部设在印度北方邦的阿里格，主要活动区域在印度北方，与世界各地的穆斯林组织都有联系，并以乌尔都、印地、泰米尔、孟加拉等语言出版杂志，声援并采取行动支援旁遮普、查漠和克什米尔及其他地方

---

① Country Reports on Terrorism 2016，https：//www. state. gov/j/ct/rls/crt/2016/272238. htm.

② Animesh Roul，Students Islamic Movement of India：A Profile，Terrorism Monitor，Vol. 4，No. 7，2003，http：//www. jamestown. org/programs/tm/single/? tx _ ttnews% 5Btt _ news% 5D = 728&tx_ttnews%5BbackPid%5D = 181&no_cache = 1#. V9yuM-yEBpY.

的极端活动。2002 年被印度列为恐怖组织。该组织涉嫌协同“虔诚军”策划“7·11”孟买恐袭事件。该组织实施了恶性连环爆炸，即 2008 年 7 月 26 日，古吉拉特邦经济中心艾哈迈达巴德发生 17 起连环爆炸，造成至少 29 人死亡、100 余人受伤。

（五）“伊斯兰国”（Islamic State of Iraq and al Shams，**缩写**：ISIS）

2015 年 1 月，“伊斯兰国”成立“呼罗珊分支”，加紧对南亚次大陆渗透。

“伊斯兰国”觊觎印度并开始渗透，至少有三个原因：（1）印度与“伊斯兰国”最活跃的南亚分支相对接近，该分支以阿富汗和巴基斯坦为中心，并日益壮大；（2）“伊斯兰国”与印度本土的“圣战”者之间已建立联系；（3）“伊斯兰国”拥有强大的社交媒体渠道，对印度的一些“圣战”志愿者颇具诱惑力。[①] 2017 年 3 月 7 日，一个宣誓效忠“伊斯兰国”的小组在印度中央邦首府博帕尔开往乌贾因的火车上放置小型炸弹并引爆，造成 10 名乘客受伤。

第二节 巴基斯坦恐怖主义问题的日益凸显

巴基斯坦是南亚次大陆的第二大国。东接印度，东北与中国毗邻，西北与阿富汗交界，西南邻伊朗，南濒阿拉伯海和阿曼湾。巴基斯坦是伊斯兰大国，逊尼派穆斯林占总人口 74%，什叶派为 20%。逊尼派的大多数属于哈乃斐派。[②]

---

① Animesh Roul, India Faces Up to Growing Islamic State Threat, Terrorism Monitor, Vol. 13, No. 17, August 21, 2015, http://www.jamestown.org/programs/tm/single/? tx _ ttnews% 5Btt _ news% 5D = 44304&tx_ttnews% 5BbackPid% 5D = 787&no_cache = 1#. V9ZibuyEBpY.

② Ashok K. Behuria, Many Pakistans with Paksitan: The Case of Sectarian Conflicts: in a Talibanised Context, in Omprakash MIshra and Sucheta Ghosh eds, Terrorism and Low Intensity Conflict in South Asian Region, New Delhi: Manak Publications, 2003, p. 210.

1947年8月，巴基斯坦与印度分离，宣布建立独立国家。在冷战时期，恐怖主义问题已成为巴基斯坦无法忽视的安全威胁之一。据美国国务院的统计材料，在1987年，巴基斯坦受到的恐怖主义袭击次数居世界第二位，仅次于以色列及其占领区。① 事实上，巴基斯坦恐怖主义问题的真正凸显是在“9·11”事件以后。

一、巴基斯坦恐怖袭击活动的时间分布变化

“9·11”事件前，1988年至2001年，巴基斯坦主要恐怖袭击事件造成的死亡总人数和受伤总人数分别为159人和238人，其中导致平民伤亡156人。

“9·11”事件后的前两年，巴基斯坦恐怖主义威胁有所加重，但并不严重。2002年，恐怖袭击造成死亡人数为86人，受伤人数181人；2003年，恐怖袭击造成死亡人数为118人，受伤人数122人。2004年，恐怖主义威胁陡然加剧（表1—11），这与巴基斯坦政府军对南瓦济里斯坦地区发起的清剿行动直接相关，或许也与美国2003年发动伊拉克战争有关。2006年11月8日，西北边境省的一所军事基地遭到恐怖袭击，造成42名士兵死亡，39人受伤。②

表1—12　恐怖袭击造成的死亡人数
（2003—2007年）

年份	平民	安全人员	恐怖分子	合计
2004	435	184	244	863
2005	430	81	137	648

① 花军、韩本毅：《国际恐怖主义》，中国人民大学出版社，1989年版，第156页。

② 中国现代国际关系研究院反恐怖研究中心编：《国际恐怖主义与反恐怖斗争年鉴（2006）》，时事出版社，2007年版，第66页。

续表

年份	平民	安全人员	恐怖分子	合计
2006	608	325	538	1471
2007	1522	597	1479	3598

数据来源：Fatalities in Terrorist Violence in Pakistan 2003 – 2017，http：//www. satp. org/satporgtp/countries/pakistan/database/casualties. htm。

2007 年是巴基斯坦恐怖主义历史上一个重要的分水岭，因为“红色清真寺”事件发生和巴基斯坦塔利班（以下简称巴塔）正式成立，恐怖主义威胁呈现“爆发”态势。“红色清真寺”位于巴基斯坦首都伊斯兰堡，因其外墙被漆成红色而得名。“红色清真寺”因伊斯兰堡开发局要拆除几座违规修建的清真寺而与当局发生对抗。2007 年 7 月 3 日，“红色清真寺”所属宗教学校的学生向附近警察发动袭击。巴政府 4 日宣布对“红色清真寺”采取军事行动，包围了清真寺并在周边实行戒严。巴总统穆沙拉夫 9 日同意执政党穆斯林联盟主席舒贾特带领部分宗教学者与清真寺方面进行对话，但对话以破裂告终。巴军方于 10 日对“红色清真寺”发动全面进攻。此后，宗教激进势力与巴当局的矛盾明显激化。

2007 年 12 月，巴塔正式成立，这是巴宗教激进势力的大整合。从此以后，这一组织成为巴基斯坦恐怖势力的“主力军”。

2009 年 4 月 26 日，巴政府在斯瓦特山谷对巴塔发起了代号为“正道”的大规模军事清剿行动；10 月又发起“拯救之路”清剿行动。然而 2009 年却成为巴基斯坦历史上恐怖袭击最为猖獗的一年。恐怖袭击的暴增可以被视为恐怖分子对巴基斯坦军队在斯瓦特和南瓦济里斯坦军事行动的“绝望回应”。2009 年，恐怖袭击活动造成的死亡人数达 11704 人，其中平民达 2324 人。2011 年 5 月 1 日，美军特种部队潜入巴基斯坦境内击毙本·拉登，极端组织展开疯狂报复。2011 年恐怖袭击造成死亡的平民人数比 2010 年多出近千人，这一严峻态势一直持续到 2013 年（见表 1—13）。

表 1—13　恐怖袭击造成的死亡人数

（2008—2014 年）

年份	平民	安全人员	恐怖分子	合计
2008	2155	654	3906	6715
2009	2324	991	8389	11704
2010	1796	469	5170	7435
2011	2738	765	2800	6303
2012	3007	732	2472	6211
2013	3001	676	1702	5379
2014	1781	533	3182	5496

数据来源：Fatalities in Terrorist Violence in Pakistan 2003—2017，http：//www. satp. org/satporgtp/countries/pakistan/database/casualties. htm。

2014 年 12 月 16 日，巴塔武装分子袭击了巴基斯坦西北部城市白沙瓦的军人子弟学校，袭击事件造成 141 人死亡，其中包括 132 名学生和 9 名教职工。另有 133 人受伤。这是 7 年来巴基斯坦境内发生的最大的恐怖袭击。“白沙瓦血案”后，谢里夫在第一时间做出最重要的政策表态，巴将不再区分“好、坏塔利班”，所有恐怖分子必须全部清除。① 此后，巴基斯坦国内达成了广泛共识，政府和军方频出重拳，同时加强与相关国家的反恐合作。近年来，恐怖主义威胁呈现连续减弱的趋势（见表 1—14）。2014 年，恐袭造成为 5496 人死亡，其中平民和安全部队人员分别为 1781 人、533 人。② 2015 年，恐怖袭击造成 3682 人死亡，比 2014 年少 1814 人，下降幅度为 33%；平民死亡人数同比减少 841 人，下降幅度为 47%；安全部队人员死亡人数同比减少 194 人，下降幅度为 36. 4%。

① 毛四维：《巴基斯坦反恐形势或将出现转机》，http：//www. m4. cn/opinion/2015 - 01/1259632. shtml。

② Fatalities in Terrorist Violence in Pakistan 2003—2015，http：//www. satp. org/satporgtp/countries/pakistan/database/casualties. htm.

表 1—14 恐怖袭击造成的死亡人数

（2015—2017 年）

年份	平民	安全人员	恐怖分子	合计
2015	940	339	2403	3682
2016	612	293	898	1803
2017	454	168	414	1036

数据来源：Fatalities in Terrorist Violence in Pakistan 2003—2017，数据截至 2017 年 10 月 15 日，http：//www. satp. org/satporgtp/countries/pakistan/database/casualties. htm。

2013 年 1 月和 2014 年 1 月，巴基斯坦恐袭事件造成的平民死亡人数也是同一年中最多的月份，分别是 236 人和 414 人。① 2015 年 1 月和 5 月，巴基斯坦恐袭均造成 137 名平民死亡；6 月、7 月和 11 月，恐袭造成的平民死亡人数都在 50 人以下。

2015 年 10 月连续发生多起严重暴力恐怖袭击事件。10 月 19 日，在俾路支奎达的一辆城市公交车上发生炸弹爆炸，造成 11 名平民死亡，其中有 2 名儿童，另有 20 余人受伤；10 月 22 日，俾路支省的一座什叶派清真寺遭到自杀式爆炸袭击，造成 12 人死亡，21 人受伤；10 月 23 日，信德省发生一起自杀式爆炸袭击，造成 20 人死亡，包括 8 名儿童，另有 40 人受伤。②

2016 年恐怖袭击造成 1803 人死亡，其中平民、安全人员和恐怖分子死亡人数分别为 612 人、293 人和 898 人。截至 2017 年 10 月 15 日，2017 年恐怖袭击造成的死亡人数为 1036 人，其中平民、安全人员和恐怖分子死亡人数分别为 454 人、168 人和 414 人。

“9·11”事件后，大量恐怖组织和激进组织向巴基斯坦汇集，既有“基地”组织，又有阿富汗塔利班，加之当地激进组织也趁势而起。巴

① Fatalities in Terrorist Violence in Pakistan 2003—2015，http：//www. satp. org/satporgtp/countries/pakistan/database/casualties. htm.

② Pakistan Timeline - 2015，http：//www. satp. org/satporgtp/countries/pakistan/timeline/2015. htm.

基斯坦已经是当今世界国际恐怖分子最重要的基地之一。这种看法未必完全属实，但也在一定程度上揭示了巴基斯坦恐怖主义形势严峻背后的某些原因。

二、巴基斯坦恐怖袭击活动的区域分布[①]

巴基斯坦共有旁遮普、开伯尔—普赫图赫瓦省（以下简称“开普省”）、俾路支和信德4个省，7个联邦直辖部落地区（以下简称“FATA”）和联邦首都伊斯兰堡。恐怖主义对各省构成的威胁存在显著差别，俾路支、信德省和FATA是巴基斯坦恐怖袭击的“重灾区”，而旁遮普省为巴基斯坦相对安全的地区。

（一）俾路支省

俾路支省北邻阿富汗，西界伊朗，是深受宗教极端主义影响的地区。该省人口占巴基斯坦全国总人口的1/5，是巴基斯坦什叶派穆斯林的主要聚居区，但相较于当地的逊尼派，什叶派人士仍属于少数派。俾路支省北部主要是伊斯兰极端主义和逊尼派的宗派势力，而在俾路支省南部主要是民族分离主义。[②] 目前活跃于俾路支省的主要恐怖组织有：“俾路支解放军”“俾路支共和军”“俾路支民族阵线”“民族党”“俾路支斯坦民族党”“俾路支学生组织”“虔诚军”“强格维军”和“圣贤军”等。自2011年起，俾路支省恐怖主义威胁持续加强，至2013年，俾路支省发生的恐袭事件共造成达960人死亡，其中包括平民718人、激进分子105人和安全部队人员137人。2014年，俾路支省发生的恐袭事件造成653人死亡，其中包括平民347人、激进分子223人和安全部队人员83人，平民死亡人数较前一年

① 作者对相关数据进行了整理、计算，数据来源：South Asia Intelligence Review，http：//www.satp.org/satporgtp/sair/Archives/Archives_ed.htm。

② 李丽、苏鑫：《巴基斯坦安全形势对中巴经济走廊建设的影响》，《国际经济合作》，2015年第5期，第17页。

大幅减少。2015 年和 2016 年，俾路支省恐怖主义威胁程度大体上相当（见表 1—15）。截至 2017 年 3 月 19 日，俾路支省发生的恐怖袭击事件造成 23 人死亡，其中平民 5 人、恐怖分子 6 人和安全部队人员 12 人。

表 1—15 俾路支省恐怖袭击造成的死亡人数

（2011—2017 年）

年份	平民	安全人员	恐怖分子	合计
2011	542	122	47	711
2012	690	178	86	954
2013	718	137	105	960
2014	347	83	223	653
2015	247	90	298	635
2016	251	153	229	633
2017	5	12	6	23

数据来源：Balochistan Assessment - 2017，数据截至 2017 年 3 月 19 日，http：//www. satp. org/satporgtp/countries/pakistan/Balochistan/index. html。

（二）FATA

FATA 位于巴基斯坦西北部，与阿富汗接壤。下设 7 个部落代理区和 6 个边境区，7 个部落代理区即巴焦尔、开伯尔、古勒姆、莫赫曼德、奥拉克扎伊、北瓦济里斯坦和南瓦济里斯坦；6 个边境区分别为班努、德拉斯梅尔汗、科哈特、拉基马尔瓦特、白沙瓦和坦克。南瓦济里斯坦被认为巴基斯坦境内塔利班势力的核心根据地。其南部地区，有一条长达 482. 5 千米的停火线，将巴基斯坦与查谟—克什米尔和拉达克分开，这一地区被西方广泛诟病为“恐怖主义避风港”。除了南瓦济里斯坦的部落外，塔利班和“基地”组织在 FATA 有训练营、武器仓库、计算机研究所和沙里亚法庭。①

2006年，FATA恐袭造成590人死亡，其中包括平民109人、安全部队人员144人和恐怖分子337人。2007年，FATA恐袭造成1681人死亡，其中包括平民424人、安全部队人员243人和恐怖分子1014人。2008年，FATA地区恐怖形势恶化，恐袭造成3067人死亡，其中包括平民1116人、安全部队人员242人和恐怖分子1709人。2009年，恐袭造成的平民伤亡大幅度减少。2010年、2011年和2012年恐怖袭击造成的平民死亡人数分别为540人、488人和549人，同期安全人员死亡人数分别为262人、233人和306人，恐怖分子死亡人数人数分别为4519人、2313人和2046人（见表1—16）。

2013年，FATA恐怖袭击活动造成的平民、安全人员及恐怖分子的死亡人数都大幅度下降。2014年、2015年和2016年恐怖袭击造成的平民死亡人数分别为159人、134人和76人。可见，FATA的恐怖主义威胁已经基本上被有效遏制（见表1—17）。

表1—16　FATA恐怖袭击造成的死亡人数

（2006—2012年）

年份	平民	安全人员	恐怖分子	合计
2006	109	144	337	590
2007	424	243	1014	1681
2008	1116	242	1709	3067
2009	636	350	4252	5238
2010	540	262	4519	5321
2011	488	233	2313	3034
2012	549	306	2046	2901

数据来源：FATA Assessment－2017，http：//www.satp.org/satporgtp/countries/pakistan/Waziristan/index.html。

① Farhat Taj，CIA Drone Strikes in Pakistan's FATA Region and the "Loss" of Actionable Intelligence：A Pashtun Perspective，Terrorism Monitor，Vol.8，No.15，2010，http：//www.jamestown.org/programs/tm/single/？tx_ttnews%5Btt_news%5D＝36270&tx_ttnews%5BbackPid%5D＝457&no_cache＝1#.V9gVyeyEBpY.

表 1—17 FATA 恐怖袭击造成的死亡人数
（2013—2017 年）

年份	平民	安全人员	恐怖分子	合计
2013	319	198	1199	1716
2014	159	194	2510	2863
2015	134	106	1642	1882
2016	76	39	315	430
2017	25	0	0	25

数据来源：FATA Assessment－2017，数据截至 2017 年 1 月 22 日，http：//www. satp. org/satporgtp/countries/pakistan/Waziristan/index. html。

（三）开普省

开普省位于巴基斯坦西北部，西北部与阿富汗接壤，西部紧邻联邦部落直辖区，西南接俾路支省，东部和东北部紧邻巴控克什米尔地区，东南部与旁遮普省相邻。独特的地缘位置、殖民主义遗留问题、邻国战争以及地区内部因素，使其长期处于恐怖主义威胁之中。该省发生的恐怖主义事件长期以来占巴基斯坦全国恐怖事件的 1/3 以上。

开普省的恐怖主义威胁自 2006 年起呈现激增态势，至 2009 年达到“高峰”（见表 1—18）。

表 1—18 开普省恐怖袭击造成的死亡人数
（2005—2009 年）

年份	平民	安全人员	恐怖分子	合计
2005	2	0	2	4
2006	60	13	27	100
2007	393	221	372	986
2008	868	255	1078	2201
2009	1229	471	3797	5497

数据来源：Khyber Pakhtunkhwa Assessment－2017，http：//www. satp. org/satporgtp/countries/pakistan/nwfp/index. html。

2010年以来开普省的恐怖主义威胁持续减弱，至2015年这一态势更加明显（见表1—19）。2015年开普省发生的恐袭造成268人死亡，其中包括平民117人、安全部队人员76人和恐怖分子75人；2014年恐袭造成617人死亡，其中包括平民406人、安全部队人员108人、恐怖分子103人。2015年恐袭造成死亡人数比2014年下降56.6%，其中平民人数死亡人数减少71.2%，安全部队人员死亡人数减少29.6%。

表1—19　开普省恐怖袭击造成的死亡人数

(2010—2017年)

年份	平民	安全人员	恐怖分子	合计
2010	607	96	509	1212
2011	511	331	364	1206
2012	363	98	195	656
2013	603	172	161	936
2014	406	108	103	617
2015	117	76	75	268
2016	123	50	40	213
2017	14	4	11	29

数据来源：Khyber Pakhtunkhwa Assessment - 2017，http：//www. satp. org/satporgtp/countries/pakistan/nwfp/index. html。

（四）旁遮普省

旁遮普省是巴基斯坦人口最多的省份，是旁遮普人的聚居地，省会是拉合尔。在巴基斯坦，从恐袭次数及伤亡人数看，旁遮普省是遭受恐怖主义为相对较轻的省份。2006年恐袭造成7人死亡，其中平民6人，恐怖分子1人；2007年，恐袭造成157人死亡，其中平民96人，恐怖分子14人及安全人员47人。此后，这一地区的恐怖主义威胁开始凸显（见表1—20）。

表1—20 旁遮普省恐怖袭击造成的死亡人数

(2006—2010年)

年份	平民	安全人员	恐怖分子	合计
2006	6	0	1	7
2007	96	47	14	157
2008	298	40	14	352
2009	254	117	51	422
2010	272	28	16	316

数据来源：Punjab Assessment - 2017，http：//www. satp. org/satporgtp/countries/pakistan/punjab/index. html。

2011年以来，旁遮普省发生的恐袭造成死亡人数持续走低（见表1—21），因此，曾被认为是巴基斯坦最安全的地区。2014年恐袭造成180人死亡，其中包括平民132人、安全部队人员20人、恐怖分子28人。2015年恐袭造成176人死亡，其中包括平民90人、安全部队人员9人和恐怖分子77人。2015年恐袭造成死亡人数比2014年减少2%，其中平民死亡人数减少31.81%，安全部队人员死亡人数减少55%，恐怖主义风险继续减弱。

表1—21 旁遮普省恐怖袭击造成的死亡人数

(2011—2017年)

年份	平民	安全人员	恐怖分子	合计
2011	110	19	8	137
2012	59	29	16	104
2013	64	7	10	81
2014	132	20	28	180
2015	90	9	77	176
2016	84	21	139	244
2017	0	0	10	10

数据来源：Punjab Assessment - 2017，数据截止2017年1月29日，http：//www. satp. org/satporgtp/countries/pakistan/punjab/index. html。

（五）信德省

信德省东邻印度，南濒阿拉伯海。除了有巴基斯坦最大的城市卡拉奇外，还有海德拉巴、拉尔卡纳、苏库尔等重要城市。

自 2011 年起，信德省恐怖主义威胁程度仅次于联邦直辖部落地区，尤其是，近年来信德省恐袭造成的平民伤亡远远高于联邦直辖部落地区，其中卡拉奇是巴基斯坦暴力恐袭高发地区。2014 年，信德省恐袭造成 1180 人死亡，其中，包括平民 734 人、安全部队人员 128 人、恐怖分子 318 人。2015 年，恐袭造成 767 人死亡，其中包括平民 370 人、安全部队人员 64 人和恐怖分子 323 人；与 2014 年相比死亡总数减少 35%，其中平民死亡人数减少 49.6%，安全部队人员死亡人数减少 50%。2016 年，恐怖袭击造成 71 人死亡，受伤人数为 131 人。①

三、巴基斯坦恐怖袭击活动的实施主体

巴基斯坦恐怖和激进组织共有 48 个，包括 12 个本土恐怖组织、32 个跨境恐怖组织和 4 个极端组织。本土恐怖组织主要有巴塔和“奥马尔军”“巴基斯坦圣贤军”“巴基斯坦贾弗里运动”“保卫先知教法运动”“强格维军”“巴基斯坦默罕默德军”“贫苦大众协会”“武装抵抗阵线”“穆斯林联军”“圣战者运动”等。② 跨境恐怖组织有：“圣战者真主党”“虔诚军”“穆罕默德军”“圣战者运动党”“白达尔”“圣战者促进会”等。

较为活跃的激进组织还有“拉比塔信托基金”“拉希德信托”“重建穆斯林乌玛”“俾路支解放军”等。巴基斯坦的激进势力恐怖袭击活动的目标大体上可以分为四类：反巴基斯坦政府；反美、反北约；反印度；

---

① 2016 年数据为作者依据 GTD 测算，https：//www.start.umd.edu/gtd/search/Results.aspx? search = Sindh&sa.x = 0&sa.y = 0&sa = Search。

② Terrorist and Extremist Groups of Pakistan，http：//www.satp.org/satporgtp/countries/pakistan/terroristoutfits/group_list.htm.

教派斗争。①

在巴基斯坦实施恐怖袭击活动的主体主要有：

（一）巴塔（Tehreek-e-Taliban Pakistan，缩写：TTP）

巴塔于2007年12月成立，成员主要来自联邦直辖部落地区的7个部落和开普省的各个专区，估计有3万—3.5万人。② 2007年末，巴塔已经开始从事反巴基斯坦政府的暴力活动，威胁远远不限于FATA。③ 巴塔是巴国内发动恐怖袭击的“主力军”，是影响巴国内安全局势的最主要因素。2013年，其首领哈基姆拉·马哈苏德被美军无人机击毙，法兹鲁拉接任。2014年3月，法兹鲁拉宣布暂时与政府停火，成为巴塔走向分裂的导火索。④

从2008年8月25日起，巴基斯坦政府取缔巴塔。2010年9月1日，美国将巴塔列入外国恐怖组织名单。2011年7月29日，联合国安理会将其列入“国际反恐制裁名单”。

（二）“强格维军”（Lashkar-eJhangvi，缩写：LeJ）

“强格维军”是国际伊斯兰阵线成员，1996年从“巴基斯坦圣贤军”分立，属逊尼派穆斯林青年激进组织，许多成员参加过阿富汗抗苏战争。该组织视伊斯兰教什叶派为异教徒，目标是将巴基斯坦建成逊尼派伊斯兰国家，而且主要是通过暴力手段。⑤ 2001年8月14日，穆沙拉夫政府宣布“强格维军”为宗教恐怖组织。2003年1月30日，美国将“强格维军”列入外国恐怖组织名单。

---

① Moeed Yusuf, Pakistan's Militancy Challenge: From Where, to What ? in Moeed Yusuf, ed., Pakistan's Counterterrorism Challenge, Georgetown University Press, 2014, p. 17.

② Tehreek-e-Taliban Pakistan (TTP), http://www.satp.org/satporgtp/countries/pakistan/terroristoutfits/ttp.htm.

③ Moeed Yusuf, Pakistan's Militancy Challenge: From Where, to What ? in Moeed Yusuf, ed., Pakistan's Counterterrorism Challenge, Georgetown University Press, 2014. p. 30.

④ 中国现代国际关系研究院反恐怖研究中心编：《国际恐怖主义与反恐怖斗争年鉴（2013—2014）》，时事出版社，2015年版，第118页。

⑤ Lashkar-e-Jhangvi, http://www.satp.org/satporgtp/countries/pakistan/terroristoutfits/lej.htm.

2006 年该组织开始重组，在地区和省一级机构重建其分部。2008 年 9 月 20 日，涉嫌制造万豪酒店爆炸案，造成 53 人死亡、271 人受伤。2009 年 10 月 10 日和 12 月 28 日，分别制造两起严重恐袭事件。2010 年 5 月 28 日，该组织袭击艾哈迈迪耶教派两座清真寺，造成 98 人死亡。2011 年 4 月 3 日，袭击一座苏菲圣殿造成 40 余人死亡，上百人受伤。

在巴基斯坦伊斯兰武装中，"强格维军"因为隐蔽性、杀伤力和不懈地追求核心目标而著称，这个组织要根除什叶派，最终将巴基斯坦建成"塔利班式的伊斯兰国"。虽然"强格维军"的主要目标是什叶派，但也常常攻击西方国家在巴基斯坦的利益目标。其中长期目标是推翻巴基斯坦军队主导并公开支持西方国家的政治体系。从 1996 年起，"强格维军"已经发展成强大的恐怖组织。据估计，到 2001 年"强格维军"已涉嫌至少 350 起暴力事件。①

（三）"自由人党"（Jamaat-ur-Ahrar）

"自由人党"是从巴塔分离出来的一个宗教极端组织。近年来，"自由人党"已经成为巴基斯坦备受关注的宗教极端组织。其领导人是奥马尔·哈立德·霍拉萨尼在 2016 年 8 月被美国指认为全球恐怖分子。②

"自由人党"采取秘密的方式传播意识形态，其行动最初并不为巴基斯坦人知晓。"自由人党"在巴基斯坦的计划包括：招募高级军官和文职官员；实施伊斯兰教法，终结异教徒的民主制度；向顶尖大学的学生灌输自由人党的意识形态；宣告巴基斯坦为新的哈里发国家；通过激进的"圣战"扩展哈里发国家的边界；从俄罗斯和中国"收复失地"；

---

① Animesh Roul, Lashkar-e-Jhangvi: Sectarian Violence in Pakistan and Ties to International Terrorism, Terrorism Monitor, Vol. 3, No. 11, 2005, https://jamestown.org/program/lashkar-e-jhangvi-sectarian-violence-in-pakistan-and-ties-to-international-terrorism/#. V96XtuyEBpY.

② Animesh Roul, Pakistan's Jamaat-ul-Ahrar: A Violent Domestic Threat, Terrorism Monitor, Vol. 14, No. 18, September 16, 2016, p. 5, http://www.jamestown.org/programs/tm/single/? tx_ttnews%5Btt_news%5D=45774&tx_ttnews%5BbackPid%5D=829&no_cache=1#. V9-MgzVJJpY.

侵占并征服异教徒的土地。[1]

（四）“巴基斯坦圣贤军”（Siphah-E-Sahaba Pakistan，**缩写为：**SSP）

该组织以反对什叶派为核心使命，1985 年 9 月 6 日在旁遮普的羌城成立，这个组织认为什叶派不是穆斯林。[2] 主张全面打击什叶派穆斯林，把巴基斯坦建成纯正的逊尼派伊斯兰国家。领导人为阿扎姆·塔里克（Azam Tariq）。该组织是一个激进的伊斯兰组织和巴基斯坦最大的宗派组织，2002 年 1 月 12 日因涉嫌恐怖活动被穆沙拉夫总统宣布为非法组织，有 1500 多名成员被捕。该组织属于迪奥班迪派，首要关注目标是什叶派和伊朗在巴基斯坦的利益。2005 年 3 月 9 日，该组织对一个什叶派圣地发动爆炸袭击，造成至少 50 人死亡。[3]

（五）“俾路支解放军”（Baluchistan Liberation Army），**简称“俾解”**

“俾路支解放军”是巴基斯坦俾路支省的极端民族主义组织，前身可追溯到“俾路支学生组织”，苏联侵略阿富汗时期非常活跃，苏联解体后一度消失，2002 年 1 月重建第一个训练营地，首期培训了 30 名青年。领导人为巴拉奇·马里（Balach Mari）。该组织号召通过大规模的破坏活动，最终建立一个独立的“俾路支斯坦国家。”[4] 2006 年 4 月 9 日，巴基斯坦内政部宣布该组织为恐怖组织。2011 年 12 月 30 日，该组织在奎达市制造一起恐怖袭击事件，造成至少 15 人死亡，20 多人受伤。2012 年 1 月 31 日，该组织袭击俾路支省的 3 个检查站，造成至少 16 名

---

① Farhan Zahid, The Caliphate in South Asia: A Profile of Hizb-ut Tahrir in Pakistan, Terrorism Monitor, Vol. 12, No. 14, July 10, 2014, https://jamestown.org/program/the-caliphate-in-south-asia-a-profile-of-hizb-ut-tahrir-in-pakistan/#.V9ZvseyEBpY.

② Animesh Roul, Sipah-e-Sahaba: Fomenting Sectarian Violence in Pakistan, Terrorism Monitor, Vol. 3, No. 2, May 5, 2005, https://jamestown.org/program/sipah-e-sahaba-fomenting-sectarian-violence-in-pakistan/#.V96h9-yEBpY.

③ 中国现代国际关系研究院反恐怖研究中心编：《国际恐怖主义与反恐怖斗争年鉴(2005)》，时事出版社，2006 年版，第 243 页。

④ 中国现代国际关系研究院反恐怖研究中心编：《国际恐怖主义与反恐怖斗争年鉴(2004)》，时事出版社，2005 年版，第 224 页。

安全部队士兵死亡，另有 15 名士兵受伤。

（六）“基地”组织（al-Qaeda）

“基地”组织在南亚的活动主要在巴基斯坦，它负责培训巴基斯坦的反什叶派组织以及克什米尔地区同印度安全部队作战的武装组织，并为这些组织策划行动，对其作战计划的可行性提出意见和建议，甚至给予针对性的训练。[①] 2015 年 9 月，“基地”组织在印度次大陆分支（AQIS）的建立，是扎瓦希里重申“基地”组织关于巴基斯坦的立场的重要步骤。巴基斯坦是“基地”组织的关键所在，是“基地”组织的核心基地。

对“基地”组织来说，巴基斯坦至关重要，因为巴基斯坦有诸多的伊斯兰激进组织，并拥有核武器和广袤的陆地。“基地”组织可以在其部落地区自由活动，在人口稠密的大城市里找到避风港，并获得一部分人对其“伊斯兰理想”的同情。[②]

（七）“伊斯兰国”（ISIS）

2015 年 1 月，“伊斯兰国”任命前巴塔奥克拉扎伊地区头目哈菲兹·赛义德汗出任“呼罗珊省”的头目，吸引了不少巴塔分子转投。2016 年，“呼罗珊”集团在巴基斯坦实施暴力袭击达到了新的高度，8 月 8 日，奎达医院发生自杀式炸弹袭击，造成 70 多人死亡，超过 100 人受伤。[③] 11 月，在俾路支省发动自杀式袭击，至少造成 50 人死亡。[④] 2017 年 2 月 16 日，巴基斯坦在塞赫万地区一处宗教场所内发生的自杀式爆炸

---

① 张玉兰：《巴基斯坦宗教极端势力》，许利平主编：《亚洲极端势力》，社会科学文献出版社，2007 年版，第 187 页。

② Farhan Zahid，Al-Qaeda's Future in Pakistan Amid the Rise of Islamic State，Terrorism Monitor，Vol. 12，No. 20，2014，http：//www.jamestown.org/programs/tm/single/? tx_ttnews%5Btt_news%5D=42997&tx_ttnews%5BbackPid%5D=757&no_cache=1#.V9ZozeyEBpY.

③ Animesh Roul，Foreign fighters sectarian strikes Islamic state makes gains af pak region，Terrorism Monitor，Vol. 16，No. 24，2016，https：//jamestown.org/wp-content/uploads/2016/12/TM_Dec_15_2016.pdf.

④ Country Reports on Terrorism 2016，https：//www.state.gov/j/ct/rls/crt/2016/272238.htm.

袭击导致72人死亡、200多人受伤。“伊斯兰国”宣称实施了此次袭击。① 巴基斯坦已将“伊斯兰国”认定为恐怖组织。

第三节 阿富汗沦为恐怖主义渊薮

阿富汗是亚洲中西部的内陆国家，也是连接中亚、西亚和南亚的枢纽，北邻土库曼斯坦、乌兹别克斯坦、塔吉克斯坦，西接伊朗，南部和东部连巴基斯坦，东北部突出的狭长地带与中国接壤。

在阿富汗的伊斯兰教徒中，逊尼派占90%，什叶派占10%。阿富汗的大多数民众信奉哈奈斐派，这一派对其他教派持宽容态度，也允许教法之外的世俗政权的法律存在。在阿富汗人中，只有绝大部分哈扎拉人和极少数普什图部落（如图里部落）为什叶派信徒。

一、阿富汗恐怖主义形势依然严峻

“9·11”事件以前阿富汗恐怖主义问题并不严重，“9·11”事件后阿富汗恐怖主义威胁逐渐凸显。至2005年阿富汗沦为恐怖主义的重灾区之一。由于阿政府软弱无力，驻阿联军和国际援助部队实施重组，美军深陷伊拉克泥潭无力他顾，阿恐怖势力出现强劲反弹，此后无论恐袭次数还是恐袭造成的死亡人数和受伤人数均居高不下，2012年以来更是呈现愈演愈烈之势（见表1—22）。伴随美国主导的北约国际援助安全部队战斗任务的结束及大部分撤离，阿富汗的安全形势更趋严峻。

① 刘天、张琪：《“伊斯兰国”再酿血腥袭击 巴基斯坦爆炸72人死亡》，新华社，2017年2月17日，http://xinhua-rss.zhongguowangshi.com/13699/2876685395485563365/1583375.html。

表 1—22　阿富汗恐袭情况

(2001—2016 年)

年份	死亡人数	受伤人数	袭击事件（起）
2001	174	59	14
2002	74	297	38
2003	163	186	100
2004	275	263	88
2005	367	411	155
2006	731	922	282
2007	1197	1148	340
2008	1089	1330	415
2009	1064	1594	502
2010	1058	1625	541
2011	1521	1940	421
2012	3529	4660	1469
2013	3696	4327	1441
2014	5401	5109	1820
2015	6208	6958	1926
2016	6119	6485	1615

数据来源：Global Terrorism Database，https：//www. start. umd. edu/gtd/search/Results. aspx? search = Afghanistan&sa. x = 43&sa. y = 14&sa = Search。

2017 年 1 月 10 日，喀布尔市议会大厦附近发生两起自杀式炸弹袭击，造成阿军警和平民至少 38 死 72 伤。塔利班宣称对此负责。同日，坎大哈省首府发生爆炸事件，造成至少 7 死 18 伤。阿联酋 5 名外交人员不幸在袭击中遇难，坎大哈省省长和阿联酋驻阿大使负伤。[①] 5 月 31 日，

① 《阿富汗政治经济动态》，中华人民共和国驻阿富汗伊斯兰共和国大使馆经济商务参赞处，http：//af. mofcom. gov. cn/article/afdt/201702/20170202518321. shtml。

喀布尔使馆区发生特大汽车炸弹袭击。一辆满载炸药的污水处理车在德国驻阿使馆附近爆炸，造成至少150人死亡，600多人受伤。[①]

二、塔利班与恐怖袭击活动

阿富汗塔利班（以下简称“塔利班”）在20世纪90年代中期异军突起，因为推行宗教极端主义色彩浓烈的政策、措施，在国内外饱受诟病，进而在国际社会备受孤立。“9·11”事件前，因涉嫌恐怖袭击活动，塔利班连同“基地”组织成为联合国的制裁对象；“9·11”事件后，尤其是塔利班政权垮台后，塔利班与恐怖袭击联系在一起的报道在中外媒体上呈现激增之势。

在澳大利亚经济与和平研究所公布的全球恐怖主义指数库（GTD）中，塔利班实施的第一起涉恐袭击事件发生于2001年1月7日，造成至少171人死亡。[②] 在2005—2006年期间，塔利班残余势力基本完成重新整合，并加强了反政府、反美国的武力攻势。[③] 阿富汗有364个区，2003年塔利班仅控制38个，但到2008年末已控制阿富汗164个区。[④] 2012年以来，塔利班实施的恐怖袭击呈现暴增态势。

2001—2015年塔利班共实施涉恐袭击事件5502起，造成16827人死亡，15128人受伤。[⑤] 近年来，塔利班的涉恐活动呈现如下特点：

（一）伤亡人数逐年递增

过去5年来，阿富汗的恐怖主义和国内冲突死亡人数每年都有所增

---

① 《阿富汗政治经济动态》，中华人民共和国驻阿富汗伊斯兰共和国大使馆经济商务参赞处，http：//af. mofcom. gov. cn/article/afdt/201706/20170602589550. shtml。

② Global Terrorism Database，https：//www. start. umd. edu/gtd/search/Results. aspx？perpetrator = 652.

③ 朱威烈：《中东恐怖主义研究》，时事出版社，2010年版，第266页。

④ Natasha Underhill，Countering Global Terrorism and Insurgency：Calculating the Risk of State Failure in Afghanistan，Pakistan，and Iraq，Palgrave Macmillan 2014，p. 55.

⑤ 作者对相关数据进行了整理、计算，数据来源：Global Terrorism Database，https：//www. start. umd. edu/gtd/search/Results. aspx？perpetrator = 652。

加。特别是自2013年以美国为首的北约联军兵力缩减以来，阿富汗国内的暴力冲突明显上升。目前，塔利班是阿富汗境内恐怖袭击的最主要发动者，2015年，塔利班发动1094次袭击，造成4502人死亡。2015年全球20起最致命的恐怖袭击事件有两起发生在阿富汗，这两起恐袭事件都是由塔利班实施的。其中，2015年9月28日，塔利班袭击了昆都士监狱，释放了500多名囚犯，袭击至少造成了240人丧生。2015年也是自2001年以来塔利班发动袭击最致命的一年，较2014年的死亡人数增加了29%，袭击事件增加了23%。2015年，塔利班在阿富汗每次攻击平均死亡4人，共造成4502人死亡，这是“9·11”事件以来最致命的一年。另一方面，阿富汗的死亡人数增加了18%，从4507人增加到5312人。[①] 这进一步表明，塔利班在已经持续了10余年战争中强势恢复。而且，塔利班的实力已经强大到能够轻易地攻陷阿富汗北部城市昆都士，这是自2001年政权倒台以来首个落入塔利班控制的城市。虽然阿富汗政府已经重新接管该市，但塔利班与阿富汗政府部队之间在该市及周边地区的冲突和较量仍在持续。

（二）袭击目标与手段更加具有针对性

长期以来，塔利班试图通过打击政府机构及人员来破坏政府的稳定。警察是塔利班的主要袭击目标，其次是平民和军事人员。塔利班在发动恐怖袭击事件中主要采用炸弹袭击、武装袭击、绑架、暗杀等手段。2015年塔利班共实施543起袭击阿富汗警察的袭击事件，占其当年恐怖袭击的50%，共造成2259人死亡。塔利班针对警察的袭击大多采用武装袭击方式，大约20%的袭击是爆炸，而这些炸弹袭击往往瞄准的是警察总部。[②] 据联阿援助团（UNAMA）公布的数据显示，阿富汗的平民伤亡呈现出逐年增长的趋势。而塔利班势力较强的南部地区是阿富汗平民

---

① Global Terrorism Index 2016，http：//visionofhumanity. org/app/uploads/2017/02/Global-Terrorism-Index-2016. pdf.

② Global Terrorism Index 2016，http：//visionofhumanity. org/app/uploads/2017/02/Global-Terrorism-Index-2016. pdf.

伤亡最严重的地区，2016 年共有 2989 平民伤亡（1056 人死亡，1933 人受伤），相比 2015 年增长了 17%。在袭击平民的事件中，塔利班的袭击方式主要是炸弹袭击，特别是采用简易爆炸装置和自杀式炸弹袭击。塔利班的第三大目标群体是军队。2015 年，塔利班共发动了针对军事人员的 55 起袭击事件，共造成 577 人死亡。[①] 塔利班针对军队的袭击手段主要是采用绑架、暗杀、伏击以及小规模的武装袭击，避免与军队产生大规模的正面作战。

（三）袭击区域进一步扩大

塔利班的袭击主要集中在阿富汗和巴基斯坦边界，不过近年来针对北方省份的袭击事件有所增加。塔利班发动的大多数袭击发生在阿富汗的东部、南部地区，尤其是在阿富汗和巴基斯坦的边界地区。然而，近年来，塔利班对北部省份的攻击正在逐渐增加，这显示了塔利班日益增强的控制能力。目前，塔利班的袭击遍布阿富汗全境，从西部的赫拉特省信达德区到南部普什图人聚居的法拉省，再到东南部，特别是帕克蒂亚和帕克蒂卡省，以及东部的楠格哈尔省和北部诸多省份。[②] 2015 年，北部地区的法利亚布省、巴格兰省、朱兹詹省和昆都士省有近 1000 人死亡，比 2014 年增长了 60%。[③] 2015 年 9 月，塔利班攻陷了昆都士市，该市是昆都士省省会，也是阿富汗第五大城市，位于喀布尔以北 250 公里处。该市西连接马扎里沙里夫，向南连接喀布尔，向北连接塔吉克斯坦，近年来一直是塔利班攻击的重点区域之一。

在阿富汗反苏“圣战”时期，毛拉·穆罕默德·奥马尔就与奥萨玛·本·拉登相识，二人曾并肩作战，结下了深厚的“友谊”。拉登在 20 世纪 80 年代末创立“基地”组织，后回到沙特，三年后由于和沙特

---

① Global Terrorism Index 2016, http://visionofhumanity. org/app/uploads/2017/02/Global-Terrorism-Index-2016. pdf.

② 主要袭击区：赫拉特、法拉、赫尔曼德、加兹尼、帕克蒂亚、帕克蒂卡、楠格哈尔和喀布尔省。

③ Global Terrorism Index 2016, http://visionofhumanity. org/app/uploads/2017/02/Global-Terrorism-Index-2016. pdf.

政府之间产生矛盾，逃亡至苏丹；奥马尔在1994年组建塔利班，1996年塔利班在阿富汗建立全国性政权。1996年5月，拉登被要求离开苏丹，辗转返回阿富汗。此后，拉登依托“基地”组织策划和实施了多起严重的恐怖袭击，为此塔利班政府因作为庇护者而受到美国的指责。不仅如此，因为拒绝交出拉登，美国直接推动了联合国框架下对塔利班的制裁。“9·11”事件后，美国锁定拉登为策划者，再次要求塔利班交出拉登，但再次遭到拒绝。2001年11月，在美国为首的国际联军打击下，塔利班政权垮台。溃败的塔利班和“基地”组织在阿富汗特别是阿富汗和巴基斯坦边界地区以及巴基斯坦境内仍然保持密切联系。拉登死后，“基地”组织与塔利班依然保持着密切的联系，其继任者多次向塔利班领导人宣誓效忠。2015年塔利班宣布其领导人奥马尔死亡后，“基地”组织头目扎瓦赫里在2015年8月以“基地”组织的名义宣布向塔利班领导人曼苏尔效忠。2016年5月25日，美军无人机轰炸击毙曼苏尔，此后，塔利班推选阿洪扎达为新首领；6月，扎瓦赫里再次向塔利班新首领阿洪扎达宣誓效忠。

无疑塔利班仍然是阿富汗最为活跃、最为强大的激进组织，其发动的恐袭次数及造成的死伤在阿富汗各类激进组织也是最多、最严重的。阿富汗官方从未将塔利班认定为恐怖组织，巴基斯坦反对将塔利班认定为恐怖组织，近年来美国公开否认塔利班是恐怖组织，联合国也已将塔利班与“基地”组织加以区别对待。一方面，深刻反映了国际社会关于恐怖组织的认知存在严重分歧；另一方面，也折射着国际反恐领域各方力量之间的战略考量和博弈。对于阿富汗、美国、巴基斯坦等国家而言，否认塔利班为恐怖组织，既是出于无奈，也不失为明智的选择。塔利班的实力和潜力都不容低估，民众基础深厚，社会影响广泛。不可否认，没有塔利班的积极参与，阿富汗政治和解将不可能完成。加之，塔利班与美国、俄罗斯、巴基斯坦等国的关系错综复杂，随着它们利害关系的变化及战略博弈态势的演进，否认塔利班为恐怖组织无疑更多出于各自的战略考量，至于塔利班的实际属性似乎并不重要。更为严重的是，基于塔利班的实力及潜力，巴基斯坦、美国等国家已经或可能借重塔利班以达到自己的战略图谋。正因如此，近年来巴基斯坦、美国及阿富汗政府纷纷向塔利班示好甚至竞相“讨好”，也就不足为怪了。

三、在阿富汗活动的其他激进组织

（一）“基地”组织（al-Qaeda）

约旦人阿卜杜拉·阿扎姆在巴基斯坦的白沙瓦于1984年建立了“阿富汗服务局”，然后又于1988年建立了“坚实的基地”。1989年2月，苏联撤军后，“阿富汗服务局”演变成“基地”组织和“圣战”组织。1989年12月本·拉登接管了“基地”组织。1991年12月至1996年5月，“基地”组织的总部在苏丹的喀土穆。1996年5月，“基地”组织总部从苏丹迁移至阿富汗。[①] 1998年“基地”组织的全球网络——“国际伊斯兰阵线”成立，为此“基地”组织更加出名。[②] “基地”组织的目标是联合所有的穆斯林，建立一个遵循哈里发统治的政府。本·拉登认为暴力活动是实现这一目标的唯一途径。[③] “基地”组织可以划分为三个层面：“基地”核心组织、“基地”附属组织及其他组织。[④] “基地”组织曾得到阿富汗塔利班的庇护，“9·11”事件后溃逃至阿巴边界地区、巴基斯坦部落地区等地。

（二）“哈卡尼网络”（Haqqani network）

“哈卡尼网络”成立于20世纪70年代末，亦即苏联入侵阿富汗时

---

① Rohan Gunaratna, Al: Organization and operations, in Mary Buckley and Rick Fawn eds., Global Responses to Terrorism: 9/11, Afghanisatn and beyond, London; New York: Routledge, 2003, pp. 37-38.

② Nirode Mohanty, Indo-US Relations: Terrorism, Nonproliferation, and Nuclear Energy, Lexington Books, 2015, p. 79.

③ M. G. Chitkara and Girdhari Sharma, International Terrorism, New Delhi: A. P. H. Publishing Corporation, 2002, p. 234.

④ Rick "Ozzie" Nelson, Thomas M. Sanderson, A Threat Transformed: Al Qaeda and Associated Movements in 2011, February 8, 2011, p. 2, https://csis-prod.s3.amazonaws.com/s3fs-public/legacy_files/files/publication/110203_Nelson_AThreatTransformed_web.pdf.

期。其创始人是贾拉鲁丁·哈卡尼，在20世纪80年代中期与本·拉登建立关系，1995年加入塔利班。在阿富汗实施多起恶性恐怖袭击事件。2011年6月28日，“哈卡尼网络”在使用9个自杀袭击者袭击了喀布尔的一个豪华洲际酒店，造成20人死亡，其中包括袭击者。不久之后，北约军队和阿富汗安全部队袭击了“哈卡尼网络”在阿富汗帕克蒂卡省的训练基地，使其遭受重创。[1] 9月，“哈卡尼网络”在阿富汗瓦尔达克省实施卡车炸弹袭击，造成77名美军士兵受伤。2012年，该组织组建以其为主体的“喀布尔攻击小组”，专门在首都地区发动恐怖袭击。[2] 2016年4月，在喀布尔对政府安全机构发动恐怖袭击，造成66人死亡，300余人受伤。主要活动于阿巴边界地区，特别是阿富汗的东南部地区。[3]

在阿富汗，“哈卡尼网络”是对美国军队构成威胁的最致命的恐怖组织。尽管美国曾经支持这个组织在阿富汗的反苏游击战。巴基斯坦境内的“哈卡尼网络”已经战斗了30多年，是美国在阿富汗最可怕的敌人。[4]“哈卡尼网络”是阿富汗塔利班的组成部分（成员组织）之一，居于阿富汗特别是阿富汗东南地区的“圣战”运动的核心，在巴基斯坦的北瓦济里斯坦建有基地。[5]“哈卡尼网络”除了与塔利班关系密切外，越来越多地与高调恐怖袭击在阿富汗的美国公民联系在一起，包括2015年9月围攻美国在喀布尔的大使馆[6]。“哈卡尼网络”作为阿富汗最危险的叛乱组织之一，影响在不断上升。

---

① Arif Jamal, Haqqani Network Growing Stronger at the Expense of the Tehrik-e-Taliban, Terrorism Monitor, Vol. 9, No. 31, 2011, https: //jamestown. org/wp-content/uploads/2011/08/TM_009_Issue31_02. pdf.

② 中国现代国际关系研究院反恐怖研究中心编：《国际恐怖主义与恐怖斗争年鉴（2012）》，时事出版社，2013年版，第194页。

③ Country Reports on Terrorism 2016, https: //www. state. gov/j/ct/rls/crt/2016/272238. htm.

④ Nirode Mohanty, Indo-US Relations: Terrorism, Nonproliferation, and Nuclear Energy, Lexington Books, 2015, p. 88.

⑤ Anthony H. Cordesman, Varun Vira, Pakistan—Violence Versus Stability: A National Net Assessment, September 26, 2011, p. 67, https: //csis-prod. s3. amazonaws. com/s3fs-public/legacy_files/files/publication/110907_Cordesman_Pakistan_Web. pdf.

⑥ Sadika Hameed and Kathy Gilsinan, Terrorist Designation Complicates the Fight against the Haqqanis, October 4, 2012, https: //www. csis. org/analysis/terrorist-designation-complicates-fight-against-haqqanis.

（三）"伊斯兰党"（THE HIZB-E-ISLAM）

"伊斯兰党"是阿富汗不可忽视的激进组织之一，其领导人为古勒卜丁·希克马蒂亚尔。与其他结构松散的"圣战"团伙不同，"伊斯兰党"具有严格的政党纪律和机构设置，其成员主要来自巴基斯坦难民营。该组织的严格法规使它能够为控制区域内的民众提供某种程度的社会服务，并由此获得了许多追随者。希克马蒂亚尔是强烈反西方的原教旨主义者，其军事行动主要以阿富汗国家安全部队和西方部队为袭击目标。[①] 2002 年 1 月，对到访的美国国务卿鲍威尔发动未遂袭击，也曾对阿过渡政府总统发动未遂刺杀。该组织已与阿政府达成和解协议。

（四）"伊斯兰国"（ISIS）

"伊斯兰国"在阿富汗的影响不仅已经显现，而且在急剧增强。2014 年 4 月 9 日，来自阿富汗的 9 名"基地"领导人发表"呼罗珊宣言"，宣布加入"伊斯兰国"。2015 年 1 月 26 日，"伊斯兰国"的首席发言人发布了一份音频声明，宣布该组织（包括阿富汗、巴基斯坦和其他附近土地）的分支机构——维亚呼罗珊省（Wilayat Khorasan）的成立。从此，"伊斯兰国"在该地区开展了一场扩大和巩固的运动，其大部分活动都集中在阿富汗东部和东南部。[②] "伊斯兰国"任命的"呼罗珊省"正副头目先后于 2015 年 2 月和 7 月在阿富汗境内被美军炸死。[③]

2015 年 10 月 9 日，"伊斯兰国"在喀布尔一什叶派穆斯林集会场所附近制造爆炸袭击，造成平民至少 1 死 3 伤。俄罗斯总统阿富汗问题特

---

① 富育红：《阿富汗主要反叛团伙及其关联》，《南亚研究季刊》，2015 年第 1 期，第 32 页。

② Nathaniel Barr, Wilayat Khorasan Stumbles in Afghanistan, Terrorism Monitor, Vol. 14, No. 5, 2016, http://www.jamestown.org/programs/tm/single/?tx_ttnews%5Btt_news%5D=45163&tx_ttnews%5BbackPid%5D=829&no_cache=1#.V9ZY3eyEBpY.

③ 中国现代国际关系研究院反恐怖研究中心编：《国际恐怖主义与反恐怖斗争年鉴（2015）》，时事出版社，2016 年版，第 121 页。

使卡布洛夫表示，“伊斯兰国”在阿拥有3500名武装分子及大批支持者。[①] 与此同时，“伊斯兰国”与“基地”组织和塔利班之间的竞争乃至冲突也在加剧。2015年9月3日，阿富汗塔利班同“伊斯兰国”在楠格哈尔省爆发武装冲突，造成至少23名武装分子死亡，多人受伤。[②]

2016年7月，在喀布尔的一个和平示威活动中发动恐怖袭击，造成大约80人死亡，230人受伤。[③]“伊斯兰国”宣称负责。

2017年2月7日，阿最高法院停车场遭遇自杀式炸弹袭击，造成21死53伤，死者多为平民。“伊斯兰国”宣称负责。4月12日，喀布尔市发生自杀式炸弹袭击。一名袭击者在阿总统府行政事务办公室大门附近引爆炸弹，造成阿军警和平民5死3伤，“伊斯兰国”宣称负责。阿总统加尼、首席执行官阿卜杜拉、前总统卡尔扎伊等政要强烈谴责此次袭击。5月18日，楠格哈尔省官员称，阿国家广播电视公司（RTA）楠省办事处遭4名不明身份武装分子袭击，造成至少10死24伤。“伊斯兰国”宣称负责。[④] 8月25日，阿富汗喀布尔市一座什叶派清真寺遭武装分子袭击，40人身亡，至少90人受伤。“伊斯兰国”宣称对此次袭击事件负责。

2017年7月，美国国防部表示，目前活跃于阿富汗的“伊斯兰国”组织分子人数不超过1000人，且多集中在楠格哈尔省。[⑤]

第四节　南亚其他国家的恐怖主义态势

除了印度、巴基斯坦和阿富汗外，斯里兰卡、孟加拉国、尼泊尔也

---

① 《阿富汗动态》，中华人民共和国驻阿富汗伊斯兰共和国大使馆官方网站，http://af.china-embassy.org/chn/afhdt/t1312915.htm。

② 徐伟：《阿富汗塔利班同ISIS爆发激烈冲突 至少23人死亡》，http://news.ifeng.com/a/20150907/44596492_0.shtml。

③ Country Reports on Terrorism 2016，https://www.state.gov/j/ct/rls/crt/2016/272238.htm.

④ 《阿富汗政治经济动态》，中华人民共和国驻阿富汗伊斯兰共和国大使馆经济商务参赞处，http://af.mofcom.gov.cn/article/afdt/201706/20170602589550.shtml。

⑤ 《特朗普：伊国组织就快瓦解》，《联合早报》，2017年7月22日，https://www.zaobao.com/news/world/story20170722-780933。

存在程度不同的恐怖主义威胁，其中，斯里兰卡和尼泊尔恐怖袭击活动已大为减少，孟加拉国的恐怖主义威胁也有所减弱。

一、斯里兰卡

斯里兰卡人口 2048 万（2013 年）。僧伽罗族占 74.9%，泰米尔族 15.4%，摩尔族 9.2%，其他 0.5%。僧伽罗语、泰米尔语同为官方语言和全国语言，上层社会通用英语。居民 70.2% 信奉佛教，12.6% 信奉印度教，9.7% 信奉伊斯兰教，7.4% 信奉天主教和基督教。

从 20 世纪 50 年代中期开始的僧伽罗人和泰米尔人的争斗是世界上最暴力的和持续时间最长的恐怖主义冲突之一。[①] 至 20 世纪 70 年代中期，斯里兰卡已沦为南亚地区恐怖主义的重灾区之一，这种状况持续到 2009 年，"泰米尔伊拉姆猛虎解放"组织（Liberation Tigers of Tamil Eelam，缩写 LTTE）也因此"闻名天下"。

1972 年，激进的泰米尔人建立了第一个反政府的武装组织——"泰米尔伊拉姆猛虎"组织，又称"泰米尔猛虎"组织、"猛虎"组织。"伊拉姆"在古泰米尔语中是"斯里兰卡"的意思。这个组织的首领是普拉巴卡兰，当时年仅 18 岁。1975 年，普拉巴卡兰率先刺杀贾夫纳市市长，从而揭开了泰米尔人进行恐怖活动的序幕。[②] 对于"猛虎"组织及其领导人而言，暴力是斯里兰卡政府被迫承认放弃泰米尔人居住的领土的必要手段。斯里兰卡政府从冲突一开始就把"猛虎"组织定性为恐怖组织。几乎所有人，无论是恐怖主义专家还是政府观察员，都把"猛虎"组织称为恐怖主义的"一流团队"。[③]

自杀性爆炸袭击是"猛虎"组织最常用的暴力手段。1983 年 7

---

① V. R. Raghavan, Role of Third Parties in Resolving Terrorism-generating Conflicts, in Frank Columbus ed., The National Security Strategy of the United States of America, New York: Novinka Books, 2003, p. 362.

② 花军、韩本毅：《国际恐怖主义》，中国人民大学出版社，1989 年版，第 151 页。

③ Ahmed S. HASHIM, - Lions and Tigers in Paradise: Terrorism and Insurgency and the State's Response in Sri Lanka, Defence Against Terrorism Review, Vol. 3, No. 1, Spring 2010, p. 11.

月，“猛虎”组织实施了第一起自杀式袭击。直到1987年7月拉吉夫·甘地和贾瓦德纳签订印度与斯里兰卡协议时，斯里兰卡已经因为恐怖主义蒙受了沉重的损失，造成了近1万人的死亡。[①] 不少高官政要在袭击中遇难，此外，“猛虎”组织还对斯国内建筑、商业中心、军用设施甚至佛教圣地发动恐怖袭击，遭到国际社会的一致谴责。1996年1月31日，“黑虎”队员袭击斯里兰卡中央银行，造成91人死亡。1996年7月24日，袭击火车，70人遇害，约600人受伤。[②] 1997年10月8日，美国国务院认定“猛虎”组织为恐怖组织。1998年1月，斯政府宣布“猛虎”组织为非法组织。2001年2月28日和2001年12月21日，英国和澳大利亚先后指认“猛虎”组织为恐怖组织。全球共32个国家认定“猛虎”组织为国际恐怖主义组织。[③] “猛虎”组织从事的暴力活动尤其是自杀式袭击造成了严重的平民伤亡，2009年高达11111人（见表1—23）。

表1—23　“猛虎”组织恐怖袭击造成的死亡人数
（2000—2009年）

年份	平民	安全人员	恐怖分子	合计
2000	162	784	2845	3791
2001	89	412	1321	1822
2002	14	1	0	15
2003	31	2	26	59
2004	33	7	69	109
2005	153	90	87	330
2006	981	826	2319	4126
2007	525	500	3352	4377

① Satish Chandra, International Terrorism and It's Control: Developing International Law and Operational Machanisms, Allahabad, India: Vohra Publishers & Distributors, 1989, p. 79.

② Major Incidents of Terrorism-related Violence in Sri Lanka 1992 - 2002, http://www.satp.org/satporgtp/countries/shrilanka/database/majorincidents2002.htm.

③ 王桂花：《泰米尔“猛虎”之死》，《南方人物周刊》，2009年22期，第39页。

续表

年份	平民	安全人员	恐怖分子	合计
2008	404	1314	9426	11144
2009	11111	1315	3139	15565

数据来源：Fatalities in Terrorist Violence in Sri Lanka 2002—2017，http：//www.satp.org/satporgtp/countries/shrilanka/database/annual_casualties.htm。

在国际社会、特别是挪威的积极斡旋下，2002 年 2 月，“猛虎”组织与斯政府在斯德哥尔摩签署了一份永久性的停火协议。斯政府于当年 9 月 4 日解除了对“猛虎”组织的禁令，使其成为合法组织。同年 9 月 16 日至 18 日，斯政府和“猛虎”组织在泰国春武里府梭桃邑海军基地举行了具有历史意义的首次和谈。虽然双方在 2002—2008 年间曾先后进行了 8 轮直接谈判，但他们之间的武装冲突一直不断，停火协议名存实亡。2008 年 1 月 2 日，政府宣布退出与“猛虎”组织签署的停火协议，并将这一决定通知挪威政府。根据规定，停火协议 1 月 16 日正式失效。同时，斯政府与挪威政府签署的关于建立“斯里兰卡停火协议监督委员会”的协议也于 1 月 16 日终止。

2009 年 5 月 18 日，斯里兰卡军方宣布：“猛虎”组织最高领导人普拉巴卡兰已经被击毙。斯里兰卡总统宣布长达 25 年的内战正式结束。斯里兰卡军方负责人萨雷斯・方塞卡说：“我们非常负责任地宣布，我们已经把整个国家从恐怖主义的威胁中解放出来。”此后，斯里兰卡鲜有恐怖袭击活动记录。百足之兽，死而不僵。虽然“猛虎”组织的常规军事能力已经被击败，但分裂分子继续通过他们恢复游击战术的能力构成威胁。据估计，大约有 1500—2000 名叛乱分子留在国内，其中许多人被认为是“黑虎”自杀小队的潜伏分子。他们可能以自杀式炸弹、路边炸弹和暗杀的形式发动不对称的袭击。①

① Chietigj Bajpaee，Uncertainty Rather than Stability Follows Defeat of Sri Lanka's Tamil Tigers，Terrorism Monitor，Vol. 7，No. 26，2009，http：//www.jamestown.org/programs/tm/single/？tx_ttnews%5Btt_news%5D=35438&tx_ttnews%5BbackPid%5D=412&no_cache=1#.V9kg_uyEBpY.

二、孟加拉国

孟加拉国是世界第四大穆斯林人口大国，有大量伊斯兰激进组织在孟加拉国境内活动。2001—2006 年，孟加拉民族主义党执政期间，极端主义确实迅速发展。超过 100 个伊斯兰“圣战”组织在外部的财政支持和宗教组织援助及教唆下迅速发展。在 2004 年前后，有 100 多个这样的组织从国外获得资金。[①]

2005 年以来左翼激进势力暴力袭击造成的死亡人数持续走低，从 2005 年 177 人降至 2007 年的 80 人，然后在 2009 年略有回升，2011—2014 年各年死亡人数都在 30 人以下。2015 年，在孟加拉国左翼激进势力 11 人毙命，平民和安全部队均无伤亡。

2013 年，孟加拉国的宗教极端主义威胁陡然凸显，恐怖袭击造成 379 人死亡，其中平民 228 人、安全人员 18 人和恐怖分子 133 人，而此前 8 年即 2005—2012 年恐袭造成 65 人死亡，其中平民 38 人、恐怖分子 27 人。2014 年恐怖造成死亡总数为 60 人，其中平民 29 人、安全人员 9 人、恐怖分子 22 人。[②] 尔后，在哈西娜政府的严厉打击下，孟加拉国的恐怖主义威胁曾有所减弱。

2015 年后，“伊斯兰国”恐袭进入井喷期，全年被认领的案件达 9 起，另外还有对什叶派阿舒拉节游行和艾哈迈迪耶教派清真寺的袭击，造成大规模伤亡。2015 年 10 月 24 日，孟加拉国首都达卡老城区发生炸弹袭击事件，3 枚炸弹爆炸，爆炸造成一名 14 岁男孩当场死亡，另有 80 人受伤，当时有约 2 万人正在准备一年一度的阿舒拉节节日游行。[③] 11 月“达比奇”杂志的专稿《孟加拉圣战的重生》阐述了“伊斯兰国”组

---

① B. Raman, AL QAEDA'S SHADOWS ON INDIA & S. E. ASIA, August 4, 2002, http://www.southasiaanalysis.org/paper439.

② Fatalities-Islamist Terrorism 2005 - 2015, http://www.satp.org/satporgtp/countries/bangladesh/database/Fatalities-Islamist%20Terrorism%202010.htm.

③ 程炜：《孟加拉首都达卡遭炸弹袭击 一14 岁男孩死亡 80 人受伤》，http://world.huanqiu.com/hot/2015-10/7831859.html。

织对未来恐袭的规划，引起国际社会对“伊斯兰国”孟加拉国分支发展情况的高度关注。①

尽管孟政府对恐怖主义持续严厉打击，但近年来政局动荡，宗教极端主义抬头，本土恐怖主义趁势而起，境外恐怖主义加紧渗透，孟加拉国反恐形势不可盲目乐观。

孟加拉国的恐怖主义威胁主要来自宗教极端型恐怖分子和左翼极端势力，这两股势力主要包括“智慧箴言”“若开罗兴加民族组织”“伊斯兰圣战运动”“孟加拉穆斯林清除左翼义务警卫队”“孟加拉圣战者大会党”“东孟加拉共产党”“伊斯兰学生营”等组织。

“孟加拉圣战者大会党”（Jama´atul Mujahideen Bangladesh，JMB）成立于1998年，是孟最大的极端组织。这一组织通过在孟加拉国制造的数百起爆炸事件，表达了对民主、社会主义、世俗主义、公共娱乐和妇女权利的反对，尽管该组织在2005年被禁止，但据信它仍与该国各激进的伊斯兰组织保持联系。② 当前，该组织已经分裂成三个派系。③

“孟加拉伊斯兰圣战运动”（Harkat-ul-Jihad-al Islami Bangladesh，HuJI-B）是“基地”组织在南亚的分支机构。该组织已经巩固了它在孟加拉国的地位，拥有超过1.5万名活跃分子，其中至少有2000人是“铁杆”，在孟加拉国至少有6个训练营。据报道，阿富汗战争期间，大约3500名孟加拉人前往巴基斯坦和阿富汗参加“圣战”。除34人死亡外，大批人返回家园；其中，约有500人是该组织的核心成员。④

---

① 魏亮：《“伊斯兰国”向南亚地区渗透的发展动向》，《当代世界》，2016年第9期，第60页。

② Raffaello Pantucci, Al-Awlaki Recruits Bangladeshi Militants for Strike on the United States, Terrorism Monitor, Vol. 9, No. 7, 2011, http://www.jamestown.org/single/?tx_ttnews%5Btt_news%5D=37528&tx_ttnews%5BbackPid%5D=515&no_cache=1#.V9fGs-yEBpY.

③ Bhaskar Roy, Islamic State Plans Attack on India to Provoke Armageddon, August 10, 2015, http://www.southasiaanalysis.org/node/1831.

④ Wilson John, The Roots of Extremism in Bangladesh, Terrorism Monitor, Vol. 3, No. 1, 2005, http://www.jamestown.org/programs/tm/single/?tx_ttnews%5Btt_news%5D=327&tx_ttnews%5BbackPid%5D=180&no_cache=1#.V96i4eyEBpY.

此外，在南亚活动的主要的伊斯兰激进组织都在孟加拉国建有基地、安全藏身处，拥有同情者和集结点，甚至“基地”组织在印度次大陆东部的主要行动基地也在孟加拉国。[①] 自20世纪90年代末以来，“基地”组织在孟加拉国一直保持着强大的支持基础。1998年2月，本·拉登发布了一项敦促对美国采取行动的伊斯兰教令，“孟加拉国圣战运动”领导人是签署人之一。[②]

三、尼泊尔

尼泊尔共产党简称尼共（毛派），于1995年从联合尼泊尔共产党分离，曾在尼泊尔发动暴力活动（见表1—24）。在20世纪90年代的叛乱中，尼共（毛派）也把恐怖主义作为可以选择的策略之一。2008年，尼共（毛派）参加选举、执政。[③] 该组织是尼泊尔指认的唯一恐怖组织。

关于尼共（毛派）是否是恐怖组织，在国际上一直存在争议。但是，尼共（毛派）的暴力活动造成的平民死亡人数曾连续4年（2002—2005年）都在200人以上（见表1—24）。2006年，尼共（毛派）武装与七党联盟发动了反对国王贾南德拉的运动，并取得胜利。尔后，毛派武装又与七党联盟达成和平协议，开始融入尼泊尔国内政治进程。此后，毛派在尼泊尔实施的暴力活动几乎销声匿迹。

---

① Subir Bhaumik, Bangladesh: The Second Front of Islamic Terror, Omprakash MIshra and Sucheta Ghosh eds, Terrorism and Low Intensity Conflict in South Asian Region, New Delhi: Manak Publications, 2003, p. 282.

② Animesh Roul, Al-Qaeda Leader al-Zawahiri Urges Jihad Against the “Anti-Islamic” Government of Bangladesh, Terrorism Monitor, Vol. 12, No. 2, 2014, http://www.jamestown.org/programs/tm/single/?tx_ttnews%5Btt_news%5D=41864&tx_ttnews%5BbackPid%5D=757&no_cache=1#.V9Z4oeyEBpY.

③ Sumit Ganguly, Counterterrorism Cooperation in South Asia: History and Prospects, December 2009, http://www.nbr.org/publications/specialreport/pdf/Free/SR21.pdf.

表1—24 毛派暴力活动造成的平民死亡人数
(2000—2006年)

年份	死亡人数
2000	18
2001	50
2002	238
2003	214
2004	380
2005	231
2006	61

数据来源：Fatalities in Maoist Insurgency 2000—2017，http：//www. satp. org/satporgtp/countries/nepal/database/fatalities. htm。

尼泊尔国内的反政府武装不是单纯的恐怖主义问题，它有着广泛而深刻的政治、经济和社会背景。众所周知，尼泊尔是全球最不发达国家之一，国内经济极端落后，42%的人口生活在贫困线以下，加之广大民众对执政党完全失去信任，因此反政府武装在中西部地区很有影响，得到了当地民众的支持和保护，建立了包括法庭在内的地方政权。①

① 马加力：《2002年的南亚》，《国际资料信息》，2003年第2期，第16页。

第二章
南亚恐怖主义的特点

冷战结束以来，特别是“9·11”事件后，南亚恐怖主义在其演变进程中，已形成多方面特点，主要包括恐怖主义的国际化更加凸显、与毒品经济形成共生关系、自杀式袭击频繁发生及反美、反西方等。

第一节 恐怖主义的国际化更加凸显

在南亚地区，既有本土恐怖组织，又有跨境恐怖组织；既有针对本国的恐怖袭击，又有跨国的恐怖袭击。尽管本土化与国际化是南亚恐怖主义并行不悖的两种发展趋势，但国际化趋势显然更加突出。南亚的恐怖主义活动表现出跨国、跨地区的特点，发生在一个国家的此类活动常常被恐怖组织在另一个国家策划和发动。[①] 南亚地区恐怖主义的国际化不仅表现为南亚国家恐怖组织及其活动的跨境性，也包括域外恐怖组织向南亚的“输入”，如“伊斯兰国”等恐怖组织向南亚的渗透和扩张，还包括南亚恐怖主义向中亚、东南亚及西亚的“外溢”。

纵观南亚恐怖主义态势，国际化日益成为南亚恐怖主义主要特点之一。恐怖主义的国际化体现于：恐怖袭击目标的国际化、恐怖袭击活动国际化、活动资金的国际化以及组织系统的国际化。在南亚恐怖主义的国际化进程中，宗教极端型恐怖主义的国际化尤其突出。克什米尔本土

① 赵伯乐：《南亚反恐局势的特点及走向》，《外交评论》，2009 年第 3 期，第 130 页。

组织与巴基斯坦原教旨主义和“圣战”组织之间的联系，印度的“伊斯兰学生运动组织”和巴基斯坦和沙特阿拉伯的“圣战”因素的结合，在印度行动的巴基斯坦泛伊斯兰“圣战”组织与本·拉登“基地”组织和塔利班的联合。这表现在他们人员、资金的跨境流动以及恐怖主义活动的跨境实施上，恐怖分子的联合训练、武器和弹药的转移、经验的分享也使其逐渐形成一种合作的网链。① 其中，“基地”组织、阿富汗塔利班及“伊斯兰国”在南亚恐怖主义的国际化中成为“中心”或重要的“连接点”。与此同时，“强格维军”“穆罕默德军”“猛虎”组织都已成为具有全球性影响的南亚恐怖组织②。

一、以“基地”组织为中心的国际恐怖网络

“基地”组织是一个全球化的恐怖组织，在南亚地区恐怖主义的国际化进程中发挥着极其重要的作用。1998 年“基地”组织的全球网络国际伊斯兰阵线成立③，为此“基地”组织影响力迅速扩散。“9·11”事件前这一阵线有 12 个组织——“基地”组织，埃及和巴基斯坦各有三个组织，塔利班，两个组织来自乌兹别克斯坦，来自菲律宾南部和中国新疆的组织各一个；巴基斯坦的三个组织分别是“圣战者运动党”“虔诚军”和逊尼派极端组织“巴基斯坦圣贤军”。④ 这一阵线的成立直接促进了伊斯兰激进组织的国际化。

为回报本·拉登在兵源、物力、财力和作战等方面提供的大力援助，塔利班不仅为本·拉登及其“基地”组织提供安全的藏身之所，而且支

① 刘红良：《论南亚地区的反恐合作机制》，《西南石油大学学报（社会科学版）》，2013 年 3 期，第 74 页。

② Rubina Saigol, The State and the Limits of Counter-Terrorism: The Experience of Pakistan and Sri Lanka. Imtiaz Ahmed ed., Understanding Terrorism in South Asia: Beyond Statist Discourses, New Delhi: Manohar Publishers & Distributors, 2006, p. 387.

③ Nirode Mohanty, Indo-US Relations: Terrorism, Nonproliferation, and Nuclear Energy, Lexington Books, 2015, p. 79.

④ B. Raman, US-led war against terrorism, January 1, 2002, http://www.southasiaanalysis.org/paper386.

持本·拉登在塔利班控制区域内网罗全球伊斯兰极端分子、建立恐怖分子训练营地。[①] 他们结成“命运共同体”，塔利班政权向“基地”组织提供武器装备和庇护，“基地”组织则组建了游击部队055旅帮助塔利班与北方联盟作战。[②]

塔利班垮台后，在巴阿部落地区，塔利班综合运用恐怖战和游击战，将其行动和宣传与“基地”组织的全球网络合并，开始从“本土型”的极端宗教主义运动转变为推动“基地”组织全球利益的“外向型”的“泛塔利班”运动。它们与“基地”组织在意识形态、指挥系统、资金和人员结构等方面的共生关系更加紧密。两股势力在巴阿边境部落地区盘踞集结，共同招募和培训人员，充分利用巴基斯坦国内伊斯兰极端主义的土壤，逐渐形成了以巴阿边境部落地区为核心的南亚恐怖策源地，并将触角伸向全球。[③]

在阿富汗，本·拉登还于1988年在“哈卡尼网络”的势力范围内建立了“基地”组织及其训练营，哈卡尼在2001年阿富汗战争时期帮助“基地”组织成员逃到巴基斯坦部落地区。从2005年至2007年，“基地”组织成为“哈卡尼网络”成员的精神先导，“哈卡尼网络”成员以与阿拉伯伊斯兰教法理论家为伍而倍感尊贵，并经常邀请“基地”组织人员到“哈卡尼网络”营地，二者互动频繁。[④]“哈卡尼网络”与“基地”组织的密切关系及其强烈的反美取向已深受美国关切。

“基地”组织也与巴基斯坦的恐怖组织或激进组织建立了广泛而密切的联系。巴塔与“基地”组织已经建立了一种共生关系，巴塔从“基地”组织获得意识形态上的指导，分享其所建立的全球恐怖主义网络和积累掌握的斗争经验与袭击技巧。“基地”组织则得到巴塔的庇护，从而能够在巴阿边境的普什图部落地区自由活动。[⑤]“基地”组织对巴塔的

① 朱威烈等：《中东反恐怖主义研究》，时事出版社，2010年版，第208页。

② 朱素梅：《恐怖主义：历史与现实》，世界知识出版社，2006年版，第117页。

③ 杜冰：《巴基斯坦反恐态势及前景》，《和平与发展》，2009年第5期，第23页。

④ 富育红：《阿富汗主要反叛团伙及其关联》，《南亚研究季刊》，2015年第1期，第34页。

⑤ 陈涛：《巴基斯坦的塔利班化：特征、动力与进程》，《南亚研究季刊》，2013年第1期，第18页。

作用主要体现为：第一，“基地”组织为巴塔提供资金和军事培训；第二，“基地”组织担当着各武装团伙“调停人”和“联盟建设者”的角色。①

在塔利班统治阿富汗时期，“强格维军”激进分子在阿富汗的“基地”组织训练营接受培训、与“基地”组织建立了联系。② 需要特别强调的是，巴本土逊尼派极端武装团伙几乎都与“基地”组织保持了非正式但紧密的联系。巴基斯坦北瓦济里斯坦地区是“基地”组织、“乌伊运”、“东突”、“哈卡尼网络”、巴塔等激进组织的避难所。③

与历史上的其他宗教极端组织不同的是，“基地”组织跨越了逊尼派和什叶派的教派障碍，本·拉登设想通过吸收两大教派各阶层成员的办法，使“基地”组织的成员构成更加多样化，从而达到为其全球“圣战”服务的目的。④ 一个以“基地”组织为意识形态核心的、全球联动的反美、反西方的“圣战”运动正在加速成型。众多“基地”组织恐怖分子流窜到世界各地后，从战术、组织、意识形态等方面都大大加强了本土极端势力响应“基地”组织、制造严重恐怖事件的能力。⑤ 在南亚地区“发迹”的“基地”组织不仅在推动南亚地区恐怖主义的国际化，而且在推动恐怖主义的“全球化”。1996 年至 2001 年在阿富汗“基地”组织营地受训的骨干至少有 1.8 万人，他们在 60 多个国家活动。⑥

“基地”组织的国际化、全球化与其掌握和运用现代高新技术尤其是通信技术密不可分。由于其富有成效的招募工作及激进化改造措施，“基地”组织利用全球化工具来联系它的广大受众，包括潜在的新成

---

① 富育红：《巴基斯坦塔利班发展现状及演变趋势》，《南亚研究季刊》，2014 年第 1 期，第 47 页。

② Farhan Zahid, Pakistan's LeJ Baluchistan Operations Ready for Resurgence, Terrorism Monitor, Vol. 14, No. 15, 2016, http://www.jamestown.org/programs/tm/archivesgta/2016/? tx_publicationsttnews_pi2%5Bissue%5D=15.

③ S. Chandrasekharan, Pakistan: The North Waziristan Operations: Some Observations, October 20, 2014, http://www.southasiaanalysis.org/node/1638.

④ 朱素梅：《恐怖主义：历史与现实》，世界知识出版社，2006 年版，第 119 页。

⑤ 余建华等：《恐怖主义的历史演变》，上海世纪出版集团，2015 年版，第 248 页。

⑥ Bruce Hoffman, The Changing Face of Al Qaeda and the Global War on Terrorism, Studies in Conflict & Terrorism, Vol. 27, 2004, p. 552.

员、新招募的对象、积极的支持者、消极的同情者、中立的围观者、敌对的政府以及潜在的受害者。这些工具包括移动电话、短信信息、即时通信，特别是网站、电子邮件、博客、聊天室和其他互联网工具，它们被用来完成各种任务，从行政管理、筹集资金到开展研究和为袭击协调补给等。[①] 极端的宗教意识形态的传播和高新技术尤其是通信技术的运用紧密结合起来，使得“基地”组织的“全球化”呈现加剧态势。

二、阿富汗塔利班与其他激进组织的关联

无论是在阿富汗执政期间，还是溃逃到阿富汗与巴基斯坦边境地区之后，塔利班在南亚恐怖主义的国际化进程中的作用堪称举足轻重。塔利班统治时期的阿富汗被视为世界各地的极端组织或恐怖组织的“孵化器”，并非耸人听闻。

2001 年 10 月，阿富汗塔利班政权在美军的强大攻势下迅速瓦解，其残余大量进入巴基斯坦，历史开始了转折：此前，巴部落地区民众和激进组织对阿富汗塔利班的声援是分散的和道义上的，或者限于有限人力物资供给，此后则是在本土为他们提供全方位庇护和日常生活保障；此前，塔利班在阿富汗作战，此后则以巴部落区为新的根据地。[②] 塔利班在巴基斯坦的存在和壮大，刺激和促进了巴基斯坦极端组织的“兴起”。

2001 年末美国推翻阿富汗塔利班政权后，“强格维军”开始袭击西方国家在巴基斯坦的目标。塔利班不仅是“强格维军”坚定盟友，而且允许“强格维军”在阿富汗建立训练基地。“强格维军”还与“乌伊运”建立了牢固关系，这两个组织在阿富汗建立了联系，都代表塔利班的利

① ［美］奥德丽·克罗宁著，宋德星、蔡焱译：《恐怖主义如何终结》，金城出版社，2017 年版，第 215 页。

② 钱雪梅：《巴基斯坦塔利班现象解析》，《阿拉伯世界研究》，2011 年第 2 期，第 52 页。

益与北方联盟作战。[①] 塔利班、“强格维军”和“乌伊运”等极端组织之间的勾连，表明南亚和中亚的恐怖势力之间在加紧联合。

显而易见，阿富汗塔利班的兴衰对于巴基斯坦部落地区的塔利班化及巴塔的“兴起”起到示范和刺激作用。尽管巴本土塔利班同阿富汗塔利班之间差别明显，但二者关系密切。在组织方面，从内克·穆罕默德到白图拉·马赫苏德、哈基穆拉，以及巴哈杜尔、纳兹尔等巴基斯坦各主要塔利班运动和巴塔的历届领导人，都公开宣誓效忠于奥马尔，尊之为“信徒的埃米尔”。[②]

三、“伊斯兰国”在南亚地区的拓展

“伊斯兰国”是继“基地”组织之后又一具有全球性影响的恐怖组织，这一组织在南亚地区开始渗透、扩展，同时与南亚地区的恐怖组织形成了错综复杂的关系。

“强格维军”在“伊斯兰国”成立之初就已成为其组成部分之一，前往叙利亚与巴沙尔·阿萨德作战的“强格维军”武装分子甚至加入了“伊斯兰国”。[③]

2014 年 10 月 4 日，巴塔宣誓效忠“伊斯兰国”，并表示将命令其武装分子向“伊斯兰国”在中东地区的“圣战”提供援助，还将帮助其建立“全球性的哈利发国”。[④] 巴塔内部有些分支呈现“国际化”，与“伊斯兰国”正在进行或深或浅的秘密勾结，有可能导致他们在某种利益的驱使下，受“伊斯兰国”指示，在本国、其他国家和地区发动恐怖袭

---

① Animesh Roul, Lashkar-e-Jhangvi: Sectarian Violence in Pakistan and Ties to International Terrorism, Terrorism Monitor, Vol. 3, No. 11, 2005, https://jamestown.org/program/lashkar-e-jhangvi-sectarian-violence-in-pakistan-and-ties-to-international-terrorism/#.V96XtuyEBpY.

② 钱雪梅：《巴基斯坦塔利班现象解析》，《阿拉伯世界研究》，2011 年第 2 期，第 57 页。

③ Muhammad Amir Rana, The impact of the Islamic State on Pakistan, January 2015, http://noref.no/Regions/Asia/Pakistan/Publications/The-impact-of-the-Islamic-State-on-Pakistan.

④ 徐伟：《巴基斯坦塔利班运动宣誓效忠“伊斯兰国”》，http://world.people.com.cn/n/2014/1005/c1002－25779798.html。

击。[①] 巴塔和“伊斯兰国”的合流使巴基斯坦恐怖主义形势更加复杂化、危险化。

本·拉登死后，“基地”组织正逐渐失去其在全球伊斯兰极端主义运动中的领导地位。这在一定程度上削弱了恐怖主义组织策划和实施跨国恐怖主义袭击的能力。全球伊斯兰极端主义组织开始分散开展恐怖袭击活动。“伊斯兰国”的崛起正在改变这一趋势。例如，其对南亚极端主义组织的影响逐渐显现。[②]

在南亚地区，除了宗教极端型恐怖主义的国际化特点突出外，左翼激进型恐怖主义和民族分离型恐怖主义也都具有国际化的特点。印度的“毛派”组织与尼泊尔、孟加拉国、斯里兰卡“毛派”组织之间存在联系，2001 年 7 月，南亚“毛派”组织通过建立南亚“毛派”政党协调委员会建立了制度化的联系[③]。作为世界上最复杂和最致命的叛乱组织，“猛虎”组织的支持主要来自泰米尔移民。“猛虎”组织控制着大量海外泰米尔移民的支持活动。如果没有来自澳大利亚和西欧的泰米尔移民的资金支持，“泰米尔猛虎组织”将不可能从事大规模、持续性的武装活动。[④]“猛虎”组织的宣传网络和宣传活动覆盖了 54 个国家，包括英国、法国、德国、瑞士、加拿大和澳大利亚等国。[⑤]

南亚恐怖主义国际化的加速推进，集中突显南亚恐怖主义的复杂性，这不仅大大增加了南亚恐怖主义治理的难度，而且为外部势力介入南亚提供了机遇或借口。

---

① 包吉氢：《巴基斯坦塔利班的新动向及预测》，《当代世界》，2015 年第 3 期，第 50 页。

② 王伟华：《南亚地缘政治新态势及其对中巴经济走廊建设的影响》，《印度洋经济体研究》，2015 年第 4 期，第 67 页。

③ S. D. Muni, Beyond Terrorism: Dimensions of Political Violence in South Asia, in Anand Kumar ed., The Terror Challenge in South Asia and Prospect of Regional Cooperation, New Delhi: Pentagon Security International, 2012, p. 23.

④ 张家栋：《当代南亚恐怖活动状况》，《南亚研究》，2009 年 2 期，第 26 页。

⑤ Mahendra P. Lama, Political Economy of Terrorism: Sustenance Factors and Consequences, in Frank Columbus ed., The National Security Strategy of the United States of America, New York: Novinka Books, 2003. p. 400.

第二节 恐怖主义与毒品经济形成共生关系

南亚恐怖主义与毒品经济的结合日益紧密，已经形成共生关系，这在阿富汗和巴基斯坦等国的表现尤为突出。阿富汗的毒品问题不仅在南亚最为严重，而且外溢到中亚、西亚及欧洲国家，已成为当今世界十分棘手的问题之一。

一、阿富汗的毒品形势

由于自然条件、持续动荡、贫困等多种原因，阿富汗毒品问题由来已久。1998—2015 年阿富汗罂粟种植面积波动上升，从 1998 年种植面积 82171 公顷，2006 年即翻倍达到 165000 公顷，到 2014 年达到顶峰，面积达到 204000 公顷，2015 年种植面积有所回落，为 183000 公顷[①]。2016 年约为 201000 公顷（182000—221000 公顷），比 2015 年增长了 10%。2015 年北部地区和巴德吉斯省的安全局势恶化以来，阿富汗鸦片罂粟种植面积在该国南部、西部和东部地区发生强劲增长，在 2016 年达到全国种植面积的 93%，南部、西部和东部地区占比分别为 59%、25% 和 9%，其余地区（北部、东北部和中部）仅占 7%[②]。

从阿富汗贩运毒品到欧洲的主要路线有四条：第一条，从阿富汗西部的赫拉特省经过土库曼斯坦，然后再经高加索进入土耳其，这一条路线以运输鸦片为主。第二条，从阿富汗北部进入塔吉克斯坦，经俄罗斯、爱沙尼亚、拉脱维亚，进入西欧，主要运输海洛因。第三条，从阿富汗北部进

---

① Afghanistan：before 2003：UNODC；since 2003：national illicit crop monitoring system supported by UNODC，http：//www. unodc. org/doc/wdr2016/8. 2 _ Opium _ cultivation _ production _ eradication. pdf.

② Afghanistan Opium Survey 2016，http：//www. unodc. org/documents/crop - monitoring/Afghanistan/AfghanistanOpiumSurvey2016_ExSum. pdf.

入乌兹别克斯坦南部，经塔什干、莫斯科进入西欧，也以运输海洛因为主。第四条，经阿富汗北部进入塔吉克斯坦、经哈萨克斯坦进入西欧，也是运输海洛因。其中，塔吉克斯坦、土库曼斯坦、哈萨克斯坦和乌兹别克斯坦是这四条通道上的重要中转地。阿富汗—中亚各国—欧洲贩毒通道是“金新月”毒品走向国际市场的主动脉。此外，还有所谓的“南方路线”和“北方路线”。“南方路线”是通过巴基斯坦或伊朗伊斯兰共和国的海上，经过巴阿边境到达巴基斯坦再经陆路转运到伊朗、中国、印度；或通过巴基斯坦南部港口运往中东，向海湾地区和非洲（特别是东非）的“南方路线”的重要性日益增加。“北方路线”及其延伸的“阿布哈兹路线”从阿富汗到中亚各邻国，俄罗斯联邦和独联体其他国家的“北方路线”在2008—2012 年度下降后开始复苏[①]。近年来中亚五国到达俄罗斯和高加索地区，以及通过中亚运往新疆的毒品贩运也呈上升态势。

非法毒品贸易在助长恐怖主义中发挥重要作用，有五方面基本理由：一是确认恐怖主义与毒品之间联系的报告数不胜数；二是恐怖分子活动的犯罪性质和活动资金不能通过合法的渠道实现；三是毒品的种植和生产伴随恐怖主义活动持续增长；四是恐怖主义需要大量资金满足招募、培训、武器及行动的需要；五是非法毒品贸易可以获取暴利，而且容易被恐怖分子利用。[②] 这五方面大体上反映了南亚地区恐怖主义与毒品经济的关系。

二、恐怖主义与毒品经济的结合日益紧密

南亚是受毒品和枪支及不稳定势力影响最为严重的地区之一，这些因素已经严重削弱了巴基斯坦、印度和斯里兰卡的社会结构。毒品贸易和游击战结合起来，推动了南亚地区的武器走私和恐怖活动的增长。显

① World Drug Report 2016, http://www.unodc.org/doc/wdr2016/WORLD_DRUG_REPORT_2016_web.pdf.

② Kshitij Prabha, Role of Narcotics in Promoting Terrorism, in V. D. Chopra ed., Global Challenge of Terrorism, New Delhi: Gyan Publishing House, 2002, p. 115.

而易见，使恐怖主义问题进一步复杂化的因素有两个，毒品恐怖主义和适合恐怖主义活动的先进便携式武器的地下交易市场。①

在1997年，联合国和美国估计阿富汗海洛因产量的96%来自塔利班控制的地区。2000年7月，奥马尔禁止种植鸦片，这道禁令导致了鸦片种植和生产的减少。② 尽管占领了几乎整个国家，塔利班却没有得到国际社会的认可；因此，他们孤立的政权仍然依赖于以鸦片为基础的经济，以此来为他们的日常行政工作提供资金。③

在塔利班统治期间，鸦片生产和贸易更是成为塔利班政权的重要经济来源。在1995—2000年间，塔利班在毒品贸易中获得的税收多达7500万至1亿美元。④ 塔利班的经济来源主要来自毒品经济。毒品经济不除，塔利班就可以仰赖它而生存。⑤ 塔利班不仅通过毒品获取巨额的资金，还利用毒品来引诱少年充当自杀性爆炸的“人弹”。通过让少年吸食毒品，既可以让这些少年在接受塔利班的蛊惑后更加丧失理智，也可以加强塔利班对这些少年的控制。正是在这样的蛊惑和教唆下，大量的少年走上了不归路，沦为了为塔利班用来杀死多国部队和政府军士兵的“武器”。⑥

一些专家认为，阿富汗“伊斯兰党”领导人古勒卜丁·希克马蒂亚尔是唯一有党派基础且系统参与毒品活动的穆斯林“圣战”者，其他人都仅限于贩卖生鸦片，而他却为毒品加工投资，还与巴基斯坦海洛因组织建立联系日。

---

① Niranjan Dass, Terrorism and Militancy in South Asia, New Delhi: MD Publications Pvt Ltd., 2006, pp. 130 – 131.

② Seth G. Jones, C. Christine Fair, Counterinsurgency in Pakistan, http://www. rand. org/pubs/monographs/MG982. html.

③ Muhammad Tahir, Fueling the Taliban: Poppies, Guns and Insurgents, Terrorism Monitor, Vol. 6, No. 14, 2008, http://www. jamestown. org/programs/tm/single/? tx_ttnews%5Btt_news%5D=5043&tx_ttnews%5BbackPid%5D=167&no_cache=1#. V9pFV-yEBpY.

④ 刘中民、范鹏：《阿富汗重建，中国扮演什么角色》，《世界知识》，2013年第12期，第51—52页。

⑤ 方金英：《当前阿富汗安全形势及其前景》，《现代国际关系》，2006年第6期，第55页。

⑥ 杨恕、宛程：《阿富汗毒品与地区安全》，时事出版社，2015年版，第100—101页。

在阿富汗，毒品和恐怖主义并不一定是同一枚硬币的两面，但反毒战争和反恐战争可能是同一个政治议程。①

此外，在巴基斯坦，恐怖组织涉毒活动也在不断加剧，其中“哈卡尼网络”和巴塔较有代表性。“哈卡尼网络”在北瓦济里斯坦建立了多处训练营，为“基地”组织提供庇护，除了从“基地”组织获得资金支持，“哈卡尼网络”也加入跨边界的贸易，从保护鸦片或大麻的运输而获利。②“毒品运输”是巴塔从事的重要经济活动，与毒品相关的运输费和税收是其收入的重要来源。③

第三节　自杀式袭击频繁发生④

自杀式恐怖袭击是恐怖主义活动形式中最为极端的形式，同时也被恐怖分子视为低成本的恐怖工具⑤。尽管在 20 世纪 80 年代南亚国家中已发生自杀式袭击，但仅限于斯里兰卡，在“9·11”事件前南亚其他国家鲜有自杀式袭击的记录。但是，在“9·11”事件后，自杀式袭击在南亚国家特别是阿富汗和巴基斯坦迅速蔓延，曾经一度愈演愈烈。

---

① Pierre-arnaud Chouvy, Drugs and the Financing of Terrorism, Terrorism Monitor, Vol. 2, No. 20, 2004, http://www.jamestown.org/programs/tm/single/?tx_ttnews%5Btt_news%5D=27033&tx_ttnews%5BbackPid%5D=179&no_cache=1#.V99U5zVJJpY.

② 杨恕、张雪宁：《阿富汗鸦片种植及毒品问题现状》，《兰州大学学报（社会科学版）》，2011 年 3 期，第 4 页。

③ 刘向阳：《阿富汗毒品问题对其政治、经济及社会安全的影响》，《新疆社会科学》，2011 年第 6 期，第 55 页。

④ 发生自杀式恐怖袭击的时间、地点、次数、死伤人数、实施主体、袭击目标等基础数据主要依据 Chicago Project on Security and Terrorism (CPOST), 2016, Suicide Attack Database (October 12, 2016 Release), http://cpostdata.uchicago.edu/search_new.php，不再一一注明。

⑤ Bruce Hoffman and G. H. McCormick, "Terrorism, Signaling, and Suicide Attack", Studies in Conflict & Terrorism, Vol. 27, 2004, p. 249.

一、斯里兰卡的自杀式袭击

“猛虎”组织在1983年7月发动了第一次自杀式袭击，从此，自杀式爆炸成为“猛虎”组织斗争的一个持久的特征。①

截至2016年10月12日，斯里兰卡发生自杀式袭击115起，造成死亡1584人，受伤3996人，其中，“猛虎”组织实施的自杀式袭击105起，造成死亡1512人，受伤3808人，分别占91.3%、95.5%和95.3%。1993年11月11日，“猛虎”组织实施的自杀式袭击造成200人死亡。

“猛虎”组织被视为南亚地区自杀式恐怖袭击的始作俑者。截至2009年5月，针对政治和安全性目标实施的自杀式袭击共97起，造成1310人死亡、1951人受伤，在其实施的自杀式袭击中的占比分别为92.4%、86.6%和51.2%。尽管“猛虎”组织的自杀式袭击的主要目标不是平民，但造成的平民伤亡接近其全部自杀式袭击所造成受伤人数的一半。

二、阿富汗的自杀式袭击

尽管在苏联入侵阿富汗和内战期间，阿富汗几乎没有发生过自杀式袭击的记录。2001年9月9日，阿富汗北部联盟领导人艾哈迈德·沙阿·马苏德遭到暗杀后，阿富汗的自杀式袭击有所增加。在卡尔扎伊政府执政的前几年里，塔利班很少把阿富汗人当作自杀式炸弹袭击者。然而，自2005年年底以来，自杀性爆炸已经被塔利班武装分子广泛使用。②

---

① Ahmed S. HASHIM, Lions and Tigers in Paradise: Terrorism and Insurgency and the State's Response in Sri Lanka, Defence Against Terrorism Review, Vol. 3, No. 1, Spring 2010, p. 13.

② Waliullah Rahmani, Combating the Ideology of Suicide Terrorism in Afghanistan, Terrorism Monitor, Vol. 4, No. 21, 2006, http://www.jamestown.org/programs/tm/single/?tx_ttnews%5Btt_news%5D=956&tx_ttnews%5BbackPid%5D=181&no_cache=1#.V9rCleyEBpY.

截至2016年10月12日，阿富汗发生自杀式袭击1164起，造成死亡5427人，受伤13885人，其中，塔利班实施的自杀式袭击764起，造成死亡4073人，受伤10025人，占比为65.6%、75.1%和72.2%。塔利班于2007年11月6日、2008年2月17日、2011年12月6日分别实施自杀式袭击，造成死亡人数分别为96人、64人、56人。

塔利班针对政治和安全性目标实施的自杀式袭击共732起，造成死亡人数3687人、受伤人数9179人，在其实施的自杀式袭击中的占比分别为95.8%、90.5%和9%。由此可见，自杀式袭击是塔利班反政府的一种重要策略和手段。

2015年以来，阿富汗造成严重伤亡的自杀式恐怖袭击一再发生（见表2—1）。自杀式恐怖袭击在喀布尔频繁发生，当地安全局势严重恶化，也在严重损害阿富汗的国家形象。

表2—1　近三年阿富汗发生的主要自杀式袭击事件

（2015年—2017年10月）

时间	死伤人数	实施主体
2015年3月26日	7人死亡、36人受伤	无组织宣布负责
2015年4月18日	34人死亡、125受伤	阿塔利班否认袭击负责
2015年5月19日	12人死亡、43人受伤	阿塔宣称负责
2015年8月7日	26人死亡、27人受伤	无组织宣称负责
2015年9月27日	16人死亡44人受伤	无组织宣称负责
2016年1月17日	13人死亡、14人受伤	无组织宣称负责
2016年2月1日	20人死亡、32人受伤	阿塔宣称负责。
2016年2月27日	12人死亡、9人受伤	无组织宣称负责。
2016年2月27日	13人死亡、40人受伤	无组织宣称负责。
2016年4月11日	13人死亡、38人受伤	无组织宣称负责
2016年4月19日	64人死亡、347人受伤	塔利班宣称负责
2016年5月25日	11人死亡、10人受伤	塔利班宣称负责
2016年6月20日	14人死亡、9受伤	塔利班宣称负责
2016年7月23日	80人死、230受伤	“伊斯兰国”宣布负责
2016年11月11日	4人死亡、115受伤	塔利班宣布负责

续表

时间	死伤人数	实施主体
2016 年 11 月 22 日	32 人死亡、85 人受伤	“伊斯兰国”宣称负责
2017 年 1 月 10 日	38 人死亡、72 人受伤	塔利班宣称负责
2017 年 5 月 3 日	5 人死亡、25 人受伤	无组织宣称负责
2017 年 5 月 27 日	18 人死亡、8 人受伤	塔利班宣称负责。
2017 年 7 月	35 人死亡、40 人受伤	塔利班宣称负责
2017 年 10 月 20 日	39 人死亡、45 人受伤	“伊斯兰国”宣称负责。
2017 年 10 月 20 日	30 人死亡、20 人受伤	无组织宣称负责

数据来源：根据“阿富汗动态”相关数据整理，中华人民共和国驻阿富汗伊斯兰共和国大使馆官方网站，http：//af. china-embassy. org/chn/afhdt/default. htm。

塔利班之所以频繁发动自杀式袭击，主要原因大致有以下几个方面：塔利班成功地得到了自杀式袭击的专门知识和广泛的“伊斯兰圣战组织”特别是“基地”组织的培训；“圣战者”通过因特网和面对面访问，传授自杀式袭击的相关知识；“基地”组织和塔利班认为自杀式爆炸袭击比其他杀害阿富汗人和盟军的战术更有效；自杀式袭击可以使叛乱分子用最少的资源获得最大的影响。①

三、巴基斯坦的自杀式袭击

1995 年至 2016 年 11 月 12 日，巴基斯坦共发生自杀式恐怖袭击 520 起，造成 6780 人死亡，15896 人受伤。从 2006 年开始，巴基斯坦自杀式恐怖袭击的年度活动次数在世界各国中排在第三位，这一排名一直保持到 2013 年，2014 年和 2015 年分别为第四位和第五位。

巴基斯坦第一起自杀式恐怖袭击事件发生于 1995 年 11 月 19 日，由“埃及伊斯兰圣战组织”（Egyptian Islamic Jihad）在伊斯兰堡实施，造成

① Seth G. Jones，Counterinsurgency in Afghanistan：RAND Counterinsurgency Study，Vol. 4，Rand Corp.，2008，pp. 65 – 66.

17 人死亡，60 人受伤。截至 2016 年 11 月 12 日，巴基斯坦已发生的 520 起自杀式恐怖袭击活动中有 295 起为不明组织或个人实施，共造成 2971 人死亡、6774 人受伤，占同期巴基斯坦自杀式恐怖袭击活动次数、死亡人数和受伤人数的比重分别为 56.73%、43.82% 和 42.61%；其余的自杀式恐怖袭击事件分别由 22 个激进组织实施。

2017 年，巴基斯坦已发生多起自杀式恐袭事件。2 月 16 日，信德省塞赫万地区一处宗教场所发生的自杀式爆炸袭击，造成至少 81 人死亡、逾 250 人受伤。4 月 5 日，自杀式恐怖分子在拉合尔发动恐怖袭击，造成至少 6 人死亡，包括 4 名巴基斯坦军官，另有 10 多人受伤。6 月 23 日，巴基斯坦西南部俾路支省首府奎达发生自杀式爆炸袭击，造成至少 12 人死亡，16 人受伤。7 月 24 日，拉合尔发生自杀式炸弹袭击，造成 26 人死亡、49 人受伤，死者中包括 9 名警察。10 月 5 日，俾路支省发生自杀式爆炸袭击，导致 15 人死亡，另有超过 20 人受伤。10 月 18 日，俾路支省首府奎达发生一起自杀式爆炸袭击，导致 7 人死亡，另有 22 人受伤。

旁遮普省、开普省、俾路支省、信德省、联邦直辖部落地区及首都伊斯兰堡都已发生过自杀式恐怖袭击。激进组织在巴基斯坦各地区的分布及其活动情况存在着显著差异，与此相应，自杀式恐怖袭击发生的次数及造成的死伤状况在巴基斯坦各省区之间有着明显的差别。

巴基斯坦自杀式恐怖袭击的主要目标集中于安全目标和政治目标，充分体现出强烈的反政府取向。巴基斯坦支持和参与美国主导的反恐战争，尤其是一再对极端组织发动“清剿行动”，巴基斯坦政府和安全力量被极端组织视为美国的傀儡和帮凶，成为极端组织重点打击对象。

第四节　反美、反西方

美国强势介入南亚反恐领域，发动反恐战争，与“基地”组织及其庇护者塔利班的反美取向直接相关；美国主导的全球反恐战争的开展和推进是南亚恐怖主义形势的恶化的直接原因之一；极端地反对政府行径也在折射南亚恐怖主义势力的反美取向。

一、“基地”组织高举反美旗帜

塔利班统治下的阿富汗为本·拉登提供安全庇护，他们传播反美主义和伊斯兰极端主义。[①] 1993—1995 年，“基地”在纽约、索马里、埃塞俄比亚、利雅得等地袭击美国目标。美国遂迫使苏丹政府驱逐本·拉登。1996 年 5 月本·拉登被迫再次流亡，前往阿富汗投靠塔利班，反美言行日趋暴力恐怖化。

1998 年 2 月，本·拉登和他的三个同伙签署了一道宗教法令（法特瓦），在“基地”组织的名义下新成立“国际伊斯兰阵线”，呼吁所有穆斯林“根据真主的意愿”去“杀死美国人及他们的盟友，包括平民和军队……”[②] 他们列举了美国和以色列等国的若干“罪状”，包括海湾战争后占领伊斯兰圣地，掠夺财富、羞辱穆斯林，利用阿拉伯半岛上的军事基地威胁周边国家；对伊拉克人民实施长期制裁，造成上百万人死亡；发动战争转移世界对以色列占领巴勒斯坦领土的注意等等。2004 年初，被认为是“基地”组织战略文件的材料显示，“基地”对袭击目标有详细的分类。它们的打击目标主要是美国、以色列以及支持和帮助美、以侵犯伊斯兰世界的国家。[③]

1998 年，“基地”组织制造了对美国驻肯尼亚、坦桑尼亚使馆爆炸案，造成 257 人死亡。2000 年，“基地”组织袭击“科尔”号军舰，造成 17 名水兵死亡。2001 年的“9·11”事件既是“基地”组织的“巅峰之作”，又是其反美取向的集中体现。

---

① Rahul K. Bhonsle，The Al-Qaeda in India，Narayan Singh Rao，Global Terrorism and Security (Volume-one)，NewDelhi：Mittal Publications，2010，p. 238.

② Brigitte L. Nacos，Terrorism and Counterterrorism：Understanding Threats and Responses in the Post-9/11 World，New York：Pearson Education，Inc.，2008，p. 84.

③ 高祖贵：《恐怖主义不姓伊斯兰》，2011 年 5 月 2 日，http：//news. ifeng. com/history/shijieshi/special/benladengsiwang/detail_2011_05/02/6117011_1. shtml。

塔利班垮台后，“基地”组织和塔利班残部逃往阿富汗和巴基斯坦的边界地区，继续与美国对抗。美国深度介入南亚反恐合作始于“9·11”事件，美国反恐的重中之重即反对和打击“基地”组织。

二、反美反西方成为恐怖主义的重要动因

美国指认外国恐怖组织时，高度关注被指认的组织对美国利益是否构成威胁。美国指认的外国恐怖组织共61个，其中南亚地区的恐怖组织主要有19个，占比高达31%。[①] 南亚恐怖主义对美国威胁之严重由此可见一斑。

“9·11”事件后，伴随全球反恐战争的推进，塔利班、“哈卡尼网络”、“伊斯兰党”等激进组织反美取向也日趋强烈，反对“外国占领”是这些组织的共同目标，也是这些组织赢得同情和支持的重要砝码。为此，这些组织与美国殊死搏斗10余年，除“伊斯兰党”外，其他组织至今不愿或不能与美国妥协。这些组织为打击“入侵者”——美国及国际联军，纷纷采用恐怖袭击甚至自杀式袭击方式。

美国对阿富汗塔利班以及穆斯林态度和政策的转变使巴基斯坦国内的穆斯林反美情绪高涨，美国和巴军方还在部落地区搜捕“基地”成员，加深了极端势力对于美国和西方人的仇恨。巴基斯坦一个权威基金会在2012年做的一次民意调查显示，49%的巴基斯坦人认为美国是巴基斯坦最大的敌人，[②] 2012年皮尤研究中心的调查数据中，74%的巴基斯坦人认为美国是敌人。[③] 为了早日完成从阿富汗撤军的计划，奥巴马上台后美国对巴的外交政策日趋强硬，这使巴基斯坦国内早已存在的反美主义持续高涨。巴基斯坦人最为反感的是美国在反恐战争中的单边主义

---

① Foreign Terrorist Organizations，https：//www. state. gov/j/ct/rls/other/des/123085. htm.

② 周戎：《印度外长访问巴基斯坦 双方均不愿纠缠历史旧怨》，http：//news. cntv. cn/world/20120910/102106. shtml，2012－09－10/2016－07－08。

③ 张加军：《美民调显示74%的巴基斯坦人认为美国是敌人》，http：//mil. huanqiu. com/world/2012－06/2867563. html，2012－06－29/2017－05－10。

行为，这在巴基斯坦人看来是美国对巴基斯坦的不尊重以及对其国家主权的侵犯。美军在巴基斯坦用无人机打击恐怖分子，导致巴国内多次爆发反美示威游行。[①] 利用民众的反美情绪，宣扬极端思想，扩大自己影响力，成为巴基斯坦极端主义势力进行煽动和“动员”的方式之一，也是推动巴基斯坦恐怖主义猖獗的主要动力之一，而自杀式恐怖袭击被极端组织视为打击美国等西方国家的有效策略和手段。2002 年 5 月 8 日，卡拉奇发生针对法国工程师所住的喜来登酒店的自杀式恐怖袭击，造成 15 人死亡，21 人受伤，这次事件由“基地”组织和“圣战者运动”（国际）（Harkat-ul-Mujahideen Al-alami，HuMA）共同实施，被一些学者认为是巴基斯坦的第一起自杀式恐怖袭击。[②] 截至 2016 年 11 月 12 日，在巴基斯坦，针对涉外政治目标的自杀式恐怖袭击共发生 11 起，其中 5 起是针对美国目标，2002 年、2006 年和 2010 年均发生针对美国驻巴基斯坦总领事馆的自杀式恐怖袭击，还有 2 起分别是针对美国政府雇员和车辆，5 起自杀式恐怖袭击共造成 25 人死亡，150 人受伤。此外，2008 年 6 月 2 日，“基地”组织对荷兰驻巴基斯坦大使馆发动自杀式恐怖袭击，造成 8 人死亡，35 人受伤。针对与北约或美国相关的安全性目标的自杀式恐怖袭击共有 3 起，造成 17 人死亡，149 人受伤。

三、极端的反政府行径折射反美取向

2007 年 5 月，白沙瓦发生自杀式恐怖袭击后，美联社发表文章指出近年来许多巴基斯坦人被杀是因为激进分子认为巴政府与美国关系太密切、支持反恐战争。[③] 宗教极端主义势力普遍强烈反美，而巴基斯坦支持美国反恐，巴政府被宗教极端势力视为美国的帮凶，进而频繁遭到自

---

① 李敏、陶亮：《巴基斯坦的反美主义及其影响》，《国际论坛》，2015 年第 5 期，第 37 页。

② Anum Urooj and Sadaf Tariq, “Causes of Suicide Terrorism in Pakistan as Perceived by Media Personnel”, Journal of Behavioral Sciences, Vol. 25, No. 1, 2015, p. 94.

③ Bridget Rose Nolan, “The Effects of Cleric Statements on Suicide Bombings in Pakistan, 2000 – 2010”, Studies in Conflict & Terrorism, Vol. 36, No. 3, 2013, p. 224.

杀式恐怖袭击。宗教极端组织对巴政府甚至平民的自杀式恐怖袭击，也折射着其反美、反西方的特点。在巴基斯坦自杀式恐怖袭击增多的动机可能是抗议巴基斯坦政府与美国的合作。[①] 承受来自宗教极端势力的自杀式恐怖袭击及损失，这似乎已成为巴政府与美国合作不得不付出的沉重代价。

---

① Bridget Rose Nolan, "The Effects of Cleric Statements on Suicide Bombings in Pakistan, 2000 - 2010", Studies in Conflict & Terrorism, Vol. 36, No. 3, 2013, pp. 230 - 231.

/第三章/
恐怖主义对南亚国家的影响

依据“全球恐怖主义指数”的数据测算，2001—2016 年，阿富汗、印度、巴基斯坦三国恐怖袭击造成的死亡总人数和受伤总人数分别为 60601 人和 86528 人。[①] 显然，恐怖主义对南亚国家人民的生命财产安全构成了严重威胁，不仅如此，恐怖主义对南亚国家的政治稳定、经济发展乃至对外关系都构成严峻挑战。

第一节　对南亚国家政治稳定与安全的影响

一、对南亚国家政治稳定的影响

在南亚，恐怖袭击的频繁发生一再造成社会恐慌，也冲击相关国家政治稳定。尤为严重的是，政治性目标是恐怖袭击尤其是自杀式恐怖袭击的主要目标之一。这对南亚国家的政治稳定造成了严重的消极影响。政治目标主要涉及政府官员、部落首领、宗教政党领袖、法庭以及大使馆或领事馆，等等。

针对政治目标，2001—2016 年，阿富汗和印度恐怖袭击造成的死伤总人数分别为 1045 人和 618 人。2011 年阿富汗军政高层死伤惨重。卡尔扎伊总统顾问贾恩·穆罕默德汗，“和平高级委员会”主席拉巴尼、

---

① 依据 GTD 的相关数据，Global Terrorism Database，https：//www. start. umd. edu/gtd/search/Results. aspx？ search = Sindh&sa. x = 0&sa. y = 0&sa = Search。

负责阿北部地区的警察总长达乌德、塔哈尔省警察局长贾汉、坎大哈省议长艾哈迈德·瓦利·卡尔扎伊、坎大哈省副省长阿什纳、昆都士警察局长萨义德基利、边境警察指挥官先后遇刺身亡。

2003 年 12 月 25 日，在旁遮普省拉瓦尔品发生针对巴总统穆沙拉夫的自杀式恐怖袭击，造成 20 人死亡，52 人受伤。2007 年前巴基斯坦共发生 3 起针对政治目标的自杀式恐怖袭击事件，2007 年一年的自杀式恐怖袭击事件达到 11 起，2008 年增至 17 起，此后开始缓慢递减，到 2015 年减至 3 起。2007 年 10 月 18 日，在卡拉奇市，前总理贝·布托的车队遭遇袭击，造成 115 人死亡，200 人受伤。[①] 事件发生后，联合国秘书长潘基文的发言人发表声明，强烈谴责这起恐怖袭击事件，向遇难者家属表示慰问，呼吁巴基斯坦各政治派别为巩固民族团结一致努力。美国、英国、法国等国家也发表声明强烈谴责。此后，巴基斯坦又发生多次严重的自杀式恐怖袭击事件（见表 3—1），一再令国际社会震惊。巴基斯坦针对政治性目标的恐怖袭击特别是自杀式恐怖袭击活动尤为突出。截至 2016 年 10 月 16 日，针对政治目标的恐袭 97 起，共造成 1580 人死亡，3562 人受伤，占同期巴基斯坦自杀式恐怖袭击次数、死亡人数和受伤人数的比重分别为 18.65%、23.30%、22.41%。针对政府机构、官员、部落首领、宗教政党领袖等政治性目标的自杀式恐怖袭击达 78 起，造成死亡 1319 人，2655 人受伤。

表 3—1 巴基斯坦针对政治性目标的严重自杀式恐怖袭击事件

时间	组织	死亡人数	受伤人数	地点	目标
2007 年 10 月 18 日	不明组织	115	200	信德省卡拉奇市	巴基斯坦前总理贝布托
2007 年 12 月 21 日	不明组织	55	200	西北边境省查尔萨达	前内政部长谢尔宝

① 南亚恐怖主义信息门户的数据为：造成死亡 144 人，受伤 550 人，Suicide Attacks in Pakistan 2002 - 2016，http://www.satp.org/satporgtp/countries/pakistan/database/Fidayeenattack.htm。

续表

时间	组织	死亡人数	受伤人数	地点	目标
2008 年 10 月 10 日	不明组织	80	130	联邦直辖部落地区的奥拉克兹	部落理事会
2010 年 7 月 9 日	巴塔	100	111	联邦直辖部落地区的 Ekka Ghund	巴基斯坦部落首领
2010 年 11 月 5 日	巴塔	70	80	西北边境省达拉·阿达姆·海尔镇	马利克·瓦利·穆罕默德
2010 年 12 月 6 日	巴塔	50	60	联邦直辖部落地区的穆赫曼德特区	巴基斯坦政府大院

数据来源：Chicago Project on Security and Terrorism（CPOST），2016，Suicide Attack Database（November 12，2016 Release），http：//cpostdata. uchicago. edu/search_new. php。

暗杀政治精英是斯里兰卡恐怖主义问题的一个重要特征。从 1975—2008 年，仅“猛虎”组织就暗杀了 47 名斯里兰卡政治领袖（议员、部长、市长和政党领袖等）。[①] 其中最有名的就是 1993 年 5 月 1 日斯里兰卡总统普雷马达萨被暗杀。“猛虎”组织的暗杀活动还波及印度。由于对印度的泰米尔政策不满，1991 年 5 月 22 日，泰米尔极端分子用人体炸弹的形式暗杀了印度前总理、时任国大党主席拉吉夫·甘地。[②]

二、对南亚国家乃至整个地区的安全构成严峻挑战

恐怖主义对南亚国家安全的影响，不仅体现在对民众生命财产安全随时可能造成的伤害，更为严重的是，恐怖主义与大规模杀伤性武器的可能结合对南亚地区构成严峻的安全风险。

1998 年 12 月，本·拉登在接受采访时向“基地”组织表达了他的

① Prominent Political Leaders Assassinated by The LTTE，http：//www. satp. org/satporgtp/countries/shrilanka/database/leaders_assassinated_byLTTE. htm.

② 张家栋：《当代南亚恐怖活动状况》，《南亚研究》，2009 年第 2 期，第 30 页。

意图，“获得（大规模杀伤性）武器用于保卫穆斯林是一项宗教责任。”2001 年 11 月，他补充说，“我想宣布，如果美国使用化学或核武器对付我们，我们会以化学或核武器反击。我们拥有作为威慑力量的武器。”[①] 2003 年 5 月，谢赫·纳西尔·本·哈米德·艾尔·法赫德发出了一道伊斯兰教令，宣称对敌人使用大规模杀伤性武器而致使成千上万的信徒死亡具有合法性，因为对他们使用这种武器可能是取得最后胜利的唯一方式，尽管这可能也涉及杀害无辜的穆斯林。[②] 美国情报机构报告称，他们在阿富汗了解了“基地”组织的核议程，该议程表明“基地”组织在为制造放射性散布装置和其他核装置寻求相关材料和专业知识。有理由相信，在巴基斯坦的“基地”组织核心成员或附属成员使用大规模杀伤性武器在巴基斯坦实施恐怖活动。[③] 2005 年，德国当局逮捕了一名“基地”组织成员，他试图在卢森堡的武器黑市上购买铀的同位素。[④]

在南亚，核恐怖主义不能完全被忽视，使用脏弹尤其应该被认为具有明显的可能性。印度和巴基斯坦都很容易受到宗教激进主义组织的攻击，尤其是在两国领导人支持美国对阿富汗政策之后。印度和巴基斯坦核项目迅速发展，涉及大量投资民用核电站、研究反应堆、实验室和再加工和浓缩设施的建设和运行，增加了核材料失窃以及对无数核设施的恐怖袭击的风险。[⑤]

巴基斯坦是“核圣战”概念的最早发源地，这种观念凸显了带有伊斯兰色彩的原子弹需求，鼓吹穆斯林获取大规模杀伤性武器的权利和宗教义务，如果有必要，可以使用这种武器去保护他们的宗教。巴基斯坦

---

① 王海丹编译：《巴基斯坦的核安全：降低核恐怖主义风险（一）》，《国外核新闻》，2009 年第 9 期，第 11 页。

② Zafar Nawaz JASPAL, WMD Terrorism and Pakistan: Counterterrorism, Defence Against Terrorism Review, Vol. 1, No. 2, Fall 2008, pp. 112 – 113.

③ Zafar Nawaz JASPAL, WMD Terrorism and Pakistan: Counterterrorism, Defence Against Terrorism Review, Vol. 1, No. 2, Fall 2008, p. 108, 113.

④ Nirode Mohanty, Indo-US Relations: Terrorism, Nonproliferation, and Nuclear Energy, Lexington Books, 2015, p. 81.

⑤ S. Gopal, Nuclear Terrorism: Relevance and Prospects in South Asia, November 10, 2001, http: //www. southasiaanalysis. org/paper359.

的“圣战”恐怖分子及其理论家认为核武器是惩罚那些被他们视为伊斯兰敌人的国家，特别美国和以色列的终极武器。① 自由党人头目霍拉萨尼一直呼吁建立全球哈里发统治，表达了为捍卫伊斯兰掌握巴基斯坦核武器的意图。②

“9 · 11”事件以来，美国情报部门和反恐部门的主要关切之一是“基地”组织及其“圣战”同伙获得大规模杀伤性武器的危险。在这方面，巴基斯坦作为可能发生大规模杀伤性武器泄漏的国家受到特别关注。2004 年 2 月 7 日，穆沙拉夫在一个新闻发布会上声明，巴基斯坦的资深科学家之一卡达尔汗和他的几位助手参与了核贸易犯罪，这在一定程度上加深了美国对巴基斯坦发生或卷入核恐怖主义的担忧。

第二节 对南亚国家经济的影响

一、影响南亚国家的经济发展

阿富汗饱受战乱之苦，经济破坏殆尽，交通、通信、工业、教育和农业基础设施遭到的破坏最为严重，生产生活物资短缺，曾有 600 多万人沦为难民。而恐怖主义使得阿富汗困境更是雪上加霜。

巴基斯坦经济发展迟滞，国际合作项目受到威胁，反恐开支巨大，难民支出负担沉重。2001 年至今，巴基斯坦为维护国内安全付出了巨大成本。同时恐怖主义也给巴国内经济造成了巨大损失。在经济总量增长缓慢情况下，高昂的反恐成本限制了巴政府转移支付和投资能力，进而

---

① B. Raman, Pakistan & dangers of nuclear jihad, January 27, 2004, http://www.southasiaanalysis.org/paper904.

② Animesh Roul, Pakistan's Jamaat-ul-Ahrar: A Violent Domestic Threat, Terrorism Monitor, Vol. 14, No. 18, 2016, http://www.jamestown.org/programs/tm/single/?tx_ttnews%5Btt_news%5D=45774&tx_ttnews%5BbackPid%5D=829&no_cache=1#.V9-MgzVJJpY.

拖累了其他经济部门的发展。[①] 巴财政部进行了一项调查显示：2001—2011 财年，反恐成本大约在 679.26 亿美元。据统计，从 2005—2015 财年，恐怖主义造成巴基斯坦经济损失达到 1000 亿美元。[②] 尽管不能说俾路支省恐怖主义因素是巴基斯坦经济下滑的主导因素，但俾路支安全形势持续恶化，使得巴基斯坦外资大幅抽逃，失业率不断上升，税收持续下降，民生改善步履艰难。[③]

印度东北地区偏远、落后，独立以来一再爆发叛乱，恐怖主义充斥其中，成为妨害当地经济发展的主要因素之一。印度 75% 的电力消耗依赖于煤炭，85% 的煤炭储量集中在由纳萨尔派叛乱所困扰的五个邦。[④] 纳萨尔派发动的恐怖袭击干扰和妨害当地经济发展，而且有时候直接实施针对基础设施的恐怖袭击。

斯里兰卡发生的暴力事件的代价是巨大的：多达 10 万名的军事人员和平民死亡，基础设施遭到严重破坏，以及可能失去 30 年的发展和经济发展机会。[⑤] 显然，“猛虎”组织难辞其咎。

恐怖活动对人们生命和财产构成威胁，阻碍经济活动的开展，通过制造动荡和混乱损害投资环境。[⑥] 恐怖主义活动减弱外国投资者信心，进而减少外国直接投资。恐怖主义对巴基斯坦外国直接投资的影响达 1% 。[⑦]

有研究甚至认为，借助恐怖主义是敌对印度的巴基斯坦破坏其发展

---

① 袁沙：《巴基斯坦国内恐怖主义势力的演变、特点及影响分析》，《南亚研究季刊》，2016 年第 2 期，第 39 页。

② Terrorism has cost Pakistan $ 100 billion in past 11 years, August 12, 2015, http://www.business-standard.com/article/specials/terrorism-has-cost-pakistan-100-billion-in-past-11-years-115070600193_1.html.

③ 李青燕：《巴基斯坦政党政治版图重组及影响》，《当代世界》，2014 年第 2 期，第 67—69 页。

④ Chietigj Bajpaee, Primary Threat to India Remains Home-Grown Left-and Right-Wing Terrorism, Terrorism Monitor, Vol. 7, No. 3, February 10, 2009.

⑤ Ahmed S. HASHIM, -Lions and Tigers in Paradise: Terrorism and Insurgency and the State's Response in Sri Lanka, Defence Against Terrorism Review, Vol. 3, No. 1, Spring 2010, p. 18.

⑥ Niranjan Dass, Terrorism and Militancy in South Asia, New Delhi: MD Publications Pvt Ltd., 2006, p. 207.

⑦ Mian Awais Shahbaz, Asifah Javed, Amina Dar and Tanzeela Sattar, Impact of Terrorism on Foreign Direct Investment in Pakistan, Archives of Business Research, Vol. 1, No. 1, 2013.

的主要手段之一。以巴基斯坦为基地的恐怖分子在印度发动激烈的恐怖袭击，分散新德里的注意力，吓跑投资者，扰乱正常的商业运作，从而破坏印度的经济增长。①

二、冲击南亚国家的旅游业

南亚国家的一些大城市一再发生恐怖袭击，引发了广泛关注，加深了人们对南亚国家不安全的认知和印象。其中，孟买颇具代表性（见表3—2）。2008 年 11 月 26 日，印度孟买遭遇了印度版“9·11”。在此次恐怖袭击中，恐怖分子将孟买最豪华的奥贝罗伊饭店和泰姬玛哈酒店数十名客人劫为人质，并在酒店设置行动指挥中心，同时还对犹太文化中心和火车站等软目标内的民众开枪，共造成至少 183 人死亡，300 多人受伤。同年 9 月 20 日，巴基斯坦伊斯兰堡标志性建筑万豪酒店遭遇装载成吨炸药的汽车炸弹袭击，至少造成 53 人死亡。

表 3—2 孟买发生的严重恐怖袭击事件

时间	死亡人数	受伤人数
1993 年 3 月 12 日	257	713
2003 年 8 月 25 日	52	160
2006 年 7 月 11 日	181	890
2008 年 11 月 26 日	175	300
2011 年 7 月 13 日	26	131

数据来源：Terrorist Attacks in Mumbai since 1993，http：//www. satp. org/satporgtp/countries/india/database/mumbai_blast. htm。

2011 年 6 月 28 日，阿富汗首都喀布尔的豪华酒店洲际酒店遭到塔利班自杀炸弹袭击，此前在 2003 年和 2006 年，该酒店也曾遭受火箭弹袭击。阿富汗塔利班武装分子于 2014 年 1 月 17 日袭击了喀布尔市中心

---

① Daniel S. Markey，Reorienting U. S. Pakistan Strategy：From Af-Pak to Asia，January 2014，https：//www. amazon. com/Reorienting-U-S-Pakistan-Strategy-Af-Pak/dp/0876095791.

一家著名餐厅；3 月 20 日，塔利班武装分子又对喀布尔一家五星级酒店实施了恐怖袭击。①

旅游业的发展对克什米尔的经济发展起着非常重要的作用，是其经济发展的生命线。但是由于印巴两国在克什米尔地区不断冲突所带来的阴影，加之克什米尔不断发生恐怖事件所带来的影响，增加了人们去克什米尔旅游的不安全感，再加上交通不便，结果造成了克什米尔旅游业萧条，给克什米尔人的经济收入带来了极大影响。②

对世界各地的人民来说，斯瓦特曾是一个旅游胜地。美丽的斯瓦特山谷，曾以“巴基斯坦的瑞士”而著称，如今已变成政府军和极端组织的突击队之间的战场。③ 恐怖袭击对巴基斯坦旅游业造成了冲击。

第三节 对南亚国家对外关系的影响

“9·11”事件引发的国际关系的深刻调整，彰显了恐怖主义对国际关系的“影响力”和“塑造力”。因历史、政治、经济、文化、民族、宗教等原因，南亚国家之间形成错综复杂的关系，可谓纷争不断。恐怖主义已成为影响南亚部分国家之间关系的新变量。

一、对南亚区域内国家间关系的影响

（一）对印度与斯里兰卡关系的影响

在印度政府默许下，斯里兰卡泰米尔人武装组织在印度泰米尔纳德

---

① 朱素梅：《恐怖主义加强“软目标”袭击现象评析》，《现代国际关系》，2014 年第 4 期，第 35 页。

② 刘向阳、康红梅：《克什米尔地区恐怖主义问题综述》，《国际资料信息》，2010 年第 4 期，第 23 页。

③ Mukhtar A. Khan, The Return of Shari'a Law to Pakistan's Swat Region, Terrorism Monitor, Vol. 7, No. 4, 2009, http://www.jamestown.org/programs/tm/single/?tx_ttnews%5Btt_news%5D=34576&tx_ttnews%5BbackPid%5D=412&no_cache=1#.V9lqYeyEBpY.

邦进行秘密军事训练，并得到武器及其他后勤供应，包括“猛虎”组织在内的斯里兰卡各个泰米尔武装的总部均设在印度泰米尔纳德邦。[①] 曾引发斯里兰卡政府的严重不满。1987 年斯里兰卡种族冲突升级，斯印之间关系紧张。7 月 29 日，印度总理拉吉夫·甘地访斯，同斯总统贾亚瓦德纳签署和平协议，以结束斯持续 4 年之久的种族冲突。主要内容是斯政府军与泰米尔反政府军于 7 月 31 日停火；泰米尔人占多数的东北二省合并，实行半自治；印度派遣维持和平部队监督停火，保证半自治区不被用来从事损害斯统一、领土完整和国家安全的活动。此后，印度终止了对“泰米尔猛虎”组织和其他泰米尔恐怖组织的支持。[②]

印度的维和激发了斯里兰卡国内的反印情绪，也激化了斯印两国政府之间的矛盾。后来事实证明，印度对斯里兰卡泰米尔人问题的介入和干预以失败告终。

（二）对阿富汗与巴基斯坦关系的影响

巴基斯坦的宗教极端势力与阿富汗国内的极端势力之间相互勾结、互相影响。由于与阿富汗特殊的地缘政治关系，巴基斯坦曾经对藏匿在巴阿边界的极端分子进行过军事打击，但该地区极端主义问题始终未得到妥善解决。巴塔和阿富汗塔利班成员中，很大部分都是普什图人，巴基斯坦国内对西北部落地区长期疏于管理，历史上巴基斯坦的普什图人提出过自治和独立的要求，阿巴之间关系曾经因为普什图尼斯坦问题恶化。近年来，当巴塔等恐怖组织逃窜至阿巴边境地区甚至阿富汗境内时，阿方有时不积极配合巴方的打击行动。巴基斯坦也曾经对阿的宗教武装分子予以支持，试图借此牵制阿富汗政府。极端主义和恐怖主义问题已严重干扰甚至可能破坏阿巴关系的正常发展。

---

① 吴寄南、郭隆隆、邱丹凤：《变态的斗争——当今世界的恐怖活动与反恐怖斗争》，云南教育出版社，1989 年版，第 145 页。

② Sumit Ganguly，Counterterrorism Cooperation in South Asia：History and Prospects，December 2009，http：//www. nbr. org/publications/specialreport/pdf/Free/SR21. pdf.

（三）对印度与巴基斯坦关系的影响

恐怖主义对印巴关系的干扰已经成为常态，更为严重的是，恐怖袭击一再打断印巴和平进程，甚至使两国一再走向战争的危险边缘。

印巴关系层面，印度政府多次因为其境内发生的极端暴力事件指责巴基斯坦政府，认为巴基斯坦为了与印度对抗，支持在印活动的巴基斯坦宗教极端势力。

1999 年 2 月，印巴间通过“巴士外交”签署了《拉合尔宣言》，重新启动双边和解进程。但在 1999 年中，“圣战者运动”“虔诚军”与其他极端势力一起试图攫取印占克什米尔的卡吉尔战略高地，使印巴几乎处于第四次战争的边缘。

2001 年 12 月 13 日，克什米尔极端组织袭击印度国会，印、巴两国关系急剧恶化，两国在边界附近陈兵百万，印度仅在其控制的狭小的克什米尔地区就部署了 50 万大军。在长达 1800 英里的印巴前线任何一个地点只要闪过一颗火星，都可能引发一场严重的军事冲突，核战争阴云密布。①

2002 年 5 月 14 日，印控克什米尔武装分子袭击一辆公共汽车，打死 7 名乘客。他们冲进当地印度驻军家属区，杀害 14 人，多人受伤。印度政府指责巴基斯坦应对此负责，威胁将报复。巴否认与此事有关，并不顾美国的强烈反对，连续 3 次进行可携带核弹头的导弹试验。印度针锋相对，把印巴边境的驻军增至约 70 万，巴方则在边境集结 30 万军队以示抗衡。印巴边境区当时军事调动频繁，交火事件时有发生，形势剑拔弩张。②

2016 年 9 月，19 名印度士兵在印巴边界“控制线”附近的军事基地被武装分子杀害，印度指责此事件与巴基斯坦境内的“圣战分子”有关，并在联合国上指责巴基斯坦政府支持极端恐怖组织发展壮大。

① 潘志平：《新疆的地缘政治与国家安全》，《中国边疆史地研究》，2003 年第 3 期，第 64 页。

② 吴建友、薛福康：《南亚紧张局势牵动白宫》，《光明日报》，2002 年 6 月 4 日。

而后印度精锐部队越过“控制线”对巴基斯坦极端分子进行突击，并指其目标是入侵印度的武装分子，巴基斯坦对此表示严重怀疑。不仅如此，印度还在外交层面进一步孤立巴基斯坦。南盟原定于2016年11月召开高峰会议，但印度以“跨国境恐怖攻击增加”和“巴基斯坦过度干涉会员国内政”为由，拒绝参加，并导致孟加拉国、斯里兰卡等也拒绝参加。此外，宗教极端势力在克什米尔以及印度城市地区的频繁活动，将进一步加剧印巴两国的这种不信任感，也在一定程度上增加了解决克什米尔问题的难度，印巴关系在短时间内难以出现转折性突破。

二、对南亚国家与区域外国家关系的影响

（一）对伊朗与南亚国家关系的影响

1998年8月8日，塔利班武装占领马扎里沙里夫后，绑架了11名伊朗外交官，并杀害其中9人。伊朗指责塔利班领导人奥马尔和巴基斯坦应对此事负责，要求塔利班做出正式道歉，交还死者的尸体，将肇事者交给伊朗处置，无条件释放其他被关押的伊朗人。伊朗总统哈塔米和最高精神领袖哈梅内伊发表声明，要对塔利班采取行动，以保护国家和民族的利益。同时，调集20万军队在两国边界举行军事演习。塔利班也不示弱，集结兵力准备抗击伊朗的进攻。10月8日，伊朗伊斯兰革命卫队与塔利班武装之间发生武装冲突。①

巴基斯坦的恐怖主义对伊朗的安全形势也产生了严重的影响。一方面，巴基斯坦与伊朗交界地区的跨境民族俾路支人中的恐怖分子经常在两国边境地区活动；另一方面，巴基斯坦和伊朗分属伊斯兰教的逊尼派和什叶派，伊朗也非常担心巴基斯坦支持阿富汗逊尼派在未来阿富汗的政权建构中占据主导地位，也担心类似塔利班的政权会对伊朗的国家安

---

① 杨翠柏：《从地缘政治经济看大国与阿富汗内战》，《西亚非洲》，2001年第1期，第36页。

全和什叶派信众产生极大的威胁。①

伊朗对巴基斯坦伊斯兰极端势力的影响突出表现在对什叶派极端组织的支持上。伊朗为扩大它在中亚和南亚的影响力，通过提供资金和人员援助，积极扶植巴什叶派穆斯林组织。②

（二）对美国与南亚国家关系的影响

就恐怖主义对美国与南亚国家关系的影响而言，冷战后巴美关系的变动状况最具代表性。“9·11”事件后，巴基斯坦成为美国反恐阵线的“盟友”之一。美国总统奥巴马上台后出台了“阿富巴”新战略，加强与巴基斯坦和阿富汗的关系，该战略特别强调巴基斯坦和阿富汗在应对伊斯兰极端主义，打击恐怖势力中的重要作用。美巴合力在巴西北边境地区对宗教极端势力进行武力打击取得了一定成效。但是美国对于巴基斯坦政府在应对宗教极端主义问题上的表现并不满意，认为其在“基地”组织力量和塔利班势力问题上区别对待，在一定程度上对塔利班势力形成了“庇护”，因此美国并不能完全信任巴基斯坦。美国还需要平衡与印度以及巴基斯坦之间的关系，这就不可避免会对美巴之间的关系产生影响。而历史上，美巴在阿富汗反苏战争期间共同支持阿“圣战”力量对抗苏联，到后来为了加强南亚地区的反恐力量，美国放弃对巴基斯坦的经济制裁转而拉拢穆沙拉夫，这些都足以表明宗教极端主义在一定程度上影响着美巴两国之间的互动关系。

在反恐成为美巴合作关系的重要要粘合剂和强化剂的同时，反恐合作在美国与阿富汗的关系中占有非常突出的地位；反恐合作也已成为美国与印度战略关系中越来越重要的内容。

---

① 李丽、苏鑫：《巴基斯坦的恐怖主义及其对“一带一路”战略的影响》，《西华师范大学学报（哲学社会科学版）》，2015 年第 6 期，第 65 页。

② 刘中民：《巴基斯坦恐怖组织与中东的联系及其对“动荡弧地带”的影响》，《阿拉伯世界研究》，2009 年第 2 期，第 55 页。

/第四章/

南亚恐怖主义溯源

南亚的恐怖主义有其复杂而深刻的根源，大致可以归结为南亚国家的内部根源和外部根源。

第一节　南亚恐怖主义的国内根源

一、国家治理中的偏差与失误

腐败是南亚地区主要的地区经济安全问题[①]。根据“全球清廉指数排名”，南亚国家多数表现不佳，阿富汗、孟加拉国和巴基斯坦腐败问题非常严重（见表4—1）。尽管民调显示对塔利班和其他形式的伊斯兰极端主义的支持有限，但阿富汗政府作为世界上最腐败的政府之一——加上持续不断的内部暴力——一直是公众对政府不满的一个关键因素。[②]腐败问题不仅扰乱了国家正常的政治经济秩序，而且严重威胁阿富汗政府的合法性，使塔利班等反政府组织的民意基础不断扩大。政府官员的腐败不仅扭曲巴基斯坦经济、危及经济增长，而且为破坏性活动（包括

---

① Raja Qaiser Ahmed, Misbah Arif & Sheryar Khan, Security Architecture of South Asia: A New Framework of Analysis, The Dialogue, Vol. 10, No. 3, 2015, p. 248.

② Anthony H. Cordesman, Rethinking the Threat of Islamic Extremism: The Changes Needed in U. S. Strategy, December 22, 2016, https://csis-prod.s3.amazonaws.com/s3fs-public/publication/161222_Islam_and_Islamic_Extremism.pdf.

恐怖主义活动）提供了政治空间。①

表4—1 南亚五国“全球清廉指数排名”（2013—2015年）

年份	评比国家总数（个）	印度（位次）	斯里兰卡（位次）	巴基斯坦（位次）	孟加拉国（位次）	阿富汗（位次）
2013	177	94	91	127	136	175
2014	175	85	85	126	145	172
2015	168	76	83	117	139	166

数据来源：Corruption Perceptions Index 2015，http：//www. transparency. org. pk/survey/cpi15/cpi15map _ result. pdf；Corruption Perceptions Index 2014，http：//www. transparency. org. pk/survey/cpi2014/cpi2014 _ map _ results. pdf；Corruption Perceptions Index 2013，http：//www. transparency. org. pk/survey/cpi2013/CPI_scores_and_rank_comparision_2013_2012. pdf。

国家提供安全服务和保障的能力虚弱是又一突出问题。在阿富汗乌鲁兹甘省和戴孔迪省，一名警察为大约1200人提供安全保障；在赫拉特，是900人；在坎大哈，是700人。② 如此紧张的警力，使警察们疲于奔命，应对不暇。边境管控松懈也是南亚国家恐怖组织得以频繁而广泛地跨境行动的主要原因之一。对巴基斯坦来说，不能确保边境安全是一个令人担忧的问题，不仅是由于毒品、武器和人口贩运等威胁，还因为它直接影响到与巴基斯坦塔利班的战斗。边境管制的缺乏对巴基斯坦来说是一个巨大的内部安全问题，但巴基斯坦的首要任务是尽量减少来自印度造成的边境威胁。③

法治效率低下也是造成南亚国家反恐不力的又一重要问题。世界银

① Ryan Clarke，Crime-Terror Nexus in South Asia：States，security and non-state acors，New York：Routledge，2011，p. 168.

② Waliullah Rahmani，Domestic Factors Driving the Taliban Insurgency，Terrorism Monitor，Vol. 4，No. 13，2006，http：//www. jamestown. org/programs/tm/single/？tx _ ttnews% 5Btt _ news% 5D = 824&tx_ttnews% 5BbackPid% 5D = 181&no_cache = 1#. V9ypbOyEBpY.

③ Karaca R K，özkurt F Z. Current Challenges and Future Settlement Opportunities in Afghanistan. FWU Journal of Social Sciences，Special Issue，Vol. 1，No. 1，Summer 2015，p. 26.

行数据显示，阿富汗是世界上法制最低效的国家之一。在巴基斯坦，执法力度不够被视为恐怖主义产生的最主要的原因之一。①

宗教学校管理的混乱也是一个不可忽视的问题。宗教学校在创建和支持大量“圣战”组织中发挥了不可低估的作用，同时也是为“圣战”组织提供财政支持的手段。宗教学校毕业的大多数学生不能获得有酬工作的相关技能，大多数人最终在清真寺里任职。宗教学校对于南亚国家宗教极端化的发展产生了深刻影响。

二、宗教极端主义的泛滥与猖獗

世界各大宗教在南亚都有信徒，而居于主导地位的宗教是印度教和伊斯兰教，锡克教的影响也不容忽略。

在南亚历史上伊斯兰教的主流一直是巴维尔派，它融合了南亚其他宗教和伊斯兰教苏菲派的特点，主张对其他派别和宗教持宽容态度。②然而，伴随教派纷争与冲突及伊斯兰复兴，南亚地区宗教极端化日益突出。宗教极端主义势力趁势而起，成为南亚地区政治、宗教领域无法回避的“潮流”。

宗教极端主义的“极端性”集中体现于两个方面：一是各类极端组织政治或宗教诉求的极端性，即与世俗社会相对立甚至排斥与其不同的宗教派别；二是极端组织为实现其政治或宗教诉求而选用手段的极端性，即采用绑架、暗杀、爆炸等暴力恐怖袭击手段尤其是自杀式恐怖袭击手段。

从南亚次大陆分治以来，宗教在南亚就成为助长恐怖主义和其他大量政治和宗派暴力的主要因素。③ 伴随宗教极端主义的泛滥，南亚恐怖

---

① Sajid Haider, Carmen de Pablos Heredero, Munir Ahmed, & Sumaira Dustgeer, Identifying Causes of Terrorism in Pakistan, The Dialogue, Vol. 10, No. 3, 2015.

② 邱永辉等：《南亚宗教发展态势》，社会科学文献出版社，2014 年版，第 248 页。

③ P. R. Kumaraswamy, Terrorism in South Asia: The Changing Trends Trends, in P. R. Kumaraswamy and Ian Copland eds., South Asia: The Spectre of Terrorism, New York: Routledge, 2009, p. 23.

主义日渐猖獗。

在南亚地区，宗教极端主义既包括伊斯兰极端主义，也包括印度教极端主义和锡克教极端主义。

（一）伊斯兰极端主义

在南亚地区，伊斯兰极端主义是影响最为广泛、最为严重的宗教极端主义。在南亚地区，阿富汗、巴基斯坦、印度和孟加拉国，存在诸多宗教极端组织。“基地”组织正是利用了伊斯兰极端主义，才在巴基斯坦和阿富汗找到了群众基础和生存土壤，这也是巴政府清理不掉“基地”组织残余的原因。[①] 伊斯兰极端主义是暴力恐怖行为最重要的思想基础。[②] 宗教极端主义鼓吹“圣战”，使“圣战”成为国际恐怖主义最重要的工具。“圣战”主义者认为，他们对苏菲神殿的暴力行为是对伊斯兰信仰不纯洁表现的攻击。杀死不信仰者、异教徒和异己分子是“圣战”分子建立更加纯洁的伊斯兰国家计划的一个组成部分。[③]

在巴基斯坦，恐怖主义以及在伊斯兰名义下由激进的伊斯兰主义转化为恐怖主义的直接原因之一是，不少民众支持的宗教政党和组织对国内未执行沙利亚法而不满。这为巴基斯坦“圣贤军”、巴塔等组织为完成同样目标而诉诸恐怖主义提供了借口。[④] 在巴基斯坦，一些恐怖组织为了推进他们的议程，借助泛伊斯兰主义寻求已经被取缔的包括“基地”组织的国际伊斯兰运动组织同情和支持。[⑤]

伊斯兰名义下的恐怖主义是巴基斯坦社会中宗教极端主义日积月累的结果。此外，伊斯兰政党试图通过选举赢得权力和影响公共舆论遭到

---

① 傅小强：《巴基斯坦，四大问题损害形象》，《世界知识》，2004 年第 11 期，第 42 页。

② 吴云贵：《试析伊斯兰极端主义形成的社会思想根源》，《世界宗教文化》，2015 年第 3 期，第 6 页。

③ Z Ali, Sindh in mourning as death toll jumps to 88, February 18, 2017, https://tribune.com.pk/story/1330861/sindh-mourning-death-toll-jumps-88/.

④ Raza Rahman Khan Qazi, Shahid AliKhattak & Shakeel Ahmad, Motivations for Pakistani Religious Extremists to Become Terrorist, Pakistan Journal of Criminology, Vol. 5, No. 2, 2013, p. 92.

⑤ Talat Masood, Pakistan's Fight Against Terrorism, Defence Against Terrorism Review, Vol. 4 No. 1, Spring & Fall 2012, p. 24.

挫败，是他们在伊斯兰名义下支持恐怖主义的又一重要原因。[①]

伊斯兰极端主义或者伊斯兰名义下的恐怖主义影响及其后果远远超过其他宗教极端主义，源于伊斯兰激进组织与其他原教旨主义存在巨大差别，印度教、犹太教和基督教原教旨主义者也实施暴力活动，但限于特定的国家和地区，只有伊斯兰激进组织有普遍的抱负，即有一个“全球计划”（议程）——使整个世界遵循囊括一切的伊斯兰教法——沙里亚法。[②]

伊斯兰或伊斯兰教与恐怖主义没有任何直接的关系。在伊斯兰名义下的恐怖活动，尽管从事恐怖活动者有着穆斯林的身份，但这类活动毕竟与伊斯兰的宗教信仰和宗教活动有着本质的区别。[③] 伊斯兰教作为一种宗教，宣扬非暴力。根据《古兰经》，真主不喜欢暴力。暴力活动基本上是造成社会体系破坏和人们生命和财产损失的活动。[④]

（二）印度教极端主义

在南亚地区，印度教极端主义也不可小觑。印度社会极端主义思潮兴起于20世纪20年代，其最大特点是改变了印度教的包容性、宽宏大度和非暴力精神，鼓吹极端的排他性和宗教狂热，竭力排斥印度境内的其他宗教信仰者，尤其是穆斯林。[⑤] 其思想特征是“七反”，即反世俗主义、反共产主义、反其他宗教、反社会平等、反现代化、反全球化、反西方化。[⑥]

印度教极端组织参与和发生的恐怖袭击主要有：2007年2月18日“印巴和平列车爆炸”，2007年5月18日的麦加清真寺爆炸，2007年10月11日

---

① Raza Rahman Khan Qazi, Shahid AliKhattak & Shakeel Ahmad, Pakistan Journal of Criminology, Vol. 5, No. 2, 2013, p. 97.

② M. G. Chitkara and Girdhari Sharma, International Terrorism, New Delhi: A. P. H. Publishing Corporation, 2002, p. 103.

③ 金宜久、吴云贵：《伊斯兰与国际热点》，东方出版社，2000年版，第702页。

④ M. G. Chitkara and Girdhari Sharma, International Terrorism, New Delhi: A. P. H. Publishing Corporation, 2002, p. 97.

⑤ 金宜久主编：《当代宗教与极端主义》，中国社会科学出版社，2008年版，第487页。

⑥ 薛克翘：《印度宗教极端势力》，许利平主编：《亚洲极端势力》，社会科学文献出版社，2007年版，第207页、第214页。

阿季米尔伊斯兰圣迹爆炸，2008 年 9 月 29 日马哈拉丝特拉邦梅勒岗爆炸事件，等等。

（三）锡克教极端主义

锡克教是在 16 世纪创立的，它融合了印度教和伊斯兰教。锡克教徒占全国人口的2%，主要聚居在印度西北部的旁遮普邦。1981 年 10 月，代表锡克族利益的阿卡利党向印度中央政府提出 15 点要求，尖锐指责政府在政治和经济政策上歧视锡克人，要求锡克教作为一个宗教应享有特殊权利。1982 年 8 月 4 日，该党宣布在全邦实行“圣战”，把行动升级。同时，以宾德兰瓦勒为首的锡克教极端分子大肆宣扬原教旨主义，主张用暴力建立一个独立的锡克人国家“卡里斯坦”，意为“纯洁之国”。他们在阿姆利则市的锡克教金庙内建立了总部，以指挥锡克教极端分子进行恐怖活动。从此，暗杀、抢占、爆炸、劫机、纵火等事件层出不穷，仅 1982 年到 1984 年 6 月，就发生恐怖事件 1200 余起，死伤 1.5 万人。①

恐怖分子或者恐怖组织之所以借助宗教或以宗教的名义发动恐怖袭击，直接原因抑或是根本原因在于宗教蕴含巨大的利用价值。宗教恐怖分子认为凭借神的力量证明其正当性，并有权进行恐怖活动。② 无论是作为最初的动机还是事后的理由，宗教都是激进组织争取支持的一个相关因素。③ 有证据表明，宗教对于恐怖组织选择、招募和培训自杀式袭击者非常有用，宗教叙事为招募者提供强大的精神激励——通过实施自杀式袭击可以获得超越平凡的机会。④

总而言之，宗教极端主义的形成、表现及影响不能证明宗教与恐怖

---

① 花军、韩本毅：《国际恐怖主义》，中国人民大学出版社，1989 年版，第 146 页。

② Pavel NECAS, Miroslav KELEMEN & Vojtech JURCAK, The Challenges of NATO UN Interoperability to Better Fight against Terrorism, Defence Against Terrorism Review, Vol. 3, No. 1, Spring 2010, p. 90.

③ Joy Aoun, Liora Danan, Sadika Hameed, Robert D. Lamb, Kathryn Mixon, Denise St. Peter, Religious Movements, Militancy, and Conflict in South Asia: Cases from India, Pakistan, and Afghanistan, July 13, 2012, https://csis-prod.s3.amazonaws.com/s3fs-public/legacy_files/files/publication/120713_Aoun_ReligiousMilitancy_Web.pdf.

④ Akbar Nasir Khan, Analyzing Suicide Attacks in Pakistan, Conflict and Peace Studies, Vol. 3, No. 4, Oct-Dec 2010, p. 2.

主义之间存在任何内在的、直接的联系。恐怖分子没有宗教信仰，全球正在形成这种共识，为此宗教情绪不会受到伤害，社会也不会分裂。当谋杀以宗教的名义进行时，它充其量只能被称为不正常的宗教恐怖主义或极端主义。①

需要澄清和强调的是，否定在恐怖主义与宗教之间存在直接的因果关系，并非意味着同时否定宗教极端主义对恐怖主义所起到的促进和催化作用。在一定意义上，宗教虽然不是恐怖主义的根源，也非恐怖主义活动的目标，但却可能成为恐怖主义活动的催化剂和强化剂。因为：宗教为恐怖主义提供合法性依据；宗教为恐怖主义提供现成的组织形式；宗教可以为恐怖主义提供物质和精神要素；宗教为恐怖活动提供旗号和借口。②

三、民族分离主义的滋生与蔓延

南亚各国大多是多民族国家，不同民族居住在一起却又各自分离，在这样的种族和民族多元化社会中，由于政治、经济、宗教和文化等方面的差异和矛盾，社会结构长期处于不稳定状态。在南亚，跨界民族问题、主体民族与非主体民族问题等一直困扰着各国政府。③ 非主体民族寻求自治进而谋求独立，往往与所在国家的政府意志对立、对抗，在这一进程中，民族主义成为被高擎的旗帜。在民族主义理论看来，为了达到目的而诉诸一切暴力手段都是正当的，至少是可以容忍的，因而它往往被民族分离主义激进分子广泛利用，成为他们宣扬和实施恐怖主义活动的理论武器。④ 至此，民族主义演变成极端民族主义或激进的民族分离主义。

有学者认为，民族主义是恐怖主义最持久的动因。⑤ 长期以来印度、巴基斯坦和斯里兰卡都深受民族分离运动的困扰。冷战结束以来，因民

---

① Bhaskar Roy, Rising Deviant Islamist Terror in Bangladesh, August 19, 2015, http://www.southasiaanalysis.org/node/1839.

② 张家栋：《恐怖主义论》，时事出版社，2007 年版，第 355—358 页。

③ 胡志勇：《南亚恐怖主义的特点及根源析论》，《现代国际关系》，2008 年第 12 期，第 28 页。

④ 胡联合：《当代世界恐怖主义与对策》，东方出版社，2001 年版，第 232 页。

⑤ 朱素梅：《二十世纪的民族主义与恐怖主义》，《世界民族》，2000 年第 3 期，第 21 页。

族分离运动而引发的民族冲突导致了南亚恐怖活动异常猖獗，民族分离型恐怖主义已成为南亚地区最为普遍和危害最为严重的恐怖主义形态。①这或许这并不完全符合当下南亚地区的恐怖主义形势，但在一定程度上表明民族分离主义与恐怖主义的关系及其造成的严重后果。

东北部的分离主义运动是印度开始时间最早、持续时间最长的分离主义运动。在那加兰邦，分离主义的暴力活动早在1952年就开始了。②而在整个印度东北地带，政府军曾与数十个要求独立或想获取更大自治权的民族反叛武装组织作战，并已造成该地区2.1万余人死亡。印度与该地区的40多个反叛武装签署停火协议，要给予当地民族部落更多自治权，但和谈过程中，多个反叛组织分裂，其中某些派别又开始了游击战。在这些游击战中，恐怖袭击被作为策略或作战形式而广泛运用，印度东北地区沦为恐怖主义的重灾区。

在斯里兰卡，民族分离主义推动的恐怖主义造成极其严重的后果，自杀式恐怖袭击因此而名声大噪。“泰米尔猛虎”组织及其成员为政治而非宗教目标而战；他们寻求建立一个独立的、自由的伊拉姆国家，即泰米尔国家。泰米尔人进行斗争以及实施自杀式恐怖袭击背后的主要意识形态是民族主义。③

巴基斯坦也存在民族分离主义问题，以俾路支分离主义为代表。俾路支分离主义势力分为政党和武装团体两类。其中，比较活跃的政党包括俾路支学生组织人民派、俾路支学生组织帕贾尔派、俾路支学生组织门加尔派和俾路支学生组织阿扎德派，以及俾路支共和党、俾路支民族党、民族党；武装团体有“俾路支解放军”“俾路支联合军”“俾路支斯坦军”“俾路支共和军”和“俾路支解放阵线”。“俾路支解放军”是现今俾路支省活动最频繁、最有影响力的分离主义武装团体。“俾路支解

① 胡志勇：《南亚民族分离主义为恐怖主义火上加油》，《联合早报》，2016年1月5日。

② 程心、纪双城、丁玎、谷棣：《“印度东北人”，受尽歧视70年》，《环球时报》，2017年7月17日，http：//world. huanqiu. com/exclusive/2017 –07/10989214_2. html。

③ Ahmed S. HASHIM，–Lions and Tigers in Paradise：Terrorism and Insurgency and the State's Response in Sri Lanka，Defence Against Terrorism Review，Vol. 3，No. 1，Spring 2010，p. 13.

放军”成立于20世纪80年代初，1999年后逐渐活跃，2006年4月9日被巴基斯坦政府确定为恐怖主义组织。其在俾路支省设有25个军事训练营，同时与其他分离主义组织相互配合，在偏远山区开展游击战。[①]

四、经济困境的持续与加剧

无论是民族主义型恐怖主义活动，还是宗教极端型恐怖主义活动，抑或是极左或极右型恐怖主义活动，还是毒品及黑社会型恐怖主义活动，虽然其存在的具体原因是多种多样的，但是最重要、最具决定性作用的还是经济矛盾。[②]

一些国家、国际组织也强调了贫困与恐怖主义之间的联系。贫困是恐怖主义的根源之一，南盟领袖从该组织创建之初便承认两者之间的联系。[③] 中国前外交部长唐家璇曾指出：哪里有落后、贫穷，哪里就会有冲突、动荡。一些发展中国家长期处于战乱和贫困状态，极易为恐怖分子所利用。在促进发展和加强反恐方面，不应顾此失彼，而应标本兼治。只有在经济上相互促进，共同发展，才能铲除恐怖主义滋生的根源。只有缩小贫富差距，推动社会公正与公平，才能使恐怖活动变为无源之水，无本之木。只有真正实现共赢、共享、共存的全球发展战略，才能让恐怖主义失去藏身之地。[④]

在许多案例中，恐怖主义都源于经济困境、社会或政治不公平，或者通过意识形态说教使人们的心灵越来越狭隘。[⑤] 1987—1988年，巴基

---

① Karlos Zurutuza, Understanding Pakistan's Baloch Insurgency: Meet the Actors behind South Asia's Most Under-reported Armed Movement, The Diplomat, June 24, 2015, http://thediplomat.com/2015/06/cracking-pakistans-baloch-insurgency/，转引自张元：《俾路支分离主义势力对中巴经济走廊的看法及其成因》，《南亚研究》，2016年2期，第30页。

② 胡联合：《当代世界恐怖主义与对策》，东方出版社，2001年版，第184页。

③ 李涛、荣鹰主编：《南亚区域合作发展趋势与南盟合作研究》，巴蜀出版社，2008年版，第259页。

④ 《唐家璇在联合国安理会反恐问题外长会议上的发言》，中华网，2003年1月21日，http://news.china.com/zh_cn/domestic/945/20030121/11400760_1.html。

⑤ Niranjan Dass, Terrorism and Militancy in South Asia, New Delhi: MD Publications Pvt Ltd., 2006, p. 215.

斯坦生活在贫困线以下的人口为17%，到1999—2000年则达到了32%。1/3的人口未能解决温饱，其中大多数缺乏教育、保健、卫生条件及安全的饮用水等基本服务。[①] 贫穷在巴基斯坦恐怖主义产生的原因中列在第二位，而失业被列在第五位。[②] 恐怖组织例如“虔诚军”“穆罕默德军”能够招募到大批成员的原因之一是他们能够提供谋生的机会。[③]

每当卡尔扎伊政权施政乏力，或者失业率高居不下的时候，塔利班的“机会”就到了。阿富汗新政府的每一次失分，都会将民众推向其对立面——塔利班方面。[④]

印度东北地区是恐怖主义的重灾区，这一地区也是印度较为贫困落后的地区。这似乎也在应证贫困与恐怖主义的关联。

过分强调贫困与恐怖主义之间的关系，可能产生负面影响，即恐怖主义源于对经济困境的无奈。经济不发达、落后为恐怖主义的滋生提供了条件，但绝非决定性条件。根据经济与和平研究所2016年发布的全球恐怖主义指数报告，2015年全球恐怖主义指数前50位当中仅有15个联合国公布的最不发达国家[⑤]，这15个国家主要包括南亚地区的阿富汗、孟加拉国和尼泊尔，非洲地区的索马里、利比亚、尼日尔、刚果民主共和国、苏丹、中非共和国、南苏丹、马里、乍得、布隆迪、坦桑尼亚，阿拉伯半岛的也门。为了更明显地看出经济水平对恐怖主义威胁的影响，我们可以把全球恐怖主义指数前50位排名分为4个等级，分别为最高威胁（1—6）、高威胁（7—25）、中度威胁（26—45）和平均威胁（46—50）。在最高威胁这一层级上，阿富汗和也门是最不发达国家中受恐怖

---

① Niranjan Dass, Terrorism and Militancy in South Asia, New Delhi: MD Publications Pvt Ltd., 2006, pp. 221 - 222.

② Sajid Haider, Carmen de Pablos Heredero, Munir Ahmed, & Sumaira Dustgeer, Identifying Causes of Terrorism in Pakistan, The Dialogue, Vol. 10, No. 3, pp. 228 - 229.

③ Debidatta Aurobinda Mahapatra, World Order, Multipolarism and Terrorism: The Indian Approch, New Delhi: New Century Publications, 2011, p. 212.

④ ［巴基斯坦］艾哈迈德·拉希德著，钟鹰翔译：《塔利班：宗教极端主义在阿富汗及其周边地区》，重庆出版社，2015年版，第243页。

⑤ 《最不发达国家名单》，https://www.un.org/development/desa/dpad/wp-content/uploads/sites/45/publication/ldc_list.pdf。

主义威胁最为严重的国家，而其他 4 个国家均为非最不发达国家，二者的比值为 2/4；在高威胁这一层级中有 9 个最不发达国家，最不发达国家和非最不发达国家的比值为 9/10；在中度威胁这一层级中共有 3 个最不发达国家，最不发达国家和非最不发达国家的比值为 3/20；在平均威胁这一层级共有 1 个最不发达国家，最不发达国家和非最不发达国家的比值为 1/5。所以从数据上来看，经济发展水平的落后与恐怖主义威胁程度的联系的显著性较低。从现实的恐怖主义威胁情况来看，2015 年全球最严重的 20 起恐怖袭击事件有 5 起发生在最不发达国家之中，其中 2 起在阿富汗、2 起在也门、1 起发生在尼日尔，其他 15 起均发生在非最不发达国家之中。需要特别指出的是，有 3 起恐怖主义袭击事件发生在法国、土耳其和乌克兰。[①]

当今世界有些最不发达国家并不存在恐怖主义威胁或者恐怖主义威胁非常弱，有力地证明了，恐怖主义威胁与经济不发达、落后并不存在正相关的关系。

第二节　南亚恐怖主义的国际根源

南亚恐怖主义的国际根源错综复杂，这些根源对南亚恐怖主义的蔓延和猖獗产生了广泛而持久的影响。

一、殖民主义的遗祸

俾路支省、克什米尔和“杜兰线”问题都是由英国以消极的方式留给印度、巴基斯坦和阿富汗的“遗产”。[②] 而这些“遗产”至今与巴基斯

---

① Global Terrorism Index 2016，http：//visionofhumanity. org/app/uploads/2017/02/Global-Terrorism-Index-2016. pdf.

② Sarral Sharma，Regional Power Play and Rise of Radicalism in Afghanistan，http：//www. ipcs. org/article/afghanistan/regional-power-play-and-rise-of-radicalism-in-afghanistan-5118. html.

坦、印度和阿富汗的恐怖主义问题纠缠在一起，成为这些国家消除恐怖主义进程中无法回避的障碍。

在近代历史上，南亚地区的印度、巴基斯坦和孟加拉国都同属于英国殖民地英属印度。在殖民统治时期，殖民统治者采取“分而治之”手法，挑起伊斯兰教徒和印度教徒之间的矛盾冲突。英国殖民统治者结束在南亚次大陆殖民统治时，又采取“分而治之”的手法，按照宗教信仰的不同把英属印度分成两个国家，在印度教徒集中地区建立独立国家印度，在伊斯兰教徒集中地区建立独立国家巴基斯坦。在分治过程中，居住在分治后印境内的数百万伊斯兰教徒迁徙到分治后巴境内，而居住在分治后巴境内的数百万印度教徒迁徙到分治后印境内。在迁徙过程中，印度教徒与伊斯兰教徒之间发生激烈的宗教冲突和严重的宗教仇杀，从而在印度教徒和伊斯兰教徒之间埋下仇恨的种子。[①] 克什米尔的归属问题则为印巴关系埋下更为深重的祸根。按照印巴分治“以教定土”的基本原则，克什米尔应归巴基斯坦管辖，这也是巴基斯坦在克什米尔争端中的基本立场，但“蒙巴顿方案”又同时提出了“自由选择”的附加原则，即允许克什米尔自由选择加入印巴任何一个国家或保持独立，双重标准使印巴两国陷入长期冲突之中。印巴之间分别于 1965 年和 1972 年爆发战争，尤为严重的是巴遭到肢解——孟加拉国从巴分离出来成为独立国家。在印巴冲突尤其是在克什米尔地区的冲突中，恐怖主义被双方视为有效的策略或手段，这是南亚恐怖主义治理中的最大难题之一。

1893 年，在英国压力下，阿富汗国王被迫与以英属印度外务秘书杜兰（Sir Henry Mortimer Durand）为首的代表团签署《杜兰协定》，基于此协定的“杜兰线”划定了阿富汗和英属印度之间 2450 千米的边界线。英国人不顾阿富汗政府不接受“杜兰线”的事实，依然让巴基斯坦基于这一地图边界线建国，无疑，这使得阿巴国际边界理论与现实的错位达到顶峰。“杜兰线”使普什图人被划分到两个不同的国家，从而形成后

① 文富德：《南亚区域合作发展的前景》，载李涛、荣鹰主编：《南亚区域合作发展趋势与南盟合作研究》，巴蜀出版社，2008 年版，第 21—22 页。

来阿富汗、巴基斯坦边界地区普什图族跨界而居的分布格局。这一状况使得巴基斯坦注定成为深受塔利班影响最直接的国家，也是塔利班化最为普遍的国家。[①] 由于边界矛盾存在，阿巴政府均需要利用“杜兰线”两侧的部落区扶植对方的敌对势力，以制衡对方。而当塔利班和“基地”组织等以极端主义方式反对阿政府时，巴塔和“俾解”组织等也以极端主义方式反抗巴政府。故此，美国阿富汗反恐战争，越反越恐，使巴基斯坦俾路支省和西北边省安全局势急剧恶化。巴塔和“俾解”组织等反巴势力，以“杜兰线”两侧的部落区为基地，时常制造恐怖袭击，令巴政府防不胜防。为改善这种局面，巴政府将“俾解”组织列为恐怖组织，同时更名西北边省为开普省，将历来麻烦不断的普什图部落区组建联邦管辖部落区，但无济于事。由此可见，“俾路支问题”和“普什图问题”，已走出其原本关于归属问题的范畴，上升为更大范围的宗教极端和“圣战”运动，严重危及巴基斯坦主权和领土完整。并且，对于这些穿上恐怖主义盔甲的分离主义势力，巴政府无法消灭他们，除非阿巴就边界问题达成一致。但是，巴基斯坦已基于“杜兰线”建国，它无法重启“杜兰线”问题谈判大门，否则，无异于自掘建国根基。[②]

在殖民主义统治时期，僧伽罗和泰米尔两族人民曾经为争取独立、自由进行过共同的斗争，两族的上层人物共同创建了领导独立运动的政党。但是到20世纪20年代，他们在议员选举问题上发生分歧而分道扬镳。泰米尔人组织了自己的政党。从此，斯里兰卡的主要政党中出现了以民族划界的特点。1936年，根据英国殖民者的宪法修正案，成立了全部由僧伽罗人组成的内阁，泰米尔人被排斥在外。但在文官和军警中，泰米尔人却占有重要地位，引起僧伽罗人不满。英国殖民主义者这种“分而治之”的做法，埋下了斯里兰卡独立后民族矛盾的种子。[③] 这一政策使得两大民族间早已存在的分

① 王联：《论巴基斯坦部落地区的塔利班化》，《国际政治研究》，2009年第2期，第112页。

② 姚远梅：《中巴经济走廊的隐忧：如何避免陷入那个“黑洞”?》，http://www.thepaper.cn/newsDetail_forward_1405420。

③ 吴寄南、郭隆隆、邱丹凤：《变态的斗争——当今世界的恐怖活动与反恐怖斗争》，云南教育出版社，1989年版，第141页。

野与隔阂更为明显，这为民族极端势力煽起狂热民族主义情绪提供了肥沃土壤，这也是独立后两族间动辄发生大规模流血冲突的深层次原因。[①]

二、苏联入侵阿富汗的影响

1979 年是阿富汗与恐怖主义关系的关键转折点，苏联入侵激起了“圣战”激进组织和宗教极端组织的滋生和蔓延。[②]“圣战者”在阿富汗的聚集，一方面，有力地抵御了苏联对阿富汗的侵占，另一方面刺激了“圣战”思想、宗教极端主义在南亚以及世界其他地区的蔓延。迪奥班迪派积极倡导“圣战”，主张对异教徒和异端教派进行“圣战”。他们不仅对使用暴力和武力手段赋予了宗教合法性，而且把圣战理解为无节制地使用武力。[③] 在抗击苏军入侵的武装斗争中该会分化出不少原教旨主义组织，其中主要的有：“伊斯兰党”（古尔布丁·希克马蒂亚尔领导）、“阿富汗伊斯兰促进会”（又译为“伊斯兰组织”，布尔汉丁·拉巴尼领导）、“伊斯兰党”（哈里斯派，由前“伊斯兰党”中分出，由尤尼斯·哈里斯领导）、“伊斯兰联盟”（阿卜杜勒·拉苏尔领导）。他们被称为阿富汗逊尼派原教旨主义组织，总部设在巴基斯坦的白沙瓦，势力最为雄厚，控制着巴基斯坦境内的难民和国际社会对阿富汗抵抗运动的援助。他们主张进行伊斯兰革命，建立严格的伊斯兰共和国。[④] 这些组织对阿富汗和巴基斯坦恐怖主义活动的蔓延产生了直接的影响。

苏联入侵阿富汗及迫于“圣战”等因素被迫撤军，对巴基斯坦对外特别是对印战略和策略产生了影响。苏联最终从阿富汗撤军证明了巴基斯坦安全

---

① 许利平主编：《亚洲极端势力》，社会科学文献出版社，2007 年版，第 231 页。

② Natasha Underhill, Countering Global Terrorism and Insurgency: Calculating the Risk of State Failure in Afghanistan, Pakistan, and Iraq, Palgrave Macmillan, 2014, p. 61.

③ ［巴基斯坦］艾哈迈德·拉希德著，钟鹰翔译：《塔利班：宗教极端主义在阿富汗及其周边地区》，重庆出版社，2015 年版，第 255 页。

④ 黄陵渝：《阿富汗伊斯兰教概况》，《中国穆斯林》，1996 年第 6 期，第 42 页。

精英利用“圣战”作为国内外政策工具的有效性。[①] 受阿富汗利用“圣战”抵抗苏联的鼓舞，巴基斯坦军队从20世纪80年代末开始对印度使用类似的战略。[②]

在阿富汗抗苏战争期间，美国向阿境内的“圣战者”武装组织提供了高达数十亿美元的军事装备，被视为美国中情局历时最长、最昂贵和最隐秘的行动之一。在此期间，约有至少30亿美元的美国武器装备源源不断运入阿富汗，用于训练和装备伊斯兰抵抗组织。在此期间，大量多国籍“圣战者”穿越阿富汗与巴基斯坦之间的边界进入巴基斯坦，与阿富汗接壤的巴西北边境地区建立根据地，该地区出现了许多跨国武装人员的训练营地。[③]

三、南亚国家推行“代理人战争”的恶果

南亚一些国家因政治、民族、宗教等原因，在不同程度上默许、庇护、纵容甚至直接支持恐怖主义，导致南亚国家中的“代理人战争”，这成为南亚恐怖主义难以禁绝的重要原因之一。[④]

巴基斯坦三军情报局下设的北方联合情报处负责查克地区的“代理人战争”。[⑤]“在反恐行动中，巴军方往往采取‘选择性反恐’，即对这些恐怖分子手下留情，一般是只驱散而非歼灭。在‘利剑行动’中，巴军队就将不少恐怖分子驱赶至阿富汗境内，有意使其借机生还，这为恐怖分子日后发动更多暴恐活动提供了可乘之机，并使地区反恐安全形势更

① Moeed Yusuf, Pakistan's Militancy Challenge: From Where, to What ? in Moeed Yusuf, ed., Pakistan's Counterterrorism Challenge, Georgetown University Press, 2014, p. 26.

② ［印度］拉贾·莫汉著，朱翠萍、杨怡爽译：《莫迪的世界——扩大印度的势力范围》，社会科学文献出版社，2016年版，第85页。

③ 张力：《当代南亚恐怖主义的起源与诱发因素》，《南亚研究季刊》，2013年第1期，第9页。

④ 鲁力：《当前巴基斯坦反恐形势及面临的挑战》，《国际研究参考》，2015年第5期，第19页。

⑤ 刘忠、杨玲：《积重难返的巴基斯坦恐怖主义》，《国际资料信息》，2010年第2期，第19页。

趋复杂。”①

巴基斯坦历来同情和支持印控克什米尔境内的“自由解放”运动，巴军事情报部门事实上也参与了越界恐怖活动的策划和支持，但穆沙拉夫执政后对巴国内的宗教极端势力采取了某些强硬的措施，特别在“9·11”事件之后，政策的变化更为明显。除其他因素外，美国对巴的影响和压力应该说产生了相当效果。②

由于巴基斯坦利用伊斯兰武装分子从事它在阿富汗和克什米尔的战争，因此许多国家的情报机构一直怀疑巴是极端主义和恐怖主义的重要据点。印度指责巴基斯坦政府为克什米尔地区的一些恐怖主义组织提供财政支持，但巴政府对这些指责予以反驳。

巴基斯坦政府和三军情报局指责坎大哈和贾拉拉巴德的印度外交官向“俾解”提供武器、资金和培训掣肘巴基斯坦国家安全。因此，巴基斯坦不断向俾路支省增兵，打击“俾解”叛乱分子。③

四、中东国家的推波助澜

中东国家尤其是伊朗和沙特在阿富汗和巴基斯坦等南亚国家伊斯兰教的激进化和极端化进程中发挥了不可低估的影响，尤为严重的是它们为南亚一些激进组织、恐怖组织提供了直接的支持和援助。

伊朗的伊斯兰革命是影响当代南亚恐怖主义的重要外部激励因素。伊斯兰革命在全球范围内形成强大的冲击波。一方面，它将矛头直接指向西方及其在伊斯兰世界的政治盟友，致力消除西方文化和价值观对穆斯林国家的渗透，宣扬伊斯兰教文化的复兴。但另一方面，伊斯兰革命通过鼓吹在穆斯林世界反美（反西方）、反资本主义、反世俗主义、反社

---

① 鲁力：《当前巴基斯坦反恐形势及面临的挑战》，《国际研究参考》，2015 年第 5 期，第 19 页。

② 张力：《“9·11”事件后的印巴关系与南亚地区安全》，《南亚研究季刊》，2002 年第 1 期，第 46 页。

③ 袁沙：《巴基斯坦国内恐怖主义势力的演变、特点及影响分析》，《南亚研究季刊》，2016 年，第 2 期，第 37 页。

会不公的政治纲领并付诸实践，在扩大伊斯兰教的国际影响的同时，也促成了极端主义和原教旨主义意识形态的输出，影响了阿富汗、南亚及其他地区的“圣战”。①

在塔利班统治阿富汗时期，伊朗为各种反塔派系提供援助，特别是在阿富汗西部地区的阿富汗指挥官。伊朗对反塔联盟的援助在1996年喀布尔陷落和1998年马扎尔陷落后一再升级。②

“巴基斯坦穆罕默德军”是巴基斯坦最大的什叶派激进组织，与伊朗关系密切，③ 其主要目标是保护什叶派免受逊尼派激进主义者的影响，以“强格维军”为主要敌人。外部势力支持下的教派斗争中夹杂恐怖袭击，使得南亚恐怖主义形势更加复杂。

为了抵御“伊斯兰国”和美国的威胁，伊朗与塔利班和其他军阀在阿富汗—伊朗边境建立“缓冲地带”。伊朗还为其边境的塔利班提供资金和小型武器，如机枪、弹药和火箭筒。曼苏尔在伊朗停留的两个月期间，与伊朗高级官员和不同机构进行谈判，包括防止塔利班成员背叛而加入“伊斯兰国”以及对塔利班施加保护，曼苏尔同意阻止“伊斯兰国”的扩张，尤其是在阿富汗北部边境地区。此外，根据阿富汗安全官员的情报，伊朗还在其境内为塔利班提供训练，至少存在4个塔利班训练营，分别在德黑兰、马什哈德、扎黑丹和克尔曼。④

在1980—1990年之间，沙特阿拉伯为反苏“圣战”提供了近40亿美元的官方援助，还有大量的来自沙特伊斯兰慈善组织和基金会、沙特王子的私人基金和清真寺筹款等非官方援助。直到1998年，沙特为塔利班和在阿富汗的“圣战”组织提供援助。需要特别指出的是，沙特是承认塔利班政权的三个国家之一。直到“9·11”事件后塔利班领导人拒绝交出本·拉登，沙特与塔利班关系开始出现紧张并于2001年9月25

---

① 张力：《当代南亚恐怖主义的起源与诱发因素》，《南亚研究季刊》，2013年第1期，第8页。

② Seth G. Jones, C. Christine Fair, Counterinsurgency in Pakistan, 2010, p. 33, http://www.rand.org/pubs/monographs/MG982.html.

③ 潘志平主编：《中南亚的民族与宗教冲突》，新疆人民出版社，2003年版，第182页。

④ 温琪：《恐怖组织在阿富汗的近期发展》，《军事文摘》，2016年第8期。

日断交。

从1988年到1998年的10年间，在沙特瓦哈比派的煽动影响下，巴逊尼派中的极端派势力在境内掀起了一场大规模的以反对什叶派为目的的“宣教运动”。这场运动的显著特点是以“净化”信仰为名煽动宗教狂热，不断制造反什叶派的舆论，直至有组织地策划、制造大规模的宗派流血冲突。①

为了遏制伊朗影响，沙特等以逊尼派为主的伊斯兰国家一直努力对巴基斯坦施加影响。沙特在巴基斯坦援建大量清真寺和宗教学校，并对逊尼派极端组织提供资助，宣传瓦哈比派思想，支持反什叶派的宣传活动和武装活动。与瓦哈比派思想接近的迪奥班迪派成为其在南亚的代言人，且声势日益增加。②

在斯里兰卡，长期的内战基本结束后，又出现了军事的瓦哈比主义与其他宗教激进主义的争斗。沙特等国的伊斯兰势力向该地区的渗透加强，仅在斯里兰卡的东部省份就出现了50多个穆斯林激进主义组织。③

五、美国策略的失误

美国为了完成对抗苏联的战略目的，不仅对拉登进行了所谓半隐蔽行动领袖的训练，而且在整个抗苏战争期间向拉登团伙提供了高达2.5亿美元的援助。可以说，拉登和他的恐怖网络能够有今天的实力，在很大程度上是美国纵容扶持的结果。对于塔利班阵营中充斥的大量以“圣战志愿者”为名的宗教极端分子这一事实，美国也并非不知情。但为了支持塔利班控制阿富汗，美国对此却视而不见。美国的纵容态度导致了塔利班的原教旨主义思想迅速膨胀并日趋极端化。④

早在“圣战”时期，美国中情局在巴基斯坦进行的援助“圣战”组

① 金宜久主编：《当代宗教与极端主义》，中国社会科学出版社，2008年版，第416页。

② 邱永辉等：《南亚宗教发展态势》，社会科学文献出版社，2014年版，第246—248页。

③ 邱永辉等：《南亚宗教发展态势》，社会科学文献出版社，2014年版，第292页。

④ 何明：《浅析美国所面对的阿富汗挑战》，《现代国际关系》，2001年第10期，第38页。

织活动就造成了不妥协的“圣战”精神、大量武器和准军事组织在巴基斯坦的泛滥，推动了巴伊斯兰组织的激进化及其势力的增长。①

2004 年 7 月，美国“9·11”调查委员会公布的报告把宗教学校称为“暴力恐怖主义的孵化器”。值得注意的是，美国也在巴基斯坦宗教学校的扩张中发挥了重要作用。美国与巴基斯坦军方合作，推动和支持“圣战”者赴阿富汗打击苏军。美国不仅支援资金和武器，还提供大量教材。美国国际开发署斥资 5100 万美元，授权内布拉斯加大学奥马哈分校阿富汗研究中心专门编写和出版教材，极力宣扬任何穆斯林都有职责参与“圣战”的思想。1984—1994 年，至少有 1300 万册此类课本在阿富汗难民营和巴基斯坦宗教学校被免费分发。因此，巴基斯坦部分宗教学校的政治化乃至军事化也是美国等外部力量有意利用和推动的结果。②

“9·11”事件以前，巴基斯坦不存在恐怖主义势力的问题，但是“9·11”事件以后，美国对阿富汗的打击使得巴基斯坦国内的恐怖主义势力上升。③ 阿富汗战争开始后不久，“基地”组织和塔利班领导人就前往 FATA 寻求庇护，他们使这一地区 20 年前就已存在的对“圣战”的激情得以重燃。④

在美国中央情报局的帮助下，印度情报部门与阿富汗国家安全理事会协助巴塔的一些高层领导人如法兹鲁拉、法基尔、库拉撒尼等撤出巴基斯坦，将他们安置在阿富汗的库纳尔、努里斯坦等省，并向他们提供武器和培训，重整巴塔，使其有能力在迪尔、巴蕉尔、奇特拉尔等巴基斯坦的西部边界地区发动针对巴基斯坦安全部队的袭击行动。⑤

美国对待极端主义、恐怖主义历来是双重标准、实用主义，在南亚

① 黄民兴主编：《阿富汗问题的历史嬗变》，中国社会科学出版社，2013 年版，第 271 页。

② 李福泉、黄民兴：《巴基斯坦伊斯兰宗教学校的发展状况、社会根源与影响》，《南亚研究》，2009 年第 2 期。

③ 孙士海：《巴基斯坦反恐之路仍很漫长》，2009 年 10 月 29 日，http：//gb. cri. cn/27824/2009/10/29/4445s2662632. htm。

④ Moeed Yusuf, Pakistan's Militancy Challenge: From Where, to What? in Moeed Yusuf, ed., Pakistan's Counterterrorism Challenge, Georgetown University Press, 2014, p. 28.

⑤ 肖建明、宗蔚：《“利剑行动”与巴基斯坦塔利班的命运》，《印度洋经济体研究》，2015 年第 2 期，第 105 页。

也不例外。美国反对、打击的主要是对美国利益构成威胁的极端主义、恐怖主义，反之，对美国利益不构成威胁的极端主义、恐怖主义，不但被美国默许、纵容，甚至有可能被加以利用。尽管美国为此饱尝苦头，但至今并未完全改弦易张。

/第五章/

南亚国家之间的双边反恐合作

南亚国家间的双边反恐合作始于20世纪80年代末，其中印度与斯里兰卡之间的双边反恐合作比较具代表性。“9·11”事件以来，南亚国家之间的双边反恐合作有所强化。2004年以来，南亚各国开始放弃孤军作战的做法，在情报、资金、设施、司法等领域合作，取得了积极成果。巴基斯坦与阿富汗、印度等国的反恐合作有所加强；印度与尼泊尔、斯里兰卡、孟加拉国、不丹等国之间反恐合作也在强化。在当前南亚地区反恐合作中，印度与巴基斯坦双边反恐合作、阿富汗与巴基斯坦双边反恐合作及印度与阿富汗双边反恐合作尤为重要。

第一节　印度与巴基斯坦之间的双边反恐合作

印度和巴基斯坦是南亚最重要的两个国家，同时也是深受恐怖主义危害的两个国家。毫无疑问，恐怖主义是印度和巴基斯坦的共同敌人。[①]但是，由于印巴两国对具体恐怖主义势力及其活动的认知存在严重分歧甚至对立，使得印巴反恐合作难上加难。

伴随印巴和平进程的推进、起伏以及中断，印巴反恐合作也在艰难中开展、维系及搁浅。反恐合作的状况不仅已成为影响甚至困扰印巴和平进程的主要因素之一，而且也已成为印巴双边关系的晴雨表。

---

① ［巴］马苏德·汗：《巴基斯坦对南亚地区安全局势的认知》，《南亚研究》，2009年第3期，第29页。

一、反恐合作进程

（一）联合反恐机制的构建

冷战结束之初，印巴之间曾有过较为成功的反恐合作。为结束锡克教叛乱和卡里斯坦迷梦，作为一个善意的姿态，巴基斯坦总理贝·布托将旁遮普有关的全部情报交给了印度政府，印度政府用这些情报消灭了在印度发动袭击和叛乱的锡克教组织。[①] 1993 年锡克教叛乱结束。但是，这种合作在印巴双边关系中实为罕见。

巴基斯坦支持印度境内的反印恐怖行动始于 20 世纪 50 年代印度的东北部落地区，20 世纪 70 年代扩大到旁遮普，1989 年扩展至查谟克什米尔以及印度的其他部分包括新德里。[②] 巴基斯坦称在克什米尔开展反印暴力活动的激进势力为“自由战士”。在三军情报局在克什米尔培育的所有“圣战”组织中，“虔诚军”是最致命的，还有其他“圣战”组织。他们的共同目标是“让印度流血”，直到新德里把克什米尔交给伊斯兰堡。“虔诚军”和其他“圣战”组织在巴基斯坦各地招募战斗人员，特别是在旁遮普南部。[③]

1999 年 2 月，印巴在卡吉尔发生冲突，严重妨害双边关系的发展。2001 年 7 月 15—16 日，印度总理瓦杰帕伊和巴基斯坦总统穆沙拉夫在印度历史名城阿格拉举行会晤。因在克什米尔问题上分歧严重，他们未能就“阿格拉宣言”达成协议。阿格拉峰会虽然开启了印巴和平的进程，但终因积重难返，无果而终。

“9·11”事件将巴基斯坦推向国际反恐的前沿，但印巴反恐合作及

---

① B. K. Singh, Insurgency and terrorism in India and Pakistan, Delhi: A. k. Publications, 2009, p. 7.

② B. Raman, Pakistan and Terrorism: The Evidence, August 1, 2002, http://www.southasiaanalysis.org/paper390.

③ Graham Usher, The Afghan Triangle: Kashmir, India, Pakistan, Summer 2009, http://www.merip.org/mer/mer251/afghan-triangle.

双边关系并未迎来新的转机。2001 年 12 月 13 日，印度议会大厦遭遇恐怖袭击，造成严重伤亡，印度指控巴基斯坦克什米尔激进组织的 5 名成员为此负责，印巴关系再次面临危机。迫于美国的压力及国际形势的变化，巴基斯坦的对印立场发生变化。2002 年 1 月 12 日，穆沙拉夫发表了里程碑式的演讲，在克什米尔问题上，不允许任何人和组织以克什米尔为借口从事恐怖活动，这是巴方第一次把克什米尔地方武装和恐怖主义联系起来，也是巴方在克什米尔问题上外交口径的改变，这在缓解印巴紧张关系上发挥了至关重要的作用。巴方的以往立场是反对把克什米尔问题和恐怖主义相联系，称“宗教武装组织进行的是争取自由的斗争”。此次巴方的表态向印度表明了立场，实际上是巴方在克什米尔问题上对印度的一个承诺。印度高层也认为巴方的这一说法是一个“突破”,① 并宣布了一项禁令，取缔了在克什米尔作战的两个最有名的巴基斯坦叛乱组织“穆罕默德军”和“虔诚军”。

2003 年 7 月，印巴两国之间开展巴士外交。2003 年 11 月 26 日，印巴两国在 1050 千米长的国际边界线、控制线（LoC）和锡亚琴冰川（Siachen Glacier）地区实现了停火。

2004 年后印巴开展对话，就采取“2 +6”形式，进行了分项对话和磋商。“2”是指两个主要争议的核心议题：恐怖主义和克什米尔问题；“6”包括停止在锡亚琴冰川的冲突、图布尔水利、乌拉尔工事、反恐反毒、经济合作以及促进人员交流等方面。两国在涉及彼此重大核心利益的认知上并没有汇合点，因此，谈判双方难有实质性的进展。②

2006 年 7 月 11 日，孟买城郊火车发生系列爆炸后，印度指责是巴基斯坦境内的恐怖组织所为，单方面中止了原定的印巴外秘级会谈，使和平进程陷入停顿。尽管巴方一再否认与爆炸案有关，印度始终坚持除非巴基斯坦在打击恐怖主义问题上有实质举措，否则印巴全面对话进程很难推进。

---

① 丁子：《巴基斯坦：坚持反恐 主张协调》，《人民日报》，2002 年 1 月 25 日第 7 版。

② 李群英：《印巴和平对话进程中的美国因素》，《中国政法大学学报》，2011 年第 4 期，第 144 页。

2006 年 9 月 16 日，在古巴首都哈瓦那举行的不结盟国家首脑会议期间，印度总理辛格和巴基斯坦总统穆沙拉夫举行双边会晤。他们强烈谴责所有形式的恐怖主义，认为恐怖主义是一大危害，必须有效应对。因此，两国领导人决定建立联合反恐机制，确定和实施调查、打击恐怖主义的举措。此项决定被印度媒体普遍认为是一种突破，具有很强的现实意义，反映了巴基斯坦在反恐领域加强与印度合作的决心与诚意。11 月 15 日，为期两天的印度和巴基斯坦外交秘书级（副部级）会谈在新德里结束。双方发表联合声明称，印巴已就建立联合反恐机制达成一致。双方同意建立一个由三人组成的联合反恐机构，由两国外交部的副外交秘书负责。这个反恐机构将讨论反恐措施，定期交换有关情报。

2007 年 3 月 7 日，印度和巴基斯坦就两国联合反恐机制第一次会议的成果发表联合声明，强调两国将加强在反恐领域的信息交流。据巴外交部发表的声明称，联合反恐机制的目的在于防止暴力和恐怖活动。为此，当两国中有任何一方发生恐怖事件，双方将通过该机制进行信息交流，以协助另一方调查。另外，该反恐机制规定按季度定期召开会议，但当有重大问题发生时，可通过双方主要负责人进行即时信息沟通。① 同年 10 月，印巴联合反恐机制第二次会议在新德里举行，双方深化了联手打击恐怖主义的一些具体措施。2008 年 6 月 24 日，印巴联合反恐机制第三次会议在伊斯兰堡举行。双方讨论反恐合作领域的具体事宜，并交换与各自境内恐怖分子活动有关的情报，以协助对方更有力地进行反恐斗争。建立联合反恐机制是印巴和平相处的一个重要标志。以往，印巴两国国内只要发生恐怖事件，往往就会不假思索地指责对方。现在，两国在打击恐怖主义问题上正逐步达成共识，不仅不再轻易指责对方，而且还分享信息、联手行动，这表明两国在政治互信上已经前进了一大步。

但是，2008 年 11 月 26 日，孟买发生恐袭事件后，印度退出了印巴

---

① 《印巴就反恐机制发表联合声明》，国际在线，2007 年 3 月 7 日，http：//gb. cri. cn/14558/2007/03/07/1745@ 1485467. htm。

联合反恐机制。①

（二）印巴反恐合作的推进

2008年，扎尔达里声称，印度不再是巴基斯坦的威胁，克什米尔激进分子是恐怖分子。② 这为印巴反恐合作的拓展提供了新的重要契机。

2008年11月26日晚，印度孟买10处著名建筑和重要设施发生连环恐怖袭击事件，造成至少183人死亡，另有300余人受伤。印度方面认为，袭击行动是巴境内已被巴政府取缔的“虔诚军”所为，但遭到巴方否认。孟买恐怖袭击案造成了印巴关系危机，但也为印巴反恐合作提供了机遇。印巴围绕孟买恐怖袭击案展开的调查及合作说明了反恐是两国的共同利益所在，南亚恐怖主义的跨国性以及密切联动的特点决定了合作是应对恐怖主义泛滥的必要之举。③

2009年6月2日，巴基斯坦拉合尔法院宣布将释放被指策划孟买袭击案的数名嫌犯，印度方面随即对此表示愤怒和强烈不满，称这一判决将会使得印巴关系“出现倒退”。

2011年3月29日，印度和巴基斯坦同意设置一个“恐怖主义问题热线”电话，彼此分享有关激进民兵或恐怖分子的情报与信息。

2012年4月8日，巴基斯坦总统扎尔达里以“私人身份”访问印度，双方领导人着重就反恐和经贸合作的议题进行了重点的讨论。但是，印巴之间实质性的双边反恐合作尚需假以时日。印巴两国时常指责对方包庇、纵容乃至利用恐怖主义，尤为严重的是，印巴两国长期以来围绕克什米尔归属问题的冲突被国际恐怖组织利用。

在2013年巴基斯坦全国大选中获胜的穆斯林联盟谢里夫派主席谢里夫在接受美国有线电视新闻网（CNN）采访时表示，他上台后将压制极

---

① Silviu PETRE, India's Bid for Regional Hegemony and the War on Terrorim, The Public Administration and Social Policies Review, Vol. 1, No. 12, June 2014, p. 83.

② B. K. Singh, Insurgency and terrorism in India and Pakistan, Delhi: A. k. Publications, 2009, p. 15.

③ 刘红良：《论南亚地区的反恐合作机制》，《西南石油大学学报（社会科学版）》，2013年，第3期，第78页。

端分子，确保巴不会成为袭击印度的基地，并承诺调查 2008 年孟买恐怖袭击案。谢里夫强调“恐怖主义是印、巴的公敌”，巴“不会让卡吉尔冲突和孟买恐怖袭击重演”。①

2014 年 5 月 27 日，印度新任总理纳伦德拉·莫迪在首都新德里会晤巴基斯坦总理纳瓦兹·谢里夫，促请巴基斯坦镇压其境内的恐怖主义分子，禁止这些恐怖主义分子从巴国领土对印度发动袭击，敦促巴方加紧调查孟买恐怖袭击事件并把凶手送上法庭，谢里夫回应说，印巴双方应停止相互指责，共同努力消除地区不稳定和不安全因素。两人同意恢复和解进程。不过，当年 8 月，巴基斯坦驻印度高级专员在新德里与印控克什米尔地区分离主义领导人会面，印方随后取消了预定于同月晚些时候举行的外交秘书级会谈。10 月，双方军队在克什米尔地区爆发冲突。

2015 年 7 月 6 日，印巴两国国家安全顾问在泰国曼谷举行的有关反恐和安全方面的会谈取得成功，表示将继续致力于打击恐怖主义。10 日，印度外交部长在俄罗斯举行的上海合作组织峰会上表示，印度和巴基斯坦同意在新德里举行国家安全顾问会议，讨论恐怖主义问题。莫迪与谢里夫上合组织乌法峰会会晤后发表联合声明指出，双方将就消除南亚地区恐怖主义开展合作，双方的国家安全顾问将很快在新德里举行会面，讨论与打击恐怖主义有关的问题。双方还同意推动 2008 年孟买恐怖袭击案的审判。

2015 年 12 月 9 日，印度外交部长苏什玛·斯瓦拉杰率代表团前往伊斯兰堡与巴基斯坦外交事务与国家安全顾问萨尔塔杰·阿齐兹会面，这是印度外长 3 年来首次访问这一邻国。双方的对话包括和平与安全、建立互信、经济和商业合作、共同反恐、反毒品、民间交流等议题。25 日，印度总理莫迪在访问阿富汗的回国途中突访巴基斯坦，并与巴总理谢里夫短暂会谈。在会谈中，莫迪与谢里夫同意继续和平进程，重启全面对话，共同应对贫困，增进人文交流，并从下月中旬起恢复两国外交

---

① 郑彬：《印巴贸易自由化能否重启》，http://finance.china.com.cn/roll/20130528/1503279.shtm。

秘书级别会谈。这是莫迪就任总理以来首次访问巴基斯坦，也是印度总理近12年来首次访巴。随着巴印关系中向好因素的增加，巴印反恐合作有望深入发展。

2016年1月2日，6名武装分子袭击了靠近巴基斯坦边界的印度伯坦果德空军基地，造成至少3名印度安保人员死亡，4名武装分子被击毙。印度官方称，“穆罕默德军”与伯坦果德空军基地袭击事件有关。15日，巴基斯坦媒体报道说，巴方已拘留了涉嫌袭击印度伯坦果德空军基地的非法组织“穆罕默德军”的头目。3月7日《印度时报》报道，巴基斯坦安全部门已与印度安全部门达成共识，就恐怖分子可能进入印度实施恐怖袭击达成情报提前共享。

2016年9月29日印度对巴控克什米尔地区的恐怖分子营地实施了“外科手术式”打击。通过这次袭击，印度向巴基斯坦发出了一个信息：巴基斯坦一直认为恐怖袭击是“让印度流血”的一种低风险、低成本的战略，这将使巴基斯坦付出高昂的代价。①

据《印度时报》10月16日报道，印度莫迪日前在于果阿举行的金砖国家峰会上称巴基斯坦是“恐怖主义的母舰”，引发巴基斯坦方面强烈不满。当天巴基斯坦总理外交事务顾问萨尔塔杰·阿齐兹对此做出回应，他指责莫迪在恐怖主义问题上“误导”金砖国家。

2017年1月30日，巴基斯坦内政部下令，将“虔诚军”政治组织贾马特·乌德·达瓦的头目哈菲兹软禁，该组织涉嫌策划2008年的印度孟买连环恐袭。② 这可以视为印巴在孟买恐袭案上进行合作的新进展。

2017年8月23日，印度与巴基斯坦军方指挥官在查谟和克什米尔控制线举行了会谈，双方一致同意建立机制维护边界的长久和平。这有利于印巴反恐合作的开展。

---

① Sudha Ramachandran, Surgical strikes mark change indias stance cross border attacks, Terrorism Monitor, Vol. 14, No. 21, pp. 3 – 4, https://jamestown.org/wp-content/uploads/2016/10/TM_Vol_14_Iss_21.pdf.

② 《涉孟买恐袭案头目在巴基斯坦落网》，《联合早报》，2017年2月1日，http://www.zaobao.com/news/world/story20170201 – 719420。

二、制约印巴反恐合作的主要因素

（一）战略互信的缺失

在印度，一旦出现恐怖袭击，即使袭击目标是清真寺，即使受害者是穆斯林，即使这些袭击发生在穆斯林斋月，都会被立即假定为“是‘伊斯兰恐怖分子’所为”。[①] 进而与巴基斯坦联系在一起。

两国既认识到合作反恐是改善两国安全环境的主要渠道，又不愿放弃对对方的攻讦以加强自身在道义上的优势，尤其是两国深谙媒体在动员国内支持、掩盖自身政策失误方面起到的独特作用，每逢因恐怖袭击事件袭扰两国脆弱的和平进程之时，对对方的指责已成为两国自然的选择。这也反映了两国之间战略互信的缺失，必将成为对双方反恐事业的顺利推行、合作深化构成制约的瓶颈。[②]

巴基斯坦情报官员声称，有证据证明印度极端组织参与了俾路支省的叛乱，该组织被指控资助和武装“俾路支解放军”和“俾路支解放阵线”。2006 年 4 月，巴基斯坦将“俾路支解放军”列为恐怖组织。[③]

（二）克什米尔问题

克什米尔问题是印巴关系的症结所在，克什米尔对两国来说都具有极为重要的战略价值。2002 年 6 月 28 日，穆沙拉夫在伊斯兰堡国防学院声称，“巴基斯坦在阿富汗所做的事情与巴基斯坦在克什米尔的政策有区别。巴基斯坦的阿富汗政策可以改变；克什米尔问题是巴基斯坦的国家利益问

---

① ［印度］拉贾·莫汉著，朱翠萍、杨怡爽译：《莫迪的世界——扩大印度的势力范围》，社会科学文献出版社，2016 年版，第 230 页。

② 刘红良：《论南亚地区的反恐合作机制》，《西南石油大学学报（社会科学版）》，2013 年第 3 期，第 78 页。

③ Tarique Niazi, Afghanistan and Pakistan Face Threat of Talibanization Terrorism Monitor, Vol. 4, No. 10, 2006.

题，是不能改变的。克什米尔是国家利益，而且我们决不妥协。”[①]

在印度看来，没有克什米尔，印度就不会在中亚的政治舞台上占据重要的位置。更为重要的是，一旦印度控制了克什米尔地区，它也就切断了巴基斯坦与外部大国的陆上联系，从而排除了外部大国势力涉足南亚安全体系的核心而危及自身安全的可能性；巴基斯坦则认为，如果它允许印度夺取克什米尔，那就意味着巴基斯坦将永远受印度的摆布。[②] 克什米尔是印度通往中亚、中国的交通要道，没有克什米尔，印度就不能在中亚政治舞台发挥作用。克什米尔距巴基斯坦很近，离巴基斯坦首都伊斯兰堡只有咫尺之遥，另外在经济上也与巴基斯坦联系密切，巴基斯坦更希望控制克什米尔。所以，争夺克什米尔的归属权，就成了印巴之间斗争的焦点。[③]

（三）阿富汗因素

印巴在阿富汗有着根本的利益冲突，印度认为，如果塔利班重新进入阿富汗政治生活，则会对印度发动更多的袭击。巴基斯坦则希望塔利班在自己的影响下在未来阿富汗政局中发挥更大作用，而由于担心自己腹背受敌，因此对于美国拉拢印度涉入阿富汗局势的做法始终保持高度的警惕。

长期以来，巴基斯坦一直反对印度介入阿富汗事务，而巴基斯坦的态度根源于印度在南亚的独大地位，印度的战略影响力的扩大将挤压巴基斯坦的生存空间。巴基斯坦政府对于美国与北约支持印度扩大在阿富汗的影响力非常不满。[④] 印度人担心，在巴基斯坦支持的阿富汗任何和

---

① I. P. Khosla, South Asia and the US, Omprakash MIshra and Sucheta Ghosh eds, Terrorism and Low Intensity Conflict in South Asian Region, New Delhi: Manak Publications, 2003, p. 154.

② 宋德星：《印巴安全两难与中国的南亚政策》，《南亚研究》，2002 年第 1 期，第 14—15 页。

③ 朱明忠：《宗教冲突是影响南亚安全的重要因素》，《当代亚太》，2002 年第 2 期，第 4 页。

④ 陈继东、李景峰：《巴基斯坦在美国阿富汗新战略中的独特地位》，《东南亚南亚研究》，2010 年第 4 期。

解进程中，塔利班可能占据主导地位，这将对印度的利益和安全造成相当大的损害。①

2014年1月，在伊斯兰堡举行的参议院常务委员会关于国防问题的会议中，巴基斯坦国防部长亚欣中将表示，巴基斯坦不能容忍印度公开涉入阿富汗事务，他非常清楚地警告说，如果北约联军撤离阿富汗之后让印度来接替一部分事务的话，巴基斯坦将持强烈保留态度。②

阿富汗新政府成立后，印度恢复了在喀布尔的印度大使馆，恢复了坎大哈和贾拉拉巴德的领事馆，另外还在赫拉特和马扎里沙里夫新建了两个领事馆。印度相信，克什米尔武装分子势力的增强或跨界恐怖主义的猖獗与"杜兰线"两侧的伊斯兰武装势力的崛起密切关联。所以，印度希望在阿富汗建立足够的外交与情报网络，以便能够监督巴基斯坦在阿富汗的活动，必要时削弱其活动。③ 然而，巴基斯坦认为，印度正在利用这些外交机构从事破坏巴基斯坦国内稳定的情报活动。巴基斯坦怀疑俾路支省和联邦直辖部落地区的动乱跟印度在阿富汗的势力有关，而靠近巴基斯坦边界的印度领事馆尤其可疑。④

印巴两国之间在阿富汗的竞争使得美国主导的过渡进程和未来地区稳定更加复杂化。印巴两国之间的竞争几乎一直是零和博弈，阿富汗不能置身事外。⑤ 印巴这种竞争关系严重干扰和影响阿富汗重建与和解进程。

---

① Tariq M, Ahmad M, Perveen S, et al. India-Pak Rivalry in Afghanistan. FWU Journal of Social Sciences, Special Issue, Vol. 1, No. 2, Winter 2015, p. 18.

② Ahmad Ramin, Pakistan Warns U. S. on India's Role in Afghanistan, January 25, 2014, http://www.tolonews.com/en/afghanistan/13601-pakistan-to-not-accept-india-in-afghanistan.

③ Nicholas Howenstein, Sumit Ganguly, India-Pakistan rivalry in Afghanistan, Journal of International Affairs, Vol. 63, No. 1, fall/winter 2009.

④ 陈小萍：《印巴参与阿富汗重建：冲突或合作?》，《四川大学学报（哲学社会科学版）》，2012年第6期，第54页。

⑤ Anthony H. Cordesman, Varun Vira, Pakistan—Violence Versus Stability: A National Net Assessment, https://csis-prod.s3.amazonaws.com/s3fs-public/legacy_files/files/publication/110907_Cordesman_Pakistan_Web.pdf.

第二节 巴基斯坦与阿富汗之间的双边反恐合作

巴基斯坦与阿富汗的关系源远流长，但“9·11”事件以来双方关系起伏不定，反恐合作也是举步维艰。

一、巴基斯坦在阿富汗反恐领域举足轻重

尽管与亚洲的4个地区接壤，阿富汗仍然与巴基斯坦保持最为密切的关系，因为在历史、文化、道德观、宗教背景方面，阿巴两国都有着共同点。① 巴基斯坦和阿富汗位于南亚次大陆西北部，在历史记忆、文化传统、宗教信仰、生活习俗等方面存在很多相似之处。两国作为近邻，拥有2640千米的共同边界，骁勇善战的普什图民族在边境线两侧居住，分布在阿富汗南部、东部以及巴基斯坦联邦直辖部落区、开伯尔—普什图赫瓦省和俾路支斯坦省。② 由于处在中亚、南亚和东亚十字路口的关键性地理位置，阿富汗是巴基斯坦防备来自北方和西部安全威胁的屏障和缓冲，同时在后者与印度的竞争和对抗中，阿富汗也能为其提供防御纵深，以及与具有相同伊斯兰文化属性的中亚和西亚国家进行联系合作的战略通道。③

巴基斯坦与阿富汗塔利班有着千丝万缕的联系。巴基斯坦贝娜齐尔·布托政府及巴基斯坦三军情报局帮助阿富汗塔利班巩固坎大哈基地，向其提供各种军事援助。巴基斯坦帮助阿富汗塔利班招募新成员并对招

---

① ［巴基斯坦］艾哈迈德拉希德著，钟鹰翔译，《塔利班：宗教极端主义在阿富汗及其周边地区》，重庆出版社，2015年版，第49页。

② 王世达：《巴←→阿←→印：三角关系很纠结》，《世界知识》，2013年第12期，第40页。

③ 沈宏：《巴基斯坦的战略选择与战略困境》，《外交评论》，2011年第5期，第45页。

募人员进行军事方面的培训，巴基斯坦三军情报局还为它提供各种情报。[①] 1997 年 5 月 25 日，巴基斯坦纳瓦兹·谢里夫政府第一个承认了阿富汗塔利班政权，并与新生政权建立了正式的外交关系。塔利班倒台以后，随同“基地”组织残部转战至巴基斯坦，并从巴基斯坦对阿富汗政府及驻阿富汗联军频繁发动恐怖袭击，对阿富汗政府构成直接而严重的威胁。

“9·11”事件后，巴基斯坦仍然是极端分子的训练基地，他们对印度和阿富汗发动恐怖袭击。卡尔扎伊声称在阿富汗发动恐怖袭击的激进分子 70% 在巴基斯坦接受过训练或者属于巴基斯坦。[②] 与此同时，对巴基斯坦构成严重威胁的恐怖组织如巴塔等在阿富汗也有广阔的生存空间。

2014 年 6 月 15 日以来，巴军方发起“利剑行动”，围剿北瓦济里斯坦部落区恐怖分子。大量“基地”组织成员通过巴阿边境逃往阿富汗，在阿富汗库纳尔省和努尔斯坦省建立多个新营地，并借机向阿富汗北部地区扩散。在这个过程中，“基地”组织极力巩固与阿富汗塔利班、“哈卡尼网络”等各派暴恐势力的关系。[③]

巴基斯坦的阿富汗难民营是阿富汗恐怖势力最主要的补给来源，包括人员补给、物资和武器补给、药品及其他物资补给等，没有这些补给，阿富汗恐怖势力难以长期生存。要杜绝阿富汗恐怖势力从巴基斯坦一侧获得补给，须加强管理巴境内的阿富汗难民营。阿富汗是世界主要毒品生产地并形成独特的“毒品经济”。阿富汗毒品经多条路径流向周边各国并贩卖到世界各地，其中，巴基斯坦是阿富汗毒品外流的重要路径之一。阿富汗打击毒品走私需要加强对边境口岸及民间便道的管控，在阿

---

① 袁沙：《“9·11”事件前巴基斯坦的阿富汗塔利班政策及原因分析》，《南亚研究季刊》，2015 年第 4 期，第 8—9 页。

② Antia Inder Singh, the United States, South Asia and Global Anti-terrorist Coalition, New Delhi: India Research Presss, 2006, p. 48.

③ 李伟：《北约从阿富汗撤军以及美欧忙于应对“伊斯兰国”的间隙——“基地”组织蠢蠢欲动》，《解放军报》，2015 年 1 月 25 日，第 8 版。

巴边境的缉毒则需要巴基斯坦的配合与支持。[①]

无论是对恐怖主义势力、毒品走私的直接打击，还是阿富汗难民问题、民族和解等问题的解决，阿富汗政府都需要借重巴基斯坦，因此，巴基斯坦在阿富汗恐怖主义治理中具有非常特殊的作用。

二、阿巴双边反恐合作的推进

2007，巴基斯坦和阿富汗召开“和平大会”，两国元首承诺共同打击塔利班和“基地”组织等恐怖势力，双边反恐协调合作有所加强。但是，因为阿巴之间存在诸多矛盾与问题，两国反恐合作的机制化至今仍处于较低水平。

2010 年 3 月 10 日，巴基斯坦总统扎尔达里在首都伊斯兰堡与到访的阿富汗总统卡尔扎伊举行会谈，双方就联合打击恐怖主义、加强双边关系以及地区和平与安全等问题进行了广泛讨论。双方决定努力消除过去存在的误会，加强相互协调，共同打击武装分子。巴基斯坦和阿富汗都遭受武装分子和极端主义的危害，两国正积极增强互动，努力达成共识，在国际性论坛上坚持一致立场，说服国际社会为消除该地区的武装分子及其影响而制定一个新的“马歇尔计划”。[②]

卡尔扎伊执政时期奉行亲印疏巴政策，其对两国现行边界“杜兰线”表示不满，与巴多次发生龃龉。卡尔扎伊还认为，巴暗中支持阿富汗塔利班、为阿暴恐分子提供庇护所，导致阿境内安全局势不断恶化。故巴阿反恐合作停滞不前。阿富汗新总统加尼上台后，明显亲巴疏印，双方反恐合作迈上新台阶。因为加尼对巴有需求，希望加强与巴的反恐合作、管控巴阿边境，巴压阿富汗塔利班参加和谈，以稳定阿富汗局势，促进经济发展，赢取民心和夯实执政根基。阿的配合及合作增添了巴深

---

① 陈继东、丁建军：《巴基斯坦在未来阿富汗局势中的作用》，《兰州大学学报》，2015 年第 2 期，第 86 页。

② 宋志辉、马春燕：《阿富汗重建中的大国博弈与中国的选择》，《南亚研究季刊》，2013 年第 2 期，第 13 页。

化打恐的信心。①

2014 年 6 月，巴阿双方发表联合声明称："双方一致同意采取行动打击恐怖分子，不以族群分别对待，不论藏匿双方边境何处。"声明强调指出，恐怖主义是双方共同的敌人，两国将强化紧密合作，在符合宪法的框架内打击恐怖威胁。②

由于巴基斯坦西北重镇白沙瓦于 2014 年 12 月 16 日发生了 140 余人死亡的暴恐事件，使得巴、阿政府之间和解进程出现重大转机，加尼总统和巴基斯坦总理谢里夫都宣称"今后不再有好塔利班和坏塔利班之称"。巴基斯坦陆军参谋长拉希勒·谢里夫将军 17 日访问阿富汗，加尼总统与之会晤，双方发誓要联合反恐。③双方还就反恐事宜进行了协商。阿富汗陆军参谋长卡里米和阿富汗国际安全援助部队指挥官坎贝尔随后访巴，于 23 日与拉希勒举行了会晤，表示将全力清除阿富汗的恐怖分子，支持巴基斯坦打击恐怖主义。

巴基斯坦军队在联邦部落地区开展军事行动，但"杜兰线"另一侧的阿富汗并没有给予配合，甚至连最基本的边境封锁都没有，致使大量的塔利班成员越境逃到了阿富汗一侧。阿富汗一直抱怨阿富汗塔利班的根基是在巴基斯坦境内，指责巴基斯坦军方不愿意清除毛拉奥马尔的"奎达舒拉"和"哈卡尼网络"。巴基斯坦也认为，阿富汗政府在秘密支持巴基斯坦塔利班，最明显的证据就是阿富汗一直在庇护巴塔头目毛拉法兹鲁拉，允许越境的巴基斯坦武装人员躲藏在阿富汗境内。④

近年来，阿巴关系出现并大体保持改善和发展的势头，两国领导人接触频繁，双方就反恐合作方面达成一些共识，但仍出现一些波折。2015 年 5 月 12 日，巴基斯坦总理谢里夫对阿富汗进行了为期一天的正式访问，并分别与阿富汗总统加尼和首席执行官阿卜杜拉举行了会谈，

---

① 李伟：《巴基斯坦反恐战略的调整》，《现代国际关系》，2015 年第 7 期，第 23 页。

② 贺斌：《巴基斯坦和阿富汗联手打击恐怖分子》，《光明日报》，2014 年 6 月 29 日，第 8 版。

③ 周戎：《2015，阿富汗难言和平》，《文汇报》，2015 年 1 月 6 日，第 6 版。

④ 肖建明、宗蔚：《"利剑行动"与巴基斯坦塔利班的命运》，《印度洋经济体研究》，2015 年第 2 期，第 106 页。

加尼指出，阿巴两国共同面临恐怖主义的挑战，两国必须携手共同应对恐怖主义威胁，积极维护地区和平与稳定。5 月 18 日，巴基斯坦三军公关部发言人巴杰瓦发表声明称，巴三军情报局与阿富汗国家安全局签署了一份谅解备忘录，以加强两国反对恐怖主义的合作。但是，8 月 21 日，阿第一副总统杜斯塔姆表示，14 年来巴基斯坦在反恐方面对阿缺乏诚意，阿应断绝与巴外交关系。① 12 月 27 日，巴基斯坦陆军参谋长拉希勒访问阿富汗，意在为恢复阿富汗和解进程和实行巴阿边境管理机制同阿方展开磋商。这为巴阿反恐合作创造有利条件。

2017 年 6 月，阿巴双方同意建立危机管控机制，该机制将包括及时、有效的情报交流和信息共享以及其他相互认可的预防措施。这将使双方在反恐和出现其他突发事件时能及时有效沟通，通过协商对话妥善处理，避免局势升级影响两国关系发展。② 阿富汗总统府发言人 7 月 4 日说，阿富汗和巴基斯坦将对两国边境地区的武装分子“安全避风港”发动联合军事行动。

三、巴基斯坦积极推进阿富汗和平进程

2012 年 2 月下旬，时任巴基斯坦总理的吉拉尼呼吁塔利班参与和平进程，为掀开阿富汗历史新篇章做出贡献。巴政府不仅通过自身的渠道劝诫塔利班接受谈判，还开展与阿富汗官方的合作，支持其国内和解的努力。因为巴基斯坦政府认识到，通过武力不可能解决阿富汗的任何问题。因此，积极寻求各方在基本保证自身利益的前提下，争取达成某种妥协，以最大限度地维护自身的利益。③

由于担心美国与塔利班达成协议，2012 年 12 月，阿巴两国甚至绕

---

① 《阿富汗政治经济动态》，中华人民共和国驻阿富汗伊斯兰共和国大使馆经济商务参赞处，http：//af. mofcom. gov. cn/article/afdt/201509/20150901106267. shtml。

② 《中国阿富汗巴基斯坦发表联合新闻公报》，《联合早报》，2017 年 6 月 26 日 http：//www. zaobao. com/realtime/china/story20170626 - 774186。

③ 马加力：《阿富汗安全局势的走向及其对中亚的影响》，《和平与发展》，2013 年第 2 期，第 91 页。

过美国发起了与塔利班的新一轮和谈进程。巴方也应阿政府要求相继释放了一些在押的塔利班人员，为阿富汗的和解进程迈出实质性的步伐。①

2013 年，巴谢里夫政府上台后，两国有意改善关系。谢里夫访阿时表示，将向阿和解进程提供实质帮助，承诺将援阿额度增至 5 亿美元。阿大选后，巴政府先派出总统侯赛因参加加尼总统就职典礼，接着巴总理国家安全和外事顾问阿齐兹和巴陆军参谋长拉希勒·谢里夫又相继访阿。

巴基斯坦在对阿富汗政治和解进程的推动中扮演了重要角色。它不断为阿政府与塔利班的和谈创造条件，其目的主要是借此推动阿普什图族政治力量在国家政权中发挥主导作用，缓和与阿富汗及美国的关系，改善自身的安全环境，借和谈增加讨价还价的筹码，以及在区域地缘政治舞台上发挥更大影响力。为推动阿国内和解，巴基斯坦于 2011 年 4 月成立了“阿富汗和解与和平联合委员会”，并于 2013 年 9 月释放了塔利班领导人巴拉达尔。②

2014 年 11 月 14 日，加尼总统对巴基斯坦进行了为期两天的访问。巴基斯坦舆论认为，加尼的到访意味着在后北约时代，阿富汗新政府希望与邻国化解分歧、发展更紧密的伙伴关系，同时也希望巴基斯坦帮助推进阿富汗的民族和解进程。③ 双方签署了一系列经贸、能源合作协议，望在 2017 年实现双边贸易额翻一番，达到 50 亿美元。④

2016 年 10 月 11 日，塔利班方面向巴基斯坦媒体证实，前塔利班情报部长毛拉纳瑙伊等人 3 天前在巴基斯坦俾路支省被逮捕，毛拉纳瑙伊不久前刚被任命为塔利班首席法官。此外，至少还有 8 名塔利班重要人物在俾路支省多个地区被逮捕。巴政府对塔利班的此次逮捕行动与塔利班拒绝参加与阿富汗政府的和谈有关。

---

① 李敏：《阿富汗局势现状与前景评析》，《现代国际关系》，2015 年第 2 期，第 57 页。

② 富育红：《阿富汗塔利班与巴基斯坦塔利班比较分析》，《国际政治科学》，2016 年第 1 期，第 113 页。

③ 《阿富汗新总统访问巴基斯坦，推动两国关系破冰前行》，2014 年 11 月 15 日，http：//world. people. com. cn/n/2014/1115/c157278 - 26029489. html。

④ 李青燕：《阿富汗局势新发展及影响》，《南亚研究季刊》，2014 年 4 期，第 33 页。

在2016年12月举行的“亚洲之心”阿富汗伊斯坦布尔进程第6次部长级会议上，阿富汗总统阿什拉夫·加尼拒绝巴基斯坦提供5亿美元用于阿富汗重建的提议，并建议他们用这笔钱来应对来自巴基斯坦的恐怖主义活动。①

2017年10月1日，阿总统府发表声明称，加尼总统会见到访的巴基斯坦陆军参谋长巴杰瓦，双方就改善两国关系、地区安全、反恐、贸易和运输等交换意见。巴方支持“阿人主导、阿人所有”的和平和解进程，已准备好同阿合作反恐。巴三军公共关系处发表声明中称，巴杰瓦表示巴方愿帮助阿安全部队加强能力建设、提供培训。

四、影响阿巴双边反恐合作的主要因素

阿富汗和巴基斯坦两国关系是南亚地区内最复杂的一对关系之一。巴基斯坦独立70年以来，阿巴关系错综复杂，跌宕起伏，“剪不断，理还乱”。② 目前，阿巴关系的症结主要集中在“杜兰线”问题、跨境民族问题、阿富汗难民问题和阿富汗塔利班问题上。

（一）“杜兰线”问题

作为英国殖民主义的产物，阿巴边界的“杜兰线”问题一直是两国关系改善的一道屏障，影响了两国在恐怖主义问题上进一步合作。二战结束之后，英国人不顾阿富汗政府不接受“杜兰线”的事实，依然让巴基斯坦基于这一地图边界线建国，这使得阿巴国际边界理论与现实的错位达到顶峰。这一错位产生的巨大间隙，不可避免地导致阿巴边界地带产生巨大安全漏洞。③ 目前，阿巴边界两侧都没有处于阿富汗和巴基斯

---

① Bhaskar Roy, Pakistan in deep Deception-India has a Difficult Deal, December 20, 2016, http://www.southasiaanalysis.org/node/2101.

② 胡仕胜：《巴基斯坦与阿富汗关系轨迹》，《国际资料信息》，2002年第3期，第12页。

③ 姚远梅：《中巴经济走廊的隐忧：如何避免陷入那个“黑洞”?》，澎湃新闻，http://www.thepaper.cn/newsDetail_forward_14054201。

坦的有效控制之内，“杜兰线”两侧的普什图部落区已经成为各种“反政府”势力的庇护所。此外，巴基斯坦和阿富汗两国军队在边境地区冲突不断。2016 年 6 月和 2017 年 5 月，阿巴双方再次在边界地区发生大规模武装冲突，并造成了一定人员伤亡。当今世界，历史遗留下来的边界问题变得越发难以解决，再加上阿巴边界问题又和恐怖主义问题紧密的结合在一起，因此，由历史边界问题引发的信任危机将使得阿富汗和巴基斯坦两国在打击恐怖主义问题上难以达成一致。

（二）跨境民族问题

与前文所提到的“杜兰线”问题紧密联系在一起的是“杜兰线”两侧的普什图族问题，该问题一经产生便成为影响阿富汗与巴基斯坦关系的核心问题之一。历史上，“杜兰线”两侧的普什图人被硬生生分开，但是两侧普什图族业已形成的民族文化传统却无法被分开。今天，普什图族问题关系到阿巴两国民族认同的构建，也是双方民族主义关注的核心问题。由于普什图族是阿富汗的主体民族，因此阿富汗必须支持阿巴边界的普什图民族运动，为其争取民族权利，否则政治合法性将不复存在。对于巴基斯坦而言，由于其西北部省份存在大量普什图族人，如果任由普什图人行使民族权利，那么将会面临国家分裂的危险。因此，普什图族问题与两国的政治发展、族际关系乃至国家前途命运紧密关联。这不仅增加了改善阿巴两国关系难度，而且也限制了两国在反恐怖主义问题上的进一步合作。

（三）难民问题

自 20 世纪 70 年代至今，巴基斯坦就一直是阿富汗难民的最大收留国。巴基斯坦一直被联合国公认为世界上接受难民最多的国家之一，今天依然大约有 260 万阿富汗人生活在巴基斯坦。① 这些难民的存在和流

---

① The Refugee Dilemma：Afghans in Pakistan between expulsion and failing aid schemes，March 9，2015，https：//www. afghanistan-analysts. org/the-refugee-dilemma-afghans-in-pakistan-between-expulsion-and-failing-aid-schemes/.

动使得恐怖主义问题如幽灵般存在，难以根除。一方面，恐怖分子常常利用难民的身份进行伪装，在阿巴两国的边境地区以及西北边境省份间来回穿插，进一步增加了反恐的难度；而且难民营时常成为恐怖分子的藏身之所，恐怖分子发动恐怖袭击之后混入难民营之中逍遥法外。2014年白沙瓦军校惨案发生后，巴基斯坦政府立即宣布了一项新的反恐怖主义行动计划，其中第19点计划就是“遣返阿富汗难民”。据联合国难民署和国际移民组织2016年10月发布的报告，每天约有7400名阿富汗难民从巴基斯坦回国。① 大量的难民回国使得阿富汗政府面临着巨大的财政问题，这使得阿富汗政府对巴基斯坦也颇有微词。此外，部分阿富汗难民在巴基斯坦的居住年限已经超过30年，他们的第二代或者第三代从出生以来就一直居住在巴基斯坦境内，这使得难民问题的解决更加复杂化。因此，巴基斯坦的强制遣返势必会使两国关系进一步恶化，从而影响了双方反恐合作的开展。

第三节　印度与阿富汗之间的双边反恐合作

印度在阿富汗的利益和目标有4个方面：首先是安全利益；其次是地区一体化；其三是把阿富汗作为通往中亚的主要通道；最后是实现地区能源一体化。② 而消除恐怖主义、实现阿稳定与和平成为印度对阿富汗政策的关键战略目标。③ 印阿两国之间直接的双边反恐合作较为有限，二者的合作更多体现在印度帮助阿富汗提升安全能力建设，以及支持和推动阿富汗的和解与重建。

---

① 《阿富汗每天迎来约7400名归国难民》，新华网，http：//news. xinhuanet. com/world/2016－10/16/c_129323910. htm，2016年10月16日。

② Siddharth Varadarajan，Six Lessons from a Flawed “AfPak” Strategy，New Delhi：KW Publishers Pvt Ltd.，2011，pp. 170－171.

③ Shanthie Mariet D'Souza，India's Evolving Policy Contours towards Post－2014 Afghanistan，Journal of South Asian Development，Vol. 8，No. 2，2013，p. 186.

一、恐怖主义对印阿两国构成共同威胁

印度与阿富汗关系同样具有历史渊源。在 20 世纪 70 年代后期，苏联军队入侵阿富汗并扶植傀儡政权，印度坚定站在苏联一边，形成了“苏、印、阿轴心”。冷战结束后，印度调整了政策，特别是在阿富汗战争结束后，印度积极支持卡尔扎伊政府，两国高层多次互访，阿富汗的重建得到了印度提供的多项援助。①

两国政府在 2005 年的联合声明中宣称，印阿关系“建立在对民主、和平与安全的共同承诺之上”。此外，在消除恐怖主义对国家安全的威胁方面，两国有着共同的目标和任务。从 2003 年到 2014 年 6 月，阿富汗境内的印度人共遭到 22 起恐怖袭击，约 80 名印度人死亡，数百人受伤。②

二、印阿双边反恐合作的深化

从 1947 年到 1989 年，阿富汗的所有政权都更倾向于印度。塔利班在 1996 年崛起，对印度利益的明显威胁再次边缘化了印度在阿富汗的影响力。考虑他们的伊斯兰意识形态和与巴基斯坦的关系，印度不承认塔利班政权。1996 年，随着塔利班的崛起，印度关闭了驻阿富汗大使馆。③

2001 年塔利班倒台后，印度迅速拓展与阿富汗的政治、经济和安全

---

① 赵伯乐：《阿富汗：影响南亚地缘政治格局的新因素》，《思想理论教育导刊》，2006 年第 1 期，第 71—72 页。

② Terrorist Attacks and Threats on Indians in Afghanistan since 2003, http://www.satp.org/satporgtp/countries/india/database/af-ganistanindianattack.htm.

③ Naseer Ahmad Khan and Manzoor Khan Afridi, South Asian Security and Stability and Regional Rivalries: Post 9/11 Indo-Pak Proxy War in Afghanistan, FWU Journal of Social Sciences, Special Issue, Vol. 1, No. 2, Winter 2015, p. 88.

合作。[①] 双边关系持续稳定发展。

印度总理辛格从2005年8月28日开始对阿富汗进行了为期两天的正式访问，这是继1976年英·甘地访阿之后印度总理对阿进行的首次访问，这次访问翻开了印阿两国关系新的一页。加强地区反恐合作是辛格此次访阿的一个重要话题。在与卡尔扎伊会谈的时候，辛格特别指出，印度和阿富汗都面临恐怖主义的威胁，双方需要加强合作，防止阿富汗再次成为恐怖主义和极端分子的天堂。对于印度而言，恢复同阿富汗的友好关系，有利于对克什米尔分离主义势力进行打击。[②] 印方一直认为，在克什米尔地区的分离主义活动在很大程度上是由塔利班、“基地”组织等挑起的，并怀疑分离分子曾在阿富汗的塔利班营地接受过训练。

2006年4月，阿总统卡尔扎伊访印，双方就印继续帮助阿重建、加强反恐、经贸和区域合作等达成共识。

2011年5月，辛格访阿期间宣布，印度将支持塔利班和阿富汗政府之间的和解进程，这是印度对阿富汗政策的实质性转变，被视为印度默许了巴基斯坦在阿富汗的影响。[③]

阿印两国在2011年10月签署《战略伙伴协议》，这是阿富汗政府与外国政府签署的首个战略协议，印度愿意培训和装备阿富汗军队和警察力量。阿富汗每年大约有1000—1500名士兵在印度接受培训，200名军官在印度国防学院学习。

2012年5月，印度总理辛格率领高级代表团访问阿富汗。双方决定建立战略伙伴关系，在政治、经济和安全等领域展开全方位合作。辛格公开宣称“完全支持阿富汗人民通过政治和解实现国家和平稳定”，号

---

① C. Raja Mohan, Caroline Wadhams, Wilson John, Aryaman Bhatnagar, Daniel Rubin, and Peter Juul, Toward Convergence: An Agenda for U. S. - India Cooperation in Afghanistan, May 2013, https://www.americanprogress.org/issues/security/reports/2013/06/04/65212/toward-convergence-an-agenda-for-u-s-india-cooperation-in-afghanistan/.

② 陈刚：《印巴争相援助阿富汗，目的何在》，《新华每日电讯》，2005年8月31日第3版。

③ Anthony H. Cordesman, Varun Vira, Pakistan—Violence Versus Stability: A National Net Assessment, September 26, 2011, https://csis-prod.s3.amazonaws.com/s3fs-public/legacy_files/files/publication/110907_Cordesman_Pakistan_Web.pdf.

召“地区国家（暗指巴基斯坦）放弃利用恐怖主义实现政治目的”。印方还对阿富汗要求强化双边安全合作做出正面回应，其外交部发言人表示：“印度已经做好回应阿富汗请求的准备。印阿合作过去主要集中在发展领域，而两国的军事合作同样重要。”①

2017 年 9 月 11 日，阿外长拉巴尼在新德里同印度外长斯瓦拉杰共同主持阿印战略伙伴委员会会议，并发表《联合声明》称，阿印友谊经受住了时间的考验，双方将进一步加强政治安全、商贸与投资、发展合作、人文交流等 4 个领域的合作。其中，在政治安全领域，印将继续支持“阿人主导、阿人所有”的和解进程，支持阿国家安全部队建设，呼吁各国切实采取措施，减少暴力恐怖主义活动，反对任何资助恐怖主义的行为。同月 28—29 日，阿首席执行官阿卜杜拉访问印度，分别会见了印总统柯文德、总理莫迪、外长斯瓦拉杰，并出席印度—阿富汗贸易和投资洽谈会开幕式。柯称阿卜杜拉为“亲密朋友”，表示阿是印战略伙伴，尊重阿国家安全部队为打击恐怖主义所做的牺牲，强烈谴责恐怖分子对阿越境袭击。莫迪重申印阿全面战略伙伴关系重要意义，承诺全力支持阿实现和平、团结、繁荣、包容和民主。阿卜杜拉并与莫迪见证签署了阿印《警察培训与发展技术合作谅解备忘录》。10 月 16 日，印度国家安全顾问多瓦尔访问喀布尔，会见加尼总统、阿卜杜拉首席执行官、阿总统国家安全顾问阿特马尔、内政部长、国防部长、阿军总参谋长等，就应对来自巴基斯坦境内恐怖主义威胁、深化阿印防务和安全合作、促进阿和解进程等交换意见。

三、印度积极参与阿富汗和平重建

2001 年塔利班政权倒台后，印度政府随即向阿提供了价值 7.5 亿美元援助以帮助其重建。2002—2012 年，印度共向阿提供了价值高达 15

① 王世达：《巴←→阿←→印：三角关系很纠结》，《世界知识》，2013 年第 12 期，第 41 页。

亿美元的援助，成为阿第五大援助国。2013 年 12 月，印度承诺向阿提供价值 20 亿美元的建设资金援助，为印度在阿援助项目服务的印度人多达 4000 名，阿成为印最大的援助接受国。① 印度对阿富汗的投资是为了促进她与阿富汗的关系，这可能会使其在 2014 年美国撤军后成为重要的利益攸关者。②

印度在教育、医疗保健、基础设施建设——大坝、道路、输电线路——以及促进民主制度方面帮助阿富汗。

印度支持与参与阿富汗的重建，是巩固和提升印阿双边关系的重要举措，也是对双边反恐合作的直接补充和助推。

---

① Ministry of Finance Afghanistan, Development Cooperation Report, 2010, p. 97; Ministry of Finance Afghanistan, Development Cooperation Report, 2012，转引自韩召颖、田光强：《塔利班倒台后印度对阿富汗援助评析》，《现代国际关系》，2014 年第 10 期，第 16 页。

② Perveen S, Khalil J, Ahmad M, et al. Post 2014 Spillover Effects of Afghanistan's Crisis on Pakistan's Foreign Policy. FWU Journal of Social Sciences, Special Issue, Vol. 1, No. 1, Summer 2015, p. 15.

/第六章/

南亚反恐合作中的美国因素

"9·11"事件后，美国在南亚有三个主要目标：从短期来看，美国努力避免印巴之间的全面战争，同时维持两国在反恐行动中与美国的合作，使美国与这两个南亚大国的双边关系保持不断改善的势头。从中期来看，美国的利益在于避免印巴冲突升级为核对抗，确保南亚的核武器和相关材料不被恐怖分子或其他组织得到，从而破坏不扩散的努力。从长期来看，美国寻求克什米尔问题的最终解决，同时要避免在这里建立极端伊斯兰武装分子的避难所。[①] 简而言之，"9·11"事件后，美国在南亚地区的目标，即打击和预防恐怖主义。

印度、巴基斯坦和阿富汗迥然不同，美国在南亚政策总体上是双边性质。[②] 美国与南亚国家的反恐合作主要包括：美国与巴基斯坦的反恐合作、美国与印度的反恐合作及美国与阿富汗的反恐合作。

第一节　美国与阿富汗的反恐合作

美国强势介入和推动南亚地区的反恐合作始于"9·11"事件之后，

---

① 张贵洪：《超越均势：冷战后美国南亚安全战略》，浙江大学出版社，2007 年版，第 131 页。

② Robert D. Lamb, Sadika Hameed, Kathryn Mixon, South Asia Regional Dynamics and Strategic Concerns: A Framework for U. S. Policy and Strategy in South Asia, 2014 – 2026, https: //csis-prod. s3. amazonaws. com/s3fs-public/legacy _ files/files/publication/140116 _ Lamb _ SouthAsiaRegionalDynamics_WEB. pdf.

重点则是打击“基地”组织及其庇护者——阿富汗塔利班。

美国与阿富汗的反恐合作既包括两国之间的双边反恐合作，也应包括涉及北约的多边反恐合作，因为在南亚地区尤其是在阿富汗北约框架下的多边反恐合作完全由美国主导启动和推进；美国与阿富汗的反恐合作既包括直接的反恐合作，更偏重间接的反恐合作。鉴于阿富汗国家治理能力的虚弱、阿富汗毒品形势及其与恐怖主义的关联，美国主导阿富汗重建与和解及推动阿富汗禁毒是两国反恐合作不可或缺的内容。

一、美阿反恐合作进程

2001 年 10 月 7 日，以美国为首的联军开始对“基地”组织和阿富汗塔利班实施军事打击，标志着以反恐为名义的国际战争的开始。美国在阿富汗采取反恐军事行动赢得了广泛的支持，与阿富汗作战的国家主要有美国以及英国、德国、波兰、捷克、斯洛伐克等北约国家，哈萨克斯坦、日本、韩国、菲律宾等国为美军提供了后勤支援并在战后派遣军队驻扎阿富汗。这场战争重创了“基地”组织，推翻了塔利班政权，应该说达到了预期的战争目标。期间，北方联盟在美国主导的军事行动中协同作战。

2001 年 12 月 9 日塔利班政权垮台后，参加“持久自由行动”的各国部队仍驻留阿富汗，执行“反恐”任务，继续清剿塔利班的剩余武装人员。在美国等国际社会的支持下，2001 年 12 月阿富汗临时政府成立，2002 年 6 月阿富汗过渡政府成立，2004 年阿颁布新宪法，哈米德·卡尔扎伊当选阿首任民选政府总统。

2003 年 8 月 11 日，在联合国授权下，北约部队进入阿富汗首都喀布尔，接掌了国际安全援助部队的指挥权，开始在阿富汗执行维和与反恐任务。

2005 年阿美建立战略伙伴关系并签署联合宣言，内容包括美在民主治理、经济发展、维护安全等方面向阿提供帮助，继续使用经双方同意的军事设施，在与阿协商一致的基础上享有在阿开展适当军事行动的自由等。

2006 年 9 月 6 日，北约宣布，其目标主要是在阿富汗以及更广泛的地区创造更大的“安全与稳定”。阿富汗政府将北约的支持视为其最终踏上“对自己的安全完全负责”之路的步骤之一。北约的合作角色不仅集中体现在军事能力上，还包括确保政府机构健全和法治的进步措施。阿富汗将面临针对“恐怖主义、极端主义和毒品走私”的三重战斗。北约与阿富汗军事能力的协同性也是他们之间合作进程的一部分。[①] 2006 年，驻阿联军与阿政府军一方面相继联合发动代号为“山狮”“山地挺进”“美杜莎”“山地狂怒”等大规模军事行动，全力清剿塔利班武装人员，另一方面大力培训阿富汗政府军和警察。[②]

2009 年 3 月，奥巴马对布什政府时期的反恐战略做了较大程度的调整，重新把战略重点拉回到阿富汗，并提出“阿富汗—巴基斯坦反恐新战略”。该战略首先明确了现阶段的任务，这就是清除“基地”组织的藏身之地，遏制塔利班的增长势头；二是明确了在阿行动的重点，军事上，打击和削弱“基地”组织和塔利班武装、加快培训阿富汗安全部队。三是明确了撤军时间表，并计划于 2014 年将阿富汗的防务任务移交给阿当局。7 月 2 日，4000 名美国海军陆战队队员会同 650 名阿富汗国民军，在赫尔曼德展开代号为“利剑攻势”的大规模军事行动。[③]

2012 年 5 月，美国与阿富汗政府签署“战略伙伴协定”，美国明确承诺不会抛弃阿富汗，给予其“非北约主要盟友”地位，并提供长期的安全及防务协助，帮助维护阿富汗主权独立、领土完整和国家统一。

2014 年 8 月 4 日北约秘书长拉斯穆森宣布了北约 2014 年年底从阿富汗撤军后的短期、中期和长期非战斗任务计划。拉斯穆森表示，北约 2014 年底从阿富汗撤军后，将重点致力于三方面的任务：一是短期内，

---

① ［美］詹姆斯·W. 彼得森著，罗天虹、波尔特、晓云译：《北约与恐怖主义》，世界知识出版社，2015 年版，第 82 页。

② 中国现代国际关系研究院反恐怖研究中心编：《国际恐怖主义与反恐怖斗争年鉴（2006）》，时事出版社，2007 年版，第 76 页。

③ 中国现代国际关系研究院反恐怖研究中心编：《国际恐怖主义与反恐怖斗争年鉴（2009）》，时事出版社，2010 年版，第 89 页。

在北约主导的“支援阿富汗任务”框架内，由北约盟国及其他参与方一道承担向阿安全部队提供培训、咨询和协助等非战斗任务；二是中期内，北约将向阿富汗安全部队提供资金援助，北约重申将在2017年前向阿政府提供用于维持军事力量的援助资金；三是长期看，北约将在2010年峰会上签署的协议框架内构建北约—阿富汗持久伙伴关系。

2014年9月底，阿富汗新总统阿什拉夫·加尼与美国正式签署了《双边安全协议》，从而为美军在2014年后继续驻留阿富汗以及美阿双方的进一步合作提供了法律依据。美军2014年后主要将在阿富汗对阿军警进行“训练、咨询、协助”。

2015年10月3日，位于阿富汗北部城市昆都士的“无国界医生”援助机构创伤中心遭到美军空袭，共有至少22人死亡，其中包括12名无国界医生工作人员和10名病人。[①] 国际舆论一片哗然，联合国等国际组织对此强烈谴责，更是引起阿政府及民众的强烈不满和抗议。

2017年以来，美阿之间涉及反恐交流与合作的互动愈加频繁。2月9日，阿总统府称，加尼总统与美国总统特朗普通电话，双方就阿美关系、反恐、阿和地区安全、经济发展等交换意见。4月16日，美总统国家安全事务助理麦克马斯特访阿，分别会见阿总统加尼、首席执行官阿卜杜拉和总统国家安全事务顾问阿特马尔等，就美阿双边关系、反恐合作、阿改革和发展等议题交换意见。麦克马斯特表示，美支持制定旨在提升美阿安全合作的4年计划。5月8日，驻阿富汗美军与阿富汗当局证实，极端组织“伊斯兰国”在阿分支头目阿卜杜勒·哈西卜（Sheikh Abdul Hasib）在美阿4月末的联合军事行动中被击毙。7月11日，驻阿美军与阿安全部队在楠格哈尔和库纳尔省开展针对“伊斯兰国”的联合反恐行动，打死11名正在开会的“伊斯兰国”武装人员，其中包括4名“伊斯兰国”指挥官。10月23日，美国国务卿蒂勒森突访阿富汗，在巴格拉姆空军基地集体会见加尼总统、阿卜杜拉首席执行官等阿政要，随

---

① 《无国界医生组织要求调查阿富汗医院遭遇空袭》，新华网，http://news.xinhuanet.com/mil/2015-10/05/c_128290637.htm。

后会见驻阿美军司令尼克尔森等美驻阿官员，蒂勒森并举行简短新闻发布会。此访期间，蒂勒森重申对阿支持，赞赏阿政府在推进改革、反腐等领域所做努力，表示美将与阿政府和地区国家一道，继续帮助阿实现和平、打击恐怖主义庇护所，美将继续保持对塔利班军事打击力度，促其放弃武力夺权幻想。

二、美国全面主导阿富汗和平进程和重建

（一）美国全面主导阿富汗的重建

阿富汗的重建包括政治重建、经济重建和安全重建，其中美国的影响极为广泛。

在安全与反恐领域，阿富汗严重依赖美国。2002—2010 年，美国以阿富汗军队安全项目（ASFF）、防核、反恐、排雷项目（NADR）、国际军事教育培训项目（IMET）、对外军事援助（FMF）等向阿富汗提供约 290 亿美元的安全资金援助。伴随着美军撤离，阿富汗对美国的安全依赖势必有所减弱，但合作反恐在美阿双边安全合作中继续占据重要地位。

从长远来看，发展阿富汗国家安全部队是最重要的战略目标。如果该目标不能实现，那么其他所有的一切都是徒劳。为了使国际安全援助部队能够撤离，必须充分加强阿富汗国家安全部队的实力。从短期来看，国际安全援助部队必须提供充分的安全保障，使阿富汗国家安全部队有时间进行发展。因此，培训阿富汗安全力量成为美国和北约在阿富汗反恐的最为重要的内容之一。

为了更好地应对叛乱分子和恐怖分子对阿富汗的稳定构成的威胁，自 2002 年以来，美国为阿富汗国防和安全部队通过提供大量设备，主要包括：60 万支武器，如步枪；16.3 万台战术和非战术收音机；7.6 万辆汽车，如悍马等；3 万台处理炸药等物品的设备，如拆弹机器人；1.6 万个情报、监视和侦察设备项目，如无人驾驶侦察机；208 架飞机，如直

升机。①

北约帮助阿富汗政府建立并训练了一支20多万人、包括国民军和警察在内的国家安全部队。在执行民事任务、打击毒品种植与交易方面，北约部队也取得了一定的成效。

与此同时，美国进一步加大了对阿富汗的经济援助，特别是社会经济方面的援助。美国向阿富汗提供的援助广泛分布于阿富汗经济、社会、政治、安全环境等等方面。据统计自2001—2016年，美国向阿富汗提供了983亿美元的援助（见表6—1）。

表6—1 2001—2016年美国对阿富汗援助情况统计表

年份	援助总额（美元：十亿）	军事援助比（%）	经济援助比（%）
2001	0.1	0	100
2002	0.5	10	90
2003	1	35	65
2004	1.9	28	72
2005	1.7	41	59
2006	3.0	63	37
2007	5.0	78	22
2008	8.9	70	30
2009	9.0	67	33
2010	11	63	37
2011	13	77	23
2012	13	73	27
2013	9.7	73	27
2014	7.3	67	33
2015	8.1	76	24
2016	5.1	77	23

数据来源：U. S. Foreign Aid by Country，https：//explorer. usaid. gov/cd/AFG? fiscal_year = 2017&measure = Obligations。

① U. S. – Funded Equipment for the Afghan National Defense and Security Forces，August 10，2017，http：//www. gao. gov/assets/690/686477. pdf.

（二）美国积极推动阿政府与塔利班的和谈进程

塔利班在阿富汗特别是普什图部落地区有着深厚的社会基础，正是这种深厚的社会基础才使得阿富汗塔利班得以顽强存在并且不断壮大。2013 年亚洲基金会发现，1/3 的阿富汗人，主要是普什图人和农村的阿富汗人同情武装反对派团体，特别是塔利班。① 此外，阿富汗中央政府也认识到，任何试图绕过塔利班而推进阿富汗和平进程的努力都是不可能的。10 多年来，尽管国际社会和阿富汗投入大量的人力与资源，但阿富汗的局势并没有得到很好的扭转，塔利班依然作为阿富汗国内实力最强的非政府武装力量而存在，并且控制着一定区域。没有塔利班的参与，阿富汗和平进程将无法实现。于是，美国在按计划推进撤军进程的同时，积极推动阿政府与塔利班的和谈进程。

从 2014—2026 年，美国将成为左右阿富汗未来的最重要国家。美国提供援助、培训和政治支持对阿富汗维持稳定至关重要。②

三、美国在阿富汗禁毒行动中扮演重要角色

在塔利班倒台后至 2004 年之前的阿富汗，美国纵容在传统上由联合阵线控制的地区和一些地方指挥官所控制的地区的鸦片生产，这些地区的指挥官的支持被认为是打击塔利班和“基地”组织的战略需要。③ 从 2002 年到 2004 年，阿富汗的鸦片种植面积不断扩大，安

① Zachary Laub, The Taliban in Afghanistan, Council on Foreign Relations, July 4, 2014, https: //www. cfr. org/backgrounder/taliban-afghanistan.

② Sadika Hameed, Hannah Brown, Elias Harpst, Regional Dynamics and Strategic Concerns in South Asia: Afghanistan's Role, January 2014, https: //csis-prod. s3. amazonaws. com/s3fs-public/legacy_files/files/publication/140124_Hameed_Afghanistan_Web. pdf.

③ Pierre-arnaud Chouvy, Drugs and the Financing of Terrorism, Terrorism Monitor, Vol. 2, No. 20, October 21, 2004, http: //www. jamestown. org/programs/tm/single/? tx _ ttnews% 5Btt _ news% 5D = 27033&tx_ttnews% 5BbackPid% 5D = 179&no_cache = 1#. V99U5zVJJpY.

全局势也不断恶化，美国意识到了这两者之间存在着较大的关联性。尤其是意识到非法走私的毒资是塔利班等反政府武装获益的重要来源后，政府决策者认为打击贩毒是打击反政府武装的重要环节，开始主导阿富汗的禁毒工作。

美国政府为阿富汗制定的禁毒战略，主要内容包括：将打击毒品贸易列为优先事项；开发合法的替代生计；加强执法和根除毒品作物工作；减少对毒品的需求；提升政府反毒品机构的能力。该战略旨在帮助阿富汗恢复农业经济，建立阿富汗政府反毒品机构和司法能力，并打破毒品、叛乱分子和有组织犯罪集团之间的联系。①

美国禁毒署在阿富汗的禁毒行动中扮演了积极的角色，在驻喀布尔大使馆还专门设立了主管禁毒工作的办公室，肩负有搜集阿富汗毒品生产与走私的情报和协调禁毒行动等使命。2004 年美国禁毒署与国务院、国防部合作，在阿富汗联合开展禁毒行动。禁毒署还制定并实施了名为“五根支柱”的禁毒战略。

2005 年 3 月，美国禁毒署还向阿富汗派出了外国咨询及支援服务队，与海豹突击队联合展开禁毒斗争。

时至今日，阿富汗毒品形势依旧严峻，虽然原因有诸多方面，但美阿禁毒合作的成效也备受质疑。

第二节 美国与巴基斯坦的反恐合作

“9·11”事件后，美国与巴基斯坦为实现各自的战略利益，建立了颇有成效的双边反恐机制，这一机制既对美国主导的反恐战争发挥了关键性作用，也为巴基斯坦摆脱内外交困局面创造了有利条件。

---

① Afghanistan Narcotics Control, https://www.state.gov/j/inl/rls/nrcrpt/2016/vol1/253235.htm.

一、“9·11”事件前的美巴反恐合作

自20世纪50年代起，巴基斯坦与美国建立起较为密切的战略关系，但在80年代末90年代初双方关系有所降温。

冷战结束不久，恐怖主义就已成为双边关系中无法忽略的问题。1993年1月，贝克致信谢里夫，警告巴基斯坦可能被指认为支持恐怖主义的国家，主要原因是克什米尔和印度旁遮普的恐怖活动。[①] 克林顿上台后将巴基斯坦和苏丹列为恐怖主义国家的嫌疑国家。6个月后，他宣布苏丹为国际恐怖主义的资助国，但将巴基斯坦从名单上移除，因为它充分回应了美国的关切，并加强了与美国在反恐方面的合作。[②] 1995年，伊斯兰堡逮捕涉嫌策划纽约世贸中心爆炸案的嫌犯时，美国和巴基斯坦密切合作，嫌犯很快被引渡到美国。

1998年5月印度进行核试验后，巴基斯坦不顾美国的强烈反对、劝阻，也进行了核试验，导致美巴关系再度降温；1999年穆沙拉夫将军通过军事政变推翻谢里夫政府，美国国会决定对巴基斯坦实施制裁。“9·11”事件前，美巴政治关系冷淡、经贸关系几乎停滞、美国在克什米尔问题上明显偏向印度，双方关系跌入低谷。在2000年6月国家反恐委员会的报告中，希腊和巴基斯坦被认为是没有完全配合美国的反恐努力（行动）。[③] 7月，美国反恐协调员称，尽管巴基斯坦在逮捕和引渡恐怖分子方面与美国和其他国家合作，但允许恐怖分子在其境内生活和自由活动。2001年初，联邦调查局开始在美国为巴基斯坦警察提供反恐

---

① Michael Spangler, Pakistan's Changing Counterterrorism Strategy: A Window of Opportunity? Parameters: U. S. Army War College, Vol. 44, No. 1, 2014, p. 40.

② B. Raman, Global & Regional Co-operation in Meeting Transnational Terrorism, March 11, 2002, http://www.southasiaanalysis.org/paper422.

③ Kenneth Katzman, Terrorism: Near Eastern Groups and State Sponsors, in Edward V. Linden ed., World Terrorism, New York: Nova Science Publishers, Inc., 2002. p. 111.

培训。①

二、小布什时期的美巴反恐合作

“9·11”事件后，美国锁定本·拉登及其“基地”组织策划并实施了这次恐怖袭击，而本·拉登正在受阿富汗塔利班政权的庇护。9月22日，美国总统布什对塔利班提出强硬要求：将本·拉登交给美国政府；释放所有在阿富汗被关押的外国人；立即关闭阿富汗境内的恐怖分子营地并交出所有恐怖分子；允许美方到阿富汗检查。但是，塔利班以美国不能提供本·拉登策划和参与“9·11”事件的确凿证据为由而加以拒绝。于是，美国决定对阿富汗采取军事行动，而阿富汗的近邻巴基斯坦则再度成为前线国家——反恐战争的前线国家，美巴能否建立有效的双边反恐合作机制成为美国主导的反恐战争的关键内容之一。

（一）美巴反恐合作的动因

毫无疑问，巴基斯坦在美国主导的反恐战争中地位极为重要，因为：首先，巴基斯坦的地理位置有利于美国对阿富汗发动全面的军事进攻。巴基斯坦与阿富汗共同拥有长达2430千米的陆地边界，如果美国可以得到巴基斯坦的有力支持，不仅有利于美国对阿富汗军事行动的全面展开——使用巴基斯坦领空、军事基地以及获得可靠的后勤支援，而且可以有效地防止塔利班和“基地”组织成员的逃窜。

其次，美国需要巴基斯坦情报部门的密切合作。巴基斯坦和阿富汗两国关系渊源颇深：其一，两国同为伊斯兰国家，而且这两国绝大多数穆斯林属于逊尼派，巴基斯坦80%穆斯林属逊尼派，阿富汗90%穆斯林属于逊尼派；其二，俾路支族和普什图族是两国主要跨界民族；其三，塔利班的崛起与巴基斯坦有着直接的关系，塔利班的一些战士即是巴基

① A. Z. Hilali, US-Pakistan Relationship: Soviet Invasion of Afghanistan, Burlington: Ashgate, 2005, p. 240.

斯坦贤哲会举办的院校培养出来的伊斯兰学生。[①] 在20世纪的最后几年里，为获取抗衡印度的战略纵深、进入中亚市场及影响阿富汗政权，巴基斯坦在战略谋划、后勤补给及人员各方面扶植塔利班。[②] 更重要的是，巴基斯坦是几个正式承认塔利班政权的国家之一，也是一直与塔利班保持着最密切联系的国家，因此，巴基斯坦三军情报局非常了解塔利班和"基地"组织的情况。如果巴基斯坦提供有价值的情报，对美国顺利开展军事打击，推翻塔利班政权和剿灭"基地"分子非常关键。

再次，与巴基斯坦展开反恐合作有助于扩大反恐联盟。巴基斯坦在伊斯兰世界是仅次于印度尼西亚的大国，人口有1.49亿，97%的居民信奉伊斯兰教。在20世纪七八十年代成为世界伊斯兰复兴的一个重要中心，享有较强的号召力。与巴基斯坦展开反恐合作，可以影响和带动更多的伊斯兰国家支持美国的反恐战争，进一步壮大美国主导的反恐联盟。

与美国合作，是巴基斯坦的明智选择。如果巴基斯坦不支持美国主导的反恐战争，不与美国进行有效的反恐合作，巴基斯坦将面临如下困境：

其一，有可能成为美国的打击对象。在"9·11"事件以前，巴基斯坦已经因为恐怖主义问题而受到美国的指责。事实上，1992—1993年间，因为巴基斯坦被怀疑指使好战分子在印度的旁泽普和克什米尔地区实施大量袭击行动，差一点被美国宣布为"资助恐怖主义国家"；1993年1月，美国警告巴基斯坦可能被列入美国国务院的"支持恐怖主义国家"名单。[③] "9·11"事件发生后的第二天，美国国务卿科林·鲍威尔就给巴基斯坦总统穆沙拉夫打电话，直截了当地说："你要么和我们站在一起，要么成为我们的敌人。""美国副国务卿理查德阿米蒂奇在其丝毫没有外交辞令的讲话中说，如果巴基斯坦选择与恐怖分子站在一起，

① 金宜久、吴云贵：《伊斯兰与国际热点》，东方出版社，2001年版，第246页。

② 孙壮志：《中亚新格局与地区安全》，中国社会科学出版社，2001年版，第47页。

③ Hall Gardner: American Global Strategy and the "War on Terrorism", Ashgate Publishing Limited., 2005, p. 11.

那么巴基斯坦就准备好被炸回石器时代吧。"[①] 9月20日，布什总统在参众两院联席会议上发表讲话宣称："每一个地区的每一个国家现在都必须做出抉择：要么站在我们一边，要么站在恐怖分子一边。"这种非友即敌的政治宣言，旨在迫使每个国家必须做出选择，巴基斯坦不仅不能不例外，而且承受着比其他国家更大的压力，因为巴基斯坦是正式承认塔利班政权的少数国家之一。美国对巴基斯坦政府不断施加压力，以迫使巴方配合其反恐军事行动。美国驻巴基斯坦大使明确要求，巴基斯坦"应该在关键时刻做出正确选择"，"成为美国的合作伙伴"。如果巴基斯坦不与美国合作，美国将会把巴基斯坦境内的七个伊斯兰极端主义组织列入恐怖组织名单，巴基斯坦将有可能成为美国军事打击的目标。

其二，经济形势继续恶化。巴基斯坦人口有1.49亿，其中40%以上人口生活在贫苦线以下，70%以上的人口是文盲，经济发展困难。巴基斯坦因为1998年核试验和1999年的军事政变遭受西方国家的严厉制裁，经济危机加剧。而且，巴基斯坦2000—2001年的外债总额已达346.86亿美元，待偿还外债占GDP比重高达64%。[②] 到2001年底，巴基斯坦的许多外债已经到期或接近到期，如果不能按时还本付息或得到新的贷款，其国际信誉将面临降级的危险，再得到国际社会贷款的可能性就将进一步降低。美国在主要国际经济组织中享有较大发言权，美国可能借助这些组织对巴基斯坦实施打压，从而进一步恶化巴基斯坦的经济形势。

显而易见，巴基斯坦若不积极支持、参与美国的反恐战争，即意味着与美国抗衡。但穆沙拉夫认为巴基斯坦不能也无法与美国抗衡，因为：第一，是巴基斯坦的军事劣势。在强大的美国面前巴军队将被歼灭。第二，是巴基斯坦的经济劣势。巴基斯坦没有石油，在美国的打击下巴没有能力维持经济的正常运转。第三，最糟糕的是巴基斯坦的社会劣势。

---

① ［巴基斯坦］佩尔韦兹·穆沙拉夫著，张春祥等译：《在火线上：穆沙拉夫回忆录》，译林出版社，2006年版，第197页。

② 《巴基斯坦经济概况》，中国驻巴基斯坦使馆经商处巴基斯坦官网，2002年12月16日，http://pk.mofcom.gov.cn/aarticle/wtojiben/zwjingji/200203/20020300004888.html。

巴缺乏能使全民族立即行动起来的民族认同感和凝聚力。此外，印度将借助美国在克什米尔问题上大做文章；巴基斯坦的战略设施安全将受到严重威胁；巴基斯坦半个多世纪建立的经济基础也将损失殆尽。[①] 可见，穆沙拉夫对与美国抗衡后果的认识是清醒的。

巴基斯坦面对强大的压力和巨大的利益，不得不做出重大抉择。穆沙拉夫声称："在这场危机中，如果选择错了，将会造成重大灾难，其结果将威胁国家的统一和团结；如果选对了，就会取得好结果，我们将作为有责任和受尊敬的国家在政治上重新崛起，我们所有的困难能够降至最低。"经过反复权衡，巴基斯坦最终决定支持美国的全球反恐战争，但穆沙拉夫坚持如下条件：(1) 巴基斯坦武装力量不参加巴基斯坦国界外的行动；(2) 美国主导的反恐联盟应将对阿富汗平民的附带性伤害降到最低限度；(3) 后塔利班政府应与巴基斯坦保持友好关系；(4) 克什米尔地区人民的自决斗争不应被界定为恐怖主义，或者被视为应严惩的恐怖主义的组成部分；(5) 美国不应提出削减巴基斯坦的核武器和导弹防御能力。[②] 尽管如此，与美国建立合作反恐机制成为巴基斯坦的必然选择。

（二）美巴反恐合作的进程

2001 年 9 月 13 日，美国向巴基斯坦提出了 7 项要求：(1) 禁止"基地"特工在巴边界活动，切断本·拉登所有的后勤援助；(2) 全面允许美军在执行必要的军事和情报行动时，飞跃巴基斯坦领空并在巴基斯坦领土降落；(3) 允许美国和盟国军事情报机构人员和其他人员进入巴基斯坦领土，执行打击"基地"的行动；(4) 向美国提供情报；(5) 继续公开谴责恐怖主义行为；(6) 切断塔利班的燃料来源，切断"基地"新招募成员去往阿富汗的通道；(7) 如果有证据显示本·拉登和"基地"参与了"9·11"事件，并且塔利班继续向其提供庇护，巴

---

① [巴基斯坦] 佩尔韦兹·穆沙拉夫著，张春祥等译：《在火线上：穆沙拉夫回忆录》，译林出版社，2006 年版，第 198 页。

② Hall Gardner, American Global Strategy and the "War on Terrorism", p. 119.

基斯坦政府应与塔利班政权断交。这份“清单”不可谓不完备，囊括了巴基斯坦可能为美国反恐提供协助的一切方面。鲍威尔称穆沙拉夫同意了美国向巴提出的支持反恐战争的全部要求①，但穆沙拉夫说他们不能接受第二和第三项要求，只同意给美国提供一条远离巴基斯坦战略设施敏感地区的狭长飞行通道；只给美国提供了两个基地——俾路支的沙姆西和位于信德省的贾各布阿巴德——而且只可以将它们用于后勤补给和战斗机维护，不可以从这两处发动进攻。② 这些要求为美巴反恐合作定下了基调，尽管从一开始就已经伴有杂音。

2001 年 9 月 27 日，美国和巴基斯坦官员达成在反恐怖主义行动中一致行动的协定，并称两国在反恐怖问题上“完全一致”。美国国务院文件所列举的合作内容主要包括：为所有美军和盟军部队提供驻扎和飞越领空许可；沿阿边界部署大量军队支援“持久自由行动”；巴提供大部分后勤储备支持盟军，巴情报局为行动的各个阶段提供帮助；成立反恐与执法联合工作组。这表明美巴合作反恐机制已现雏形。

巴基斯坦为更加有效地与美国展开反恐合作，采取了一系列措施：解除亲塔利班的情报机构负责人的职务；撤换三名参与制定克什米尔政策的高级军官；下令逮捕煽动人们抗议政府支持美国打击塔利班和本·拉登“基地”组织的宗教领袖，将他们绳之以法；冻结了若干以巴基斯坦为基地、在阿富汗活动的恐怖组织的财产和银行账户，并逮捕和审讯了两名被指控帮助拉登“基地”组织的前核科学家。

在美国的压力下，穆沙拉夫将军发布命令，严惩伊斯兰激进分子。几周内，2000 名好战分子被围捕和监禁，其中包括著名的神职人员和领导人。③ 2001 年 10 月 7 日夜，美国和英国的部队开始对阿富汗的塔利班政权实施军事打击。次日，穆沙拉夫在新闻发布会上宣布，向以美国为

---

① 美国“9·11”独立调查委员会，史禺等译：《“9·11”委员会报告》，世界知识出版社，2005 年版，第 460 页。

② ［巴基斯坦］佩尔韦兹·穆沙拉夫：《在火线上：穆沙拉夫回忆录》，译林出版社，2006 年版，第 202 页。

③ Hall Gardner, American Global Strategy and the “War on Terrorism”, p. 119.

首的“国际反恐怖主义联盟”打击塔利班及在阿富汗的恐怖分子训练基地开放领空，同意美国使用巴基斯坦的军事基地，提供有关的情报服务和后勤设施，并封锁与阿富汗的边境。

2002 年，美国和巴基斯坦建立了反恐和执法合作工作组，对于维持和开展双方反恐合作以及增强巴基斯坦反恐能力都产生了积极影响。

2003 年 6 月布什在穆沙拉夫访美时宣布，5 年内向巴基斯坦提供 30 亿美元的援助，要想得到援助，就必须满足下列条件：关闭所有已知在巴和克什米尔的恐怖分子训练基地；采取严厉和可行措施防止向第三国恐怖组织转让大规模杀伤性武器，包括任何相关技术；不允许巴出售 F-16 战斗机和获得与国防相关的先进技术。显然，配合美国反恐已成为巴基斯坦获得美国援助的重要条件之一。

在 2003 年，美国指挥官告诉穆沙拉夫，他们有证据表明，有重要价值的“基地”组织逃犯躲在南瓦济里斯坦。他们警告穆沙拉夫，如果他的军队拒绝追捕这些逃犯，美国军队将采取行动。在 2004 年 3 月，穆沙拉夫派出了 8 万人的军队进入部落地区，这是政府军队有史以来第一次进入部落地区。这次军事行动造成了灾难性的后果，不仅 250 名巴基斯坦士兵在战斗中被杀，而且军队不得不向地方塔利班指挥官要求停火。①

2004 年 6 月，美国总统布什根据 1961 年对外援助法第 517 款，将巴基斯坦列为美国主要非北约盟国，提升了巴基斯坦在美国全球战略中的地位。

（三）美巴反恐合作的收益

1. 巴基斯坦配合美国反恐成效显著

巴基斯坦为美军提供三类服务：巴基斯坦军队为美国特种兵提供俾路支的军用机场和军事基地，美军从那里对阿富汗南部和东部地区发动袭击；三军情报局为美军提供塔利班和本·拉登的情报；巴基斯坦士兵

---

① Graham Ushe，The Pakistan Taliban，February 13，2007，http：//www. merip. org/mero/mero021307.

或边界守卫追踪“基地”组织嫌犯。[①]

巴基斯坦还打破常规，向 100 多年来政府不涉足的部落地区派入了近 10 万安全部队，大力围剿盘踞在当地的外国武装分子，在南、北瓦济里斯坦部落地区基本上使“基地”组织在巴境内的指挥控制、宣传与通信系统完全瘫痪，切断了恐怖组织的中枢，使外国恐怖分子在巴基斯坦无法轻易藏身立足。巴基斯坦还积极配合美军，在巴清剿国际恐怖分子。

2002 年 1 月，巴基斯坦政府逮捕并移交美国监管的“基地”组织和塔利班恐怖主义嫌犯近 500 人，拘留数百名极端分子，取缔 5 个极端组织，其中包括美国指认的两个恐怖组织——“虔诚军”“穆罕默德军”。[②] 2002 年，巴基斯坦警方对宗教极端势力展开了大规模的打击行动，拘捕了至少 1500 多名被取缔的宗教极端组织领导人及其骨干分子。2002 年春，巴基斯坦同意美国军方与执法机构人员进入巴领土，在其安全部队协助下追捕流窜的“基地”组织成员与塔利班分子。巴安全部队活捉了本·拉登的重要助手、“基地”重要人物祖拜达；巴三军情报局与美中情局在巴部落地区合作抓获“基地”三号人物、“9·11”恐怖袭击的主要策划者哈立德·谢赫·穆罕默德。美国务院的报告表明，巴政府向美国方面移交了大约 400 余名恐怖组织人员，其中包括若干被通缉的“基地”重要成员。

2003 年 9 月，巴安全部队还在位于卡拉奇的伊斯兰宗教学校逮捕了 19 名印尼籍和马来西亚籍人员，经查明他们是东南亚的主要国际恐怖主义组织、对 2002 年 10 月 12 日印尼巴厘岛恐怖袭击事件负责的“伊斯兰祈祷团”的核心成员。根据联合国 1267 号决议，美国、巴基斯坦等反恐盟国运用多种手段切断“基地”组织的经费来源，极大地限制了恐怖组

---

① Rajat Ganguly, From Jang to Jihad: Continuty and Change in Pakistan's Kashimir Policy, 1947 - 2002, in Omprakash MIshra and Sucheta Ghosh eds. , Terrorism and Low Intensity Conflict in South Asian Region, New Delhi: Manak Publications, 2003, p. 261.

② Country Reports on Terrorism 2002, http: //www. state. gov/s/ct/rls/crt/2002/html/19982. htm.

织转移活动经费和筹集款项的能力。据统计，巴基斯坦冻结与恐怖组织相关的资金总额名列全球第四[①]。2005 年 12 月 2 日，在截获巴基斯坦方面的情报后，美中情局轰炸了巴基斯坦与阿富汗接壤的部落地区，新“基地”三号人物阿布哈姆·扎拉比耶在袭击中丧生。2007 年 1 月 16 日，巴安全部队在对 3 处位于南瓦济里斯坦、疑为“基地”组织训练营的目标发动了空袭，有近 30 名恐怖分子被消灭。

2. 巴基斯坦赢得丰厚的回报

2001 年 9 月 23 日，美国总统布什宣布取消自 1998 年印巴核试验以来对两国实行的经济制裁后，巴基斯坦各界普遍表示欢迎。经济学家也普遍认为取消制裁将促进巴基斯坦经济，能够使巴基斯坦以更快的速度从国际援助机构如国际货币基金组织获得更多的贷款援助，而美国在国际经济组织中最有发言权和最具影响力。[②] 2001 年 9 月 23 日，美国解除制裁后，巴基斯坦断绝了与塔利班的关系，并与美国开展后勤和政治合作，此举标志着两国在冷战后被抛弃的盟国关系得到了恢复。[③] 美国国会和布什总统不久就撤销了对巴基斯坦援助的限制，对巴援助资金 2001 年的 350 万美元增长到 11.6 亿美元，其中包括 4 亿的安全援助资金。[④] 美国将巴基斯坦的债务从 28 亿美元减至 18 亿美元。[⑤]

阿富汗战争以来，美国对巴基斯坦加大了援助力度。美国在 2002 财年援助巴基斯坦 3.965 亿美元，2003 财年援助 5650 万美元，2004 财年 1.2 亿美元。美国不断增加对巴基斯坦的军售，2006 年 6 月美国与巴基斯坦签订武器协议总价值高达 50 亿美元，其中包括出售 18 架战斗机，

---

① Patterns of Global Terrorism 2003, http://www.state.gov/s/ct/rls/crt/2003/31880.htm.

② 寇文宾：《巴基斯坦对美取消制裁表示欢迎美巴即将签署债务重组协议美承诺帮助解决巴经济困难》，《国际商报》，2001 年 9 月 26 日。

③ Jonathan Stevenson, Pragmatic Counter-terrorism, in Alan O'Day ed., War on Terrorism, Burlington, VT: Ashgate, 2004, p. 187.

④ K. Alan Kronstadt, Pakistan: Hanging in the Post-9/11 Balance, in William M. Carpenter and David G. Wiencek eds., Asian Security handbook: terrorism and the new security environment, New York: M. E. Sharpe, Inc. 2005, p. 236.

⑤ A. Z. Hilali, US-Pakistan Relationship: Soviet Invasion of Afghanistan, Burlington: Ashgate, 2005, p. 251.

此外，还向巴基斯坦提供其他的先进武器装备等等。2006 年美国对巴援助回升并维持在较高的水平上。美国 2008 年用于资助和收买巴基斯坦原始部落的预算为 7.5 亿美元，但如果能够取得令美国感到满意的成效，到 2015 年，这一总预算交总金额将会达到 20 亿美元，这些资金将全部交给巴基斯坦联邦直辖部落区。[①] 美国对巴基斯坦的援助与军售，既是巴基斯坦支持其反恐的应得报偿，也是维系美巴反恐合作机制重要内容之一。

二、奥巴马时期的美巴反恐合作

（一）美巴反恐合作的推进

美国奥巴马政府上台后，出台对阿富汗—巴基斯坦新战略，加大对巴基斯坦军事和经济投入。

在美国的强大压力下，2009 年春季巴基斯坦军队在斯瓦特发起了打击塔利班的军事行动。然而，军队以战线拉得太长和巩固战果需要时间为借口，拒绝在北瓦济里斯坦发动军事行动。真实原因是在北瓦济里斯坦的塔利班组织的大部分成员仍然支持巴基斯坦军队。巴基斯坦军方不止一次公开向那些在北瓦济里斯坦受到庇护的塔利班成员保证，他们没有计划屈服于美国的压力在北瓦济里斯坦发动军事行动。

2009 年 10 月，美出台 5 年内向巴基斯坦提供 75 亿美元援助的《克里—卢格法案》。美国认为，巴基斯坦对于美国的战略利益具有关键性的影响，包括美国主导的全球反恐、实现阿富汗的稳定以及减少南亚地区暴力冲突活动的风险。在 2009 年 12 月奥巴马政府公布的新战略中，巴

① 《美国将拨款 7.5 亿美元用来资助巴基斯坦部落反恐》，http：//news. enorth. com. cn/system/2008/01/31/002758012. shtml。

基斯坦在阿富汗冲突中的关键性作用得以确认。①

在2009年12月30日，阿富汗霍斯特省查普曼“前进”行动基地遭到自杀式袭击，造成7名中情局官员和1名约旦情报官员被杀，这是1983年贝鲁特爆炸案以来中情局遭受的最严重的单日损失。此后，美国不断向巴基斯坦施压，要求其在北瓦济里斯坦发起军事行动。尽管这样，巴基斯坦总参谋部一再拖延行动的日期。②

2011年4月，美国国防部发布的报告认为：巴基斯坦在美国打击、瓦解、击败“基地”组织及其同伙中发挥关键作用；有助于美国找到阿富汗问题持久的政治解决办法；有助于促进和维持南亚地区的长期稳定，使得美国不再面对庇护恐怖分子的南亚。美国的长期战略目标是：与巴基斯坦建立持久的联系；形成强大的贸易和投资关系；延续和深化有利于地区稳定的军事和情报关系；通过改善安全环境、发展经济，促进巴基斯坦与邻国的关系。③

应该强调的是，南瓦济里斯坦行动是巴基斯坦军队首次得到美国情报机构支持的主要行动，美国情报机构提供了无人驾驶飞机。除了情报分享外，基于确保巴基斯坦军队在南瓦济里斯坦与塔利班作战的物资供应需要，美国给巴基斯坦提供价值数百万的武器和弹药。④

美国奥巴马政府上台后，无人机袭击手段受到高度重视，美无人机频频进入巴北瓦济里斯坦部落区打恐，导致巴基斯坦国内普遍不满。2011年5月，美国在未事先通知巴方的情况下派遣特种部队潜入巴境

---

① Anthony H. Cordesman, Varun Vira, Pakistan—Violence Versus Stability: A National Net Assessment, September 26, 2011, https://csis - prod. s3. amazonaws. com/s3fs - public/legacy_files/files/publication/110907_Cordesman_Pakistan_Web. pdf.

② Waziristan, Terrorism Monitor, Vol. 8, No. 34, 2010, http://www. jamestown. org/programs/tm/single/? tx_ttnews%5Btt_news%5D = 36802&tx_ttnews%5BbackPid%5D = 457&no_cache = 1#. V9fWYOy-EBpY.

③ Anthony H. Cordesman, Varun Vira, Pakistan—Violence Versus Stability: A National Net Assessment, September 26, 2011, https://csis-prod. s3. amazonaws. com/s3fs-public/legacy_files/files/publication/110907_Cordesman_Pakistan_Web. pdf.

④ Syed Adnan Ali Shah Bukhari, New Strategies in Pakistan's Counter-Insurgency Operation in South Waziristan, Terrorism Monitor, Vol. 7, No. 37, 2009, https://jamestown. org/program/new-strategies-in-pakistans-counter-insurgency-operation-in-south-waziristan/#. V9jw2uyEBpY.

内，击毙了“基地”恐怖组织头目本·拉登，招致巴方强烈不满，美巴关系跌入低谷。同年 11 月，驻阿富汗美空军误袭位于巴阿边界附近的巴军队哨所，导致 24 名巴士兵死亡，美巴关系雪上加霜。此后两国关系进展缓慢。

2012 年以来，两国高层逐渐恢复接触。4 月，巴基斯坦议会通过关于调整对美关系和整体外交政策的指导原则，要求美尊重巴基斯坦主权，就越境空袭事件无条件道歉，停止无人机越境打击等。7 月，美方就越境空袭事件正式道歉，巴基斯坦随后重开北约后勤补给线。两国关系逐步得到改善。

2013 年 6 月巴基斯坦谢里夫总理执政后，主张改善与美关系，同时反对美对巴进行无人机袭击。7 月底，美国国务卿克里访巴，双方同意重启巴美战略对话。10 月，谢里夫总理访美，会见美总统奥巴马，双方同意建立持久合作伙伴关系，美方宣布恢复向巴提供 16 亿美元经济和军事援助。11 月，美无人机在巴境内击毙巴塔利班头号人物马赫苏德，导致巴政府同巴塔和谈进程停滞。巴方对此表示强烈反对，两国关系受到冲击。随后，巴美政府仍坚持改善双边关系政策，并于 2014 年 1 月举行美巴第四轮部长级战略对话，双方发表了联合声明。美国国务卿克里和巴外长阿齐兹都谴责一切形式和表现的恐怖主义，克里对巴总理纳瓦兹·谢里夫及其政府打击恐怖主义的步骤表示赞赏。美国和巴基斯坦重申促进整个南亚区域的和平、稳定，以及消除极端主义和恐怖主义所带来的威胁的决心。①

2015 年 1 月，美巴第五轮部长级战略对话举行。美国国务卿克里对巴基斯坦军人和平民在打击恐怖主义和极端主义所作出的牺牲表示赞赏，并赞扬了巴基斯坦以全面、有力的方式应对恐怖主义的措施和决心。他欢迎巴基斯坦打算摧毁所有恐怖分子及其他激进分子犯罪网络的藏身之地的保证。阿齐兹分享了他对有效反恐合作的看法，并强

---

① Fourth Ministerial-Level Meeting of the U. S. – Pakistan Strategic Dialogue, January 27, 2014, https://www.state.gov/p/sca/ci/pk/strategicdialogue/c61109.htm.

调说，没有好与坏的激进分子区别。两位领导人强调，任何国家的领土都不应该被用来破坏邻国的稳定。双方讨论了加强反恐合作的步骤，分享反对激进主义和暴力极端主义的最佳做法，全面加强法治，确保两国在打击简易爆炸装置方面的持续合作，并继续支持巴基斯坦稳定边境地区和改善边境管理的努力。①

美巴第六轮部长级战略对话于2016年2月举行，《联合声明》提到美国和巴基斯坦合作致力于加强巴基斯坦的司法、检察和惩教制度。自2009年以来，美国为巴基斯坦超过1000名检察官和200多名法官提供了交流和培训，自2012年以来培训了130名高级惩教官员。美国支持巴基斯坦封锁毒品交易、减少毒品需求和控制非法毒品作物等缉毒行动。②

2017年1月17日，美中央司令部司令沃特尔会见巴基斯坦陆军参谋长巴杰瓦，双方就阿安全形势等问题交换意见。巴杰瓦称，巴坚定支持“阿人主导，阿人所有”的阿和解进程，愿与阿及北约“坚定支持任务”部队开展密切协作，加强巴阿边界安全管理，建立巴阿情报合作机制，并与美在反恐和维护地区稳定方面加强合作。③

此外，在联邦直辖部落地区，美国驻巴基斯坦大使馆的禁毒事务部帮助当地人根除罂粟种植取得了显著成效，是美国帮助巴基斯坦发展最成功的方面之一。④

（二）美巴反恐合作的障碍

在美巴反恐合作中，美军的越境打击引起了广泛争议。巴基斯坦政

---

① Fifth Ministerial-Level Meeting of the U. S. – Pakistan Strategic Dialogue, January 13, 2015, https://www.state.gov/p/sca/ci/pk/strategicdialogue/c65468.htm.

② Sixth Ministerial-Level Meeting of the U. S. – Pakistan Strategic Dialogue, February 29, 2016, https://www.state.gov/p/sca/ci/pk/strategicdialogue/c70708.htm.

③ 《阿富汗政治经济动态》，中华人民共和国驻阿富汗伊斯兰共和国大使馆经济商务参赞处，http://af.mofcom.gov.cn/article/afdt/201702/20170202518321.shtml。

④ Shuja Nawaz, FATA—A Most Dangerous Place: Meeting the Challenge of Militancy and Terror in the Federally Administered Tribal Areas of Pakistan, January 7, 2009, https://csis-prod.s3.amazonaws.com/s3fs-public/legacy_files/files/media/csis/pubs/081218_nawaz_fata_web.pdf.

府和军队中有一些人认为无人机袭击对他们国家打击塔利班和“基地”组织恐怖分子是有利的，这些激进组织杀害了数千名巴基斯坦公民。但是，巴基斯坦政府坚决要求美国停止在FATA的无人机袭击，原因有二：它侵犯了巴基斯坦的主权；造成的严重附带损害，使得公众同情塔利班或“基地”组织和仇视美国。[①] 无人机袭击破坏了政府的合法性，不仅因为它们侵犯了主权，而且对东道国缺乏尊重；对于一个东道国的公民来说，东道国政府似乎对美国无能为力，无力保护本国公民，无法实施自己的司法程序。[②] 尽管如此，美国一再拒绝巴基斯坦关于停止无人机袭击的要求。美国领导人关于保留在巴基斯坦追捕和袭击塔利班及其他目标权利的声明，进一步激发地方民众甚至巴基斯坦军队反美情绪，所有这样的行动都在巴基斯坦武装力量中引起强烈反应，因为保卫阿巴边界是他们的职责。[③] 美军在巴基斯坦的任何军事行动都是不受欢迎的，无人机空袭也不例外。巴基斯坦人的愤怒集中于美国的无人机攻击目标失准，严重的平民死伤以及对激进组织高层领导人无能为力。美国成功击毙本·拉登后，巴基斯坦对美国无人机空袭的敌意进一步增强。巴基斯坦一直要求美国撤离位于俾路支省的沙姆西空军基地。[④]

美国对巴援助，是美巴反恐合作的核心内容之一，被巴方视为巴基斯坦支持和配合美国反恐应得的补偿。美国需要巴基斯坦的合作与援助，因为巴基斯坦补给线是美国顺利撤军的关键，同时巴基斯坦对于阿富汗任何可行和持久的政治安排也是至关重要的。巴基斯坦需要美国和北约确保阿富汗的稳定，以免阿富汗暴力活动外溢，这可能加剧巴基斯坦的

---

① Farhat Taj, Drone Attacks: Pakistan's Policy and the Tribesmen's Perspective, Terrorism Monitor, Vol. 8, No. 10, 2010, http://www.jamestown.org/programs/tm/single/? tx_ttnews%5Btt_news%5D=36141&tx_ttnews%5BbackPid%5D=457&no_cache=1#. V9gZUeyEBpY.

② Dalziel N, Drone strikes: ethics and strategy, New Zealand International Review, Vol. 39, No. 3, 2014, p. 5.

③ Shuja Nawaz, FATA—A Most Dangerous Place: Meeting the Challenge of Militancy and Terror in the Federally Administered Tribal Areas of Pakistan, January 7, 2009, https://csis-prod.s3.amazonaws.com/s3fs-public/legacy_files/files/media/csis/pubs/081218_nawaz_fata_web.pdf.

④ Anthony H. Cordesman, Varun Vira, Pakistan—Violence Versus Stability: A National Net Assessment, September 26, 2011, https://csis-prod.s3.amazonaws.com/s3fs-public/legacy_files/files/publication/110907_Cordesman_Pakistan_Web.pdf.

内部安全问题。① 2011 年，美国对巴基斯坦的经济和国防援助达到了史上最高水平，每年 35 亿美元以上。但在本·拉登被击毙后，奥巴马政府和美国国会就开始持续缩减对巴基斯坦的援助，到了 2016 年，美国预算中拨给巴基斯坦的资金已经低于 10 亿美元。美国对巴基斯坦的援助大致分为三类：经济援助、安全援助和贷款，主要帮助巴基斯坦支付反恐行动的花费。经济援助包括扶持巴基斯坦的农业、能源、卫生部门以及人道主义援助。安全援助包括禁毒、反恐、军事培训、采购美国军备等。但是，近年来在美国国内对于对巴援助的怀疑和争论愈演愈烈。许多巴基斯坦官员认为：美国需要巴基斯坦甚于巴基斯坦需要美国；巴基斯坦可以继续以其最低限度地支持美国的政策，使美国站在巴基斯坦一边；等。② 2016 年底，美国国会曾表示，除非巴基斯坦国防部长证实正在“对‘哈卡尼网络’采取行动”，否则将向巴基斯坦停止提供 4 亿美元的援助。③ 2016 年，美国会授权政府向巴基斯坦提供总额约为 11 亿美元的援助，然而，2017 年 9 月 1 日，美国国务院发布声明说，美国政府已暂停对巴基斯坦 2. 55 亿美元的军事援助，因为希望看到巴方在阿富汗反恐方面做出更大贡献。

美巴双方之间信任赤字严重。巴基斯坦在美国反恐战争中的角色，既是合作者，也是被防范者，特定情况下还可能是被打击者，美巴之间没有战略互信。④ 情报合作应该是美巴合作关系的重要标志，然而，巴基斯坦三军情报机构和美国中情局之间的合作一直存在困难，双方高度怀疑彼此的动机。美国在巴基斯坦寻求独自开展情报活动。美国突袭并

---

① Sadika Hameed, Julie Halterman, “Regional Dynamics and Strategic Concerns in South Asia: Pakistan's Role”, January 2014, https://csis-prod. s3. amazonaws. com/s3fs-public/legacy_files/files/publication/140124_Hameed_Pakistan_Web. pdf.

② Husain Haqqani, Lisa Curtis, A New U. S. Approachto Pakistan: Enforcing Aid Conditions Without Cutting Ties, February 2017, https://s3. amazonaws. com/media. hudson. org/files/publications/20170203HaqqaniCurtisANewUSApproachtoPakistanEnforcingAidConditionswi-thoutCuttingTies. pdf.

③ US Congress conditions $400 million of $900 million aid to Pakistan, December 9, 2016, http://timesofindia. indiatimes. com/world/pakistan/US-Congress-conditions-400-million-of-900-million-aid-to-Pakistan/articleshow/55888174. cms.

④ 陈继东、晏世经等：《印巴关系研究》，四川出版集团巴蜀书社，2010 年版，第 255 页。

杀死本·拉登使巴基斯坦三军情报局深陷困窘之中，这一事件是迄今为止影响两国情报合作的最严重的事件。中情局和美国军队一直承诺增强情报分享，缓和与巴基斯坦和三军情报机构的关系。但是，美国方面存有疑虑，认为巴基斯坦不可靠。①

美巴两国关于恐怖主义威胁的认知存在严重分歧甚至对立。对于国际援助部队和北约军队而言，“哈卡尼网络”是最致命的威胁之一。据报道，这个组织为北约联军从阿富汗撤离和在阿富汗及巴基斯坦实施沙里亚法而战。② 对于巴基斯坦而言，巴塔是真正的威胁，同时认为打击阿塔是美国和国际援助部队的责任。③ 阿塔与巴塔迥然不同，主要在于阿塔拒绝攻击巴基斯坦目标或在巴基斯坦实施攻击。④

美巴因反恐而结成联盟，但由于双方战略互信严重缺失以及战略取向存在差异，因此，这个联盟是一个“脆弱”的联盟，双边反恐合作机制的有效性受到严重制约。

第三节　美国与印度的反恐合作

美印反恐合作历史悠久，在过去的几十年中，即使双边关系受到冷战政治的严重阻碍，美印反恐合作在策略层面几乎也从未中断。⑤

---

① Anthony H. Cordesman, Varun Vira, Pakistan—Violence Versus Stability: A National Net Assessment, September 26, 2011, https://csis-prod.s3.amazonaws.com/s3fs-public/legacy_files/files/publication/110907_Cordesman_Pakistan_Web.pdf.

② Spangler M. Pakistan's Changing Counterterrorism Strategy: A Window of Opportunity? Parameters: U.S. Army War College, Vol. 44, No. 1, 2014, p. 45.

③ Talat Masood, Pakistan's Fight Against Terrorism, Defence Against Terrorism Review, Vol. 4 No. 1, Spring & Fall 2012, p. 21.

④ Anthony H. Cordesman, Varun Vira Pakistan—Violence Versus Stability: A National Net Assessment, September 26, 2011, https://csis-prod.s3.amazonaws.com/s3fs-public/legacy_files/files/publication/110907_Cordesman_Pakistan_Web.pdf.

⑤ Polly Nayak, Prospects for US-India Counter-Terrorism Cooperation: An Historical Perspective, Observer Research Foundation, Counter Terrorism in South Asia, New Delhi: KW Publishers Pvt Ltd., 2011, pp. 1-2.

“9·11”事件以来，美印关系持续升温，反恐合作机制化不断提升，双边关系与反恐合作已经形成良性互动。

一、美印反恐合作进程

（一）“9·11”事件前的美印反恐合作

20 世纪 80 年代和 90 年代初期，印度为应对锡克教恐怖分子一直寻求美国的支持。1991 年，印度政府决定与美国政府分享有关巴基斯坦支持恐怖主义的所有信息，并要求美国政府宣布巴基斯坦为国际恐怖主义的“资助国家”。①

1996 年，克林顿签署了禁止恐怖分子在美国筹款的法律，提名的恐怖分子和恐怖组织包括印度的锡克教分裂分子和“卡里斯坦解放阵线”。美国国务院发布的全球恐怖主义形势年度报告关注到巴基斯坦恐怖分子对印度构成的威胁。1997 年，美印引渡条约的签订是双边反恐合作关系中的里程碑。

20 世纪 90 年代以来，美国和印度一直推动对恐怖主义更加严格的国际管控。1998 年 5 月，全球和地区层面反恐合作的发展使美印两国在恐怖主义威胁认知上的差距在缩小，而印度的核试验及其引发的两国外交风波使得两国扩大反恐合作的前景黯淡下来。②

2000 年 4 月，美印两国建立了反恐联合工作组，交换意见，分享信息，提供培训，以应对日益严重的国际恐怖主义威胁。

（二）小布什时期的美印反恐合作

“9·11”事件后，印度是第一个向美国表达支持的国家，也是第一

---

① B. Raman, US, India & Terrorism, April 5, 2001, http://www. southasiaanalysis. org/paper237.

② Polly Nayak, Prospects for US-India Counter-Terrorism Cooperation: An Historical Perspective, Observer Research Foundation, Counter Terrorism in South Asia, New Delhi: KW Publishers Pvt Ltd. , 2011, pp. 7 - 16.

个为美国空袭塔利班提供军事基地的国家，表明美印关系发生了重大变化。

2002 年 5 月，印美设立网络安全论坛，以防关键的设施遭受网络袭击。布什政府为印度提供便捷安全系统和培训，还认为能够在斯里兰卡和尼泊尔应对恐怖主义时展开合作。

2003 年 1 月 12 日，两国宣布“下一步战略伙伴”倡议，被视为两国关系转型的里程碑和未来发展的蓝图。[①] 这为两国开展包括反恐合作在内的全面合作创造了更加有利条件。

2004 年 6 月，美印双边防务政策小组第 6 次会议，讨论进一步的军事合作关系和反恐合作的方式，以及核武器不扩散和其他大规模杀伤性武器等议题。

2005 年 7 月，印美宣布建立全球伙伴关系。2006 年 12 月，美国会通过印美民用核能合作法案。

2008 年，孟买恐怖袭击发生后，美国高官包括布什和当选总统奥巴马发表声明向印度政府和人民表示支持和慰问。布什政府宣称密切监控相关进展，并派出联邦调查局官员前往孟买帮助调查。[②]

（三）奥巴马时期的美印反恐合作

2010 年 7 月，美国和印度签署了《反恐合作倡议》（CCI），其中列出了一系列合作领域，包括法医培训、调查援助、加强洗钱能力、在公共交通和铁路安全方面交换最佳做法，以及海上安全。

2010 年 11 月，奥巴马访问印度，规模空前。他打破了 40 年来所有访问印度的美国总统的惯例，即访印时必访巴。这预示美国对印巴关系发展的不平衡，美国南亚战略成了“印度唯一”，而美国的“印度唯一”

---

① 张贵洪、杨濡嘉、邱昌情：《关于美印战略伙伴关系的再思考》，《南亚研究季刊》，2014 年第 1 期，第 37 页。

② Elena N. Popov ed. , Mumbai, India and Terrorism, New York: Nova Science Publishers, Inc. 2010, p. 5.

使巴基斯坦沦为“二等公民”。[①] 美印关系急剧升温，为双边反恐合作打下了坚实的基础。

2011 年 5 月，美国土安全部长纳波利塔诺访印，同印内政部长齐丹巴拉姆举行首轮印美国内安全对话，并发表《联合声明》。双方围绕反恐、情报共享及打击跨国犯罪和非法融资等传统与非传统安全议题交换了意见，并达成一系列共识。7 月，美国国务卿希拉里与印外长克里希纳在新德里共同主持印美第二轮战略对话，议题集中于两国国防、反恐、能源和贸易等方面的合作，并发表《印美战略对话联合声明》。

2012 年 5 月，访问印度期间，美国务卿希拉里称，美国非常重视两国的国土安全与反恐努力，两国都在努力寻找办法来阻止恐怖袭击的发生。印外长克里希纳与美国务卿希拉里在华盛顿共同主持第三次印美战略对话，发表《2012 年印美战略对话联合声明》，双方达成协议，将加强在反恐领域，特别是打击网络恐怖活动方面的合作。

2013 年 5 月，第二次美印国内安全对话在华盛顿举行，印美领导人重申双边反恐合作的重要性。同年 12 月，两国举行警察局长国内安全对话，为美印执法人员提供分享反恐经验教训的机会。

2014 年 9 月，印度总理莫迪访问美国。两国关系稳步发展，安全合作不断拓展。

2015 年 1 月，美国总统奥巴马访印。两国领导人承诺将通过深化合作应对所有恐怖主义威胁和保证各自国家和公民安全免遭攻击，努力使印伙伴关系定义为面向 21 世纪反恐合作关系。领导人重申他们强烈谴责一切形式的恐怖主义并对之“零容忍”，重申他们对包括“基地”组织、“伊斯兰国”等跨国恐怖组织带来的持续威胁的深切关注，并呼吁摧毁恐怖分子的避风港和基础设施，打击恐怖主义网络及其融资，以及阻止

---

① 陈利君、许娟：《奥巴马印度之行对南亚及中国的影响》，《南亚报告》，云南大学出版社，2011 年版，第 194 页。

恐怖分子跨境活动。① 他们还指出，需要联合和共同努力，摧毁在南亚活动的恐怖组织，包括“哈卡尼网络”，并呼吁巴基斯坦将2008年11月孟买袭击的肇事者绳之以法。同月，美国财政部和印度财政部签署了一份谅解备忘录，旨在通过美国—印度反洗钱/反对资助恐怖主义对话，加强打击洗钱和恐怖主义融资的合作。

2015年7月，印度派出官员参加首届美印关于指认恐怖组织的国际交流，加强指认国内恐怖组织的国际合作，包括执行联合国安理会第1373号决议（2001年），以及支持基于联合国安理会1267 /1989/2253号决议的“伊斯兰国”和“基地”组织制裁机制的国际指认。

2015年8月，在美国—印度网络对话中就网络安全问题上进行了讨论，并在网络安全和信息共享方面继续密切合作。

2016年6月，莫迪访美。对于莫迪而言，最为荣耀的莫过于登上美国国会参众两院联席会议的演讲台。作为第5位获此殊荣的印度总理，莫迪国会演讲主要内容集中在打击恐怖主义上，宣称美印将通过加强安全防务合作孤立任何窝藏、支持或资助恐怖分子的人。莫迪与奥巴马签署了反恐合作备忘录，允许印度情报局与美方共享反恐情报信息，强化两国反恐合作。

2016年8月，克里访问印度并出席美印战略和经济对话，双方重申谴责一切形式的恐怖主义，重申了他们摧毁“伊斯兰国”、本·拉登、“虔诚军”、“穆罕默德军”和“哈卡尼网络”等恐怖分子和犯罪网络的安全避风港的承诺。双方呼吁巴基斯坦将2008年孟买恐怖袭击和2016年伯坦果德空军基地恐袭案的肇事者绳之以法，决定以2015年的联合打击恐怖主义宣言为基础，扩大务实合作，增加应对世界范围内的恐怖主义威胁的能力。双方指出，在2016年7月在华盛顿举行美印反恐联合工作组会议上讨论了一系列的反恐问题，欢迎主动迅速地交换恐怖分子筛选信息，在向联合国提议指认恐怖分子和恐怖组织时加强协调，加强双

① President Obama's 2015 Trip to India, January 25, 2015, https://www.whitehouse.gov/the-press-office/2015/01/25/us-india-joint-statement-shared-effort-progress-all.

方之间的相互法律协助。双方正在开展更多的联合反恐交流、项目和倡议，以深化双边伙伴关系。①

奥巴马任期结束，美国已迎来特朗普时代。2017 年 6 月 25—26 日，印度总理莫迪赴美国会晤特朗普总统。双方发表《联合声明》，在多个议题上强调了共识。双方反恐合作取得较大突破。印度借美方之口对巴基斯坦“支持恐怖主义”提出批评。美国支持印度将“圣战者党”领导人列入特定全球恐怖分子名单。两国建立新的磋商机制，以共同确定将哪些恐怖分子列入名单。双方同意为反恐扩大情报交换和操作层面的合作。

二、美印反恐合作的机制化

（一）共同推进司法合作

2001 年 10 月，两国签署了双边司法协助条约，向涉及恐怖主义的调查提供了法律优先权。美印两国逐渐克服了司法制度上的障碍扩大了合作。2010 年，美国司法部终于允许印度调查涉嫌参与 2008 年孟买恐怖袭击的美籍巴基斯坦裔大卫·海德里。美国驻印度大使对此评论道，这是印美反恐安全合作领域里具有里程碑意义的重要事件。但是政治上的敏感性，还是在一定程度上阻碍了两国司法的顺利合作。在 2012 年美印战略对话期间，印度外交部长克里希纳表示，印度希望进一步调查其他在美涉嫌参与孟买恐怖袭击的嫌疑人②，却没有得到美方的明确回应。

（二）大规模人员交流及政府部门合作

美印都十分重视在反恐合作中的人员交流，如开展执法交流、官员互访以及有针对性的培训等。美国联邦调查局犯罪心理实验室接待了大

① Second U. S. – India Strategic and Commercial Dialogue, 2016, https://www.state.gov/r/pa/prs/ps/2016/08/261405.htm, 2017/1/11.

② Remarks With Indian Foreign Minister S. M. Krishna after Their Meeting, http://www.state.gov/secretary/rm/2012/06/192269.htm.

量来自印度的访问学者。美国反恐协助国家援助计划也加强了两国在案件调查、人权、边境安全、金融安全、技术设施安全等方面的合作，为印度培训了2000多名司法官员。通过美国国务院的反恐协助计划，美国在爆炸案调查、案件管理、技术以及网络安全等方面对印方人员加以培训。美国计算机应急准备小组（U. S. －CERT）与印度计算机应急响应小组（CERT-IN）也加强了合作。印度政府也曾协助美中央情报局和联邦调查局的官员调查恐怖袭击。美国国土安全部部长纳波利塔诺于2011年访问了印度，会见了时任印度内政部长奇丹巴拉姆，双方表示要推动两国在反恐和执法领域的合作。此外，两国政府部门间的合作还扩展到更广泛的领域，如打击毒品贩运、假冒伪劣商品、非法融资和跨国犯罪，保障基础设施安全、交通和贸易安全、航运安全以及城市治安等。

（三）建立了一系列的反恐合作机制

2000年1月，美印两国成立联合反恐工作组（CTJWG），以加强双方在反恐问题上的沟通、协调和互助。美印反恐联合工作组于2016年7月在华盛顿特区举行了第14次会议，沟通、协调双方之间的反恐合作。

2002年5月，两国发起了美印网络安全论坛，以确保两国核心政府部门不受网络恐怖主义的袭击。2015年8月，美印网络对话在美国举行，两国就全球信息安全问题进行磋商，包括共同打击网络犯罪、强化网络安全威胁预警共享机制及加强网络安全事件协同应急响应能力等内容。

2010年11月，奥巴马访问印度期间宣布美国国土安全部和印度内政部将共同举办新的国土安全对话。2011年5月27日，印度内政部长奇丹巴拉姆在新德里与到访的美国国土安全部长纳波利塔诺出席了两国间首次国土安全对话。双方围绕反恐、情报共享及打击跨国犯罪和非法融资等传统与非传统安全议题交换了意见，并达成一系列共识。此后，国土安全对话成为构建美印反恐合作机制的重要形式之一。

2015年6月，美国国防部长访印期间，两国续签《美印防务合作框架协议》，包括推进两国在联合演习联合训练、反恐、防扩散、情报交流等等多个领域的合作，由此双方在反恐领域的合作全面展开。

尽管建立了诸多合作机制，未来美印反恐合作仍将面临五大挑战：一是两国间政府部门合作不理想，缺乏明晰的权限，致使跨部门合作不畅、结盟不紧密；二是印度政府能力有限、高度集权且决策程序不透明；三是美国与印度中央政府的合作受到邦政府优先执法权的制约；四是美印对恐怖分子威胁的界定不一致，导致对巴基斯坦角色定位出现差异；五是印度认为美国政府行事不透明，对美国与印度反恐合作的诚意有所怀疑。①

第四节　美国与南亚其他国家之间的反恐合作

阿富汗、巴基斯坦及印度是美国在南亚地区反恐合作最主要的三个国家，孟加拉国、斯里兰卡、马尔代夫及尼泊尔与美国之间也在开展程度不同的反恐合作。

一、美孟反恐合作

尽管多年来孟加拉国并不是美国南亚安全战略的重点部署国，但随着孟加拉国国内政局稳定及其地缘优势日益突显，孟加拉国已成为美国的合作伙伴。近年来孟加拉国在反恐上取得的成效也获得了美国的认可和赞赏。2012 年美国发布的《国家反恐报告》认为，孟加拉国是美国在南亚地区较具影响力的反恐合作伙伴。孟加拉国致力于打击国内和国际恐怖分子，这使得恐怖分子很难在孟加拉国境内进行恐怖活动。② 2016 年 7 月，美国时任负责中南亚事务的助理国务卿比斯瓦尔访孟，提出加强美孟反恐合作。8 月，美国国务卿克里访孟，将反恐设为主要议题。

① Statement of Dr. Sahibzada Amer Latif before the House Committee on Foreign Affairs Subcommittee on Terrorism, Nonpro-liferation and Trade, September 14, 2011, https://csis-prod.s3.amazonaws.com/s3fs-public/legacy_ files/files/attachments/ts110914_ Latif.pdf.

② Country Reports on Terrorism 2012, http://www.state.gov/j/ct/rls/crt/2012/209983.htm.

美方承诺将继续支持孟加拉国的各项反恐努力，并愿与孟加拉国探讨改善合作策略，分享情报信息等具体问题。

美国与孟加拉国在反恐领域的合作主要体现在以下几个方面：

（一）美国向孟加拉国提供相关的援助项目

为了帮助孟加拉国提高打击恐怖分子的能力，美国面向孟加拉国平民、警察以及军队展开了多个援助项目。孟加拉国成为美国反恐援助项目的主要对象国。2012 年，在美国等国的援助支持下，孟加拉国建成了国家安全训练学院，并开设了反恐训练课程。

（二）扩大双边及多边司法合作

孟加拉国积极与美国司法部进行合作以提高侦察和执法能力。2012 年，孟加拉国颁布了一项《司法援助法》，进一步了扩大国际司法合作。孟加拉国还和许多国家签署了相关的谅解备忘录以共享反恐情报及开展联合调查。

（三）开展联合对话

美国与孟加拉国的对话机制主要有两个：一为双边伙伴对话机制，二为安全对话机制。2012 年 9 月，两国于华盛顿举行了首次伙伴对话，2013 年 5 月，两国开展了第二次双边伙伴对话，并签署相关的反恐合作备忘录。美孟双边伙伴对话已举行六次。

美孟安全对话始于 2012 年 4 月，2013 年 4 月两国进行了第二轮安全对话，以加强两国军队及反恐合作。2017 年 10 月 1 日，美国代理政治军事事务助理国务卿迈克尔·米勒和孟加拉国外交部美洲司司长阿比达·伊斯兰将在华盛顿美国国务院举行第六次安全对话，反恐是双方讨论的主要议题之一。

（四）反恐培训与联合训练

在危机应对、爆炸物处理和航空安全等领域，孟加拉国与美国进行执法人员的反恐训练。孟加拉国接受美国国务院资助的检察技能培训和在全国有针对性的地区进行的警察培训。美国太平洋特别行动指挥部继续与孟加拉国安全部队进行安全与稳定训练，包括孟加拉国海岸警卫队、孟加拉国海军特种作战和潜水救援部队，以及孟加拉陆军第一帕尔突击队。2015 年，印度和孟加拉国政府在双边协调边界管理计划下继续合作，控制非法越界活动，并宣布加强双方在安全与边境管理领域的合作。①

二、美斯反恐合作

为了打击国际恐怖主义，美国与斯里兰卡通力合作，美国将“猛虎”组织定性为恐怖组织。两国在反恐领域的合作主要体现在两个方面：第一，开展多部门间合作。斯里兰卡政府与美国国务院、国土安全部、国防部、能源部等部门进行了合作。2012 年 5 月 31 日至 6 月 2 日，斯里兰卡陆军举办了名为“打击恐怖主义研讨会：斯里兰卡经验”的会议，有包括美国在内的 41 个国家参加。2012 年 10 月，美国海岸警卫队还对斯里兰卡海岸警卫队以及海军进行了训练。斯里兰卡政府还与美国海关及边防部门进行了合作。第二，美国帮助斯里兰卡政府与“猛虎”组织实现停火。美国政府一直对“猛虎”组织的恐怖行径进行谴责，并支持国际社会对其进行制裁。同时，美国也积极促使“猛虎”组织放弃暴力与斯政府进行和谈。尽管“猛虎”组织被剿灭后，斯里兰卡的国内安全局势得到了好转，但斯里兰卡的和平进程还处于过渡阶段。因此，斯里兰卡还将继续加强与相关国家的安全合作。

尽管美国对斯里兰卡的反恐援助总体上是有限的，但斯里兰卡政府仍然与美国国务院、国土安全部、国防和能源方面保持着伙伴关系，以确保其海上边界安全。美国海岸警卫队在边境和出口管制问题上继续训练斯里兰卡海岸警卫队和海军人员，斯里兰卡政府继续配合美国海关和

① Country Reports on Terrorism 2015，https：//www. state. gov/j/ct/rls/crt/2015/index. htm.

边境保护局的集装箱安全倡议、超级港口及其他相关措施。

三、美马反恐合作

美国与马尔代夫的反恐合作起步较晚，主要体现在两个方面：首先，马尔代夫加入美国反恐援助项目。2011 年，马尔代夫成为美国反恐援助项目对象国。2012 年，两国进一步落实该计划。美国向马尔代夫警察提供了相关的 5 门课程的培训。其次，签订《反恐合作备忘录》。2011 年 10 月，两国签署该协议，以促成两国在反恐领域的机制化合作，以防止恐怖分子在马尔代夫境内活动，同时打击国家恐怖主义。

此外，鉴于马尔代夫在印度洋上具有重要的战略位置，有消息称美国和马尔代夫正共同商议《驻军地位协定》（SOFA），旨在为美军在印度洋“心脏地区”构建一处军事基地。① 相信随着日后美国加强在印度洋的驻军，美马两国间的安全合作将得到进一步加强。

四、美尼反恐合作

“9·11”事件后，尼泊尔很快就对美国的反恐政策表示支持，美国也大力支持尼泊尔打击尼泊尔联合共产党（毛主义）。美国认为，“毛派叛乱分子使用恐怖手段胁迫人民和推翻尼泊尔政府，对美国在该地区的利益构成威胁。美国帮助尼泊尔政府解决尼共（毛）的威胁，把援助项目集中用于应对尼泊尔的叛乱、腐败等问题，以加强尼泊尔政府的应对能力。”② 在尼泊尔政府打击毛派分子的进程中，美国一直是主要盟友。2003 年 4 月，尼泊尔和美国签署了反恐援助计划。同月，美国政府宣布

---

① 张希宇：《美国被曝欲印度洋建基地，正与马尔代夫协商》，http：//news. china. com. cn/live/2013 -06/08/con-tent_20464435. htm。

② Christina Rocca，U. S. Counterterrorism Policy toward South Asia，October 29，2003，https：//2001 -2009. state. gov/p/sca/rls/rm/25738. htm.

尼共（毛派）为恐怖组织。①

尼泊尔是美国反恐援助项目的对象国，美国向尼泊尔安全部队提供了 14 门课程的培训，但相较与其他南亚国家合作而言两国的反恐合作并不深入。美国对尼共（毛）的定位也已发生根本性转变。2012 年，美国国务院宣布，尼共（毛）不再对美国的公民和外交政策构成威胁，美国决定把其从全球恐怖组织名单中去除。

---

① Deepak Thapa, Tackling Insurgence: The Nepal CaseFrank Columbus ed., The National Security Strategy of the United States of America, New York: Novinka Books, 2003, pp. 261 - 262.

第七章

中国与南亚国家的反恐合作

中国虽不是南亚国家，但中国的地理位置决定了南亚形势的演变对中国诸多层面的国家利益都有着不可忽视的影响，包括与南亚接壤的西藏、新疆地区的稳定与开放，中国参与国际反恐的程度与范围，中国与南亚穆斯林国家的关系及与此相关联的中国与伊斯兰世界的关系，还有中国与美国、印度、俄罗斯等大国的互动。[①] 恐怖主义是影响南亚安全形势最重要的变量之一，而反恐合作在中国与南亚国家关系中的重要性日渐提升。

阿富汗、巴基斯坦和印度是南亚遭受恐怖主义威胁最为严重的三个国家，这三国与中国新疆毗邻，印度、克什米尔地区与中国西藏接壤，恐怖主义对中国西部周边稳定与安全的威胁不容低估。尤为严重的是，中国境内的恐怖主义威胁主要表现为“东突”分裂势力在中国境内实施的恐怖活动以及“藏独”激进分子的恐怖暴力化倾向，而新疆和西藏地区在中国安全战略中地位极为突出。近年来，美国加紧打击巴基斯坦和阿富汗交界地带的恐怖主义势力，已出现“东伊运”回流中国的情况。还应指出的是，“伊斯兰解放党”从20世纪90年代末开始从中亚—南亚向中国新疆地区渗透，成为威胁新疆地方安全、破坏民族团结、制造民族分裂的不安全因素。

对中国构成现实威胁的境外恐怖主义主要来自中亚和南亚方向，但是，在南亚地区，中国除与巴基斯坦开展有效的反恐合作外，与印度、阿富汗等国的反恐合作都相对滞后。中国西部周边地区恐怖主义滋生、

---

① 赵干城：《中印关系：现状·趋势·应对》，时事出版社，2013年版，第180页。

蔓延的因素异常复杂，短期内根绝恐怖主义是不现实的，中国应继续支持和推动中亚地区反恐合作机制的完善，同时大力参与、推动南亚地区的反恐合作。

第一节 中国与巴基斯坦的反恐合作

巴基斯坦作为中国的全天候伙伴，与中国开展反恐合作是两国全面合作关系的重要内容之一。

一、巴基斯坦在中国反恐战略中地位日益提升

巴基斯坦是中国的重要邻国，是连接中国与南亚和中亚的重要纽带，其安全形势对中国国家安全有至关重要的影响。中巴边界西起5587.0高地，东至喀喇昆仑山口，长599千米。由于边界线较长，地理条件复杂，这里自然成为阿巴地区的恐怖分子渗透到中国新疆的重要通道。

境外“东突独”民族分裂组织自1996年开始选送“骨干分子”到巴基斯坦穆扎法拉巴德（MUZAFARABAD）、兰地科塔尔（LANDIKOTAL）的8处营地进行包括爆破、投毒、纵火、武器使用等暴力恐怖训练，而后潜入中国新疆地区进行破坏活动。被中国捕获的“东突独”“骨干分子”供认，他曾三次非法入巴，并由专人送往兰地科塔尔受训，之后被派回中国新疆充当“东突独”的交通员。他供称，与其同期受训的有68名“东突独”分子。①

2004年5月3日，中国工程人员在驱车前往瓜达尔港的途中遭遇汽车炸弹袭击，造成3人死亡，13人受伤。巴基斯坦在调查后宣布这是一起恐怖袭击，随后“俾路支解放阵线”宣称对此负责。2006年2月15日，6名中国工程人员驱车行至俾路支省奎塔时遭遇歹徒枪杀，造成4

① 吕志平：《巴基斯坦与伊斯兰教》，《亚非纵横》，2002年第3期，第15—16页。

人死亡（3 名中国人和 1 名巴基斯坦人），“俾路支解放军”声称对此负责。[①] 2011 年 7 月发生在中国新疆和田和喀什的暴力恐怖事件中，就有曾在巴基斯坦受训的人员参加。[②] 2016 年 5 月，在卡拉奇工作的中方工程师遭信德省分裂主义者袭击，但并无中方工作人员伤亡。同年 9 月，俾路支省反叛力量至少杀害两名中国工程师，并导致多人受伤。此外，中方建有重点项目的俾路支省发生多起大规模恐怖袭击，导致数十人身亡。

美国逐步从阿富汗撤军后，中巴边境成为“东突”分子的主要活动基地，中国本土的恐怖袭击几率因而有上升的趋势。

中巴经济走廊作为“一带一路”建设的先行项目，在中巴两国的共同努力下，其领跑地位和示范作用日益凸显。但是，这一经济走廊沿线地区的安全威胁及隐患不可掉以轻心，特别是源于恐怖主义的安全挑战依然严峻，这在巴基斯坦开伯尔—普赫图赫瓦省尤为突出。“俾路支解放阵线”领导人阿拉·纳扎尔·俾路支已对投资瓜德尔港口建设的中国公司提出严重警告。[③] 值得注意的是，过去几年，中巴在俾路支省合作建设的油气、港口、交通运输设施，甚至中方工程人员都成为俾路支分离主义武装团体的攻击对象。[④] 巴塔认为中国在巴基斯坦的经济存在将为巴基斯坦创造更多的就业机会，使得巴基斯坦政府有更多的实力用于反恐，对巴塔的生存构成长远和现实的威胁。因此今后一段时间，巴塔有可能将攻击矛头直接针对在巴工作的中国公民。[⑤]

---

① 李丽、苏鑫：《巴基斯坦安全形势对中巴经济走廊建设的影响》，《国际经济合作》，2015 年第 5 期，第 20 页。

② 马加力：《中国与南亚的安全关系》，《和平与发展》，2011 年第 6 期，第 2 页。

③ Kiyya Baloch, Can China's Gwadar Port Dream Survive Local Ire? The Diplomat, December 17, 2014, http://thediplomat.com/2014/12/can-chinas-dream-of-a-pakistan-port-survive-local-ire/.

④ 张元：《俾路支分离主义势力对中巴经济走廊的看法及其成因》，《南亚研究》，2016 年第 2 期，第 31 页。

⑤ 包吉氢：《巴基斯坦塔利班的新动向及预测》，《当代世界》，2015 年第 3 期，第 51 页。

二、中国与巴基斯坦双边反恐合作的机制化

（一）法律基础日渐完备

“9·11”事件后，中国和巴基斯坦反恐合作不断强化。中国与巴基斯坦已建立了反恐磋商机制，并签署《中华人民共和国和巴基斯坦伊斯兰共和国引渡条约》。2004 年 7 月初，巴基斯坦内政部部长哈亚特与中国公安部部长就合作打击暴力恐怖问题等举行了会谈。双方商定，在中国公安部和巴内政部之间设立热线电话，分享反恐情报，进一步加强和深化两国之间的反恐怖合作。热线开通后，中国公安部与巴基斯坦内政部直通直联，这极大提高反恐效率。同时，中国还在巴基斯坦成立先进的 DNA 测试实验中心，并向巴提供仪器以强化其保安设备。2006 年，中国批准了旨在推动中国和巴基斯坦在打击恐怖主义、分裂主义和极端主义领域合作的《中巴打击“三股势力”合作协定》。该协定内容共有 18 条，其中，第 1 条至第 6 条界定了恐怖主义、分裂主义和极端主义行为；第 7 条规定引渡根据现有引渡条约处理；第 8 条明确了双方负责执行协定的中央主管机关，中方为公安部，巴方为内政部；第 9 条规定双方中央主管机关应建立对口部门和专家定期会晤和磋商机制；第 10 条确定双方共同关心的情报范围；第 11 条明确了双方司法协助的义务等。至此，中巴之间在情报交流、司法协助等方面有了可靠依据。中巴反恐机制正式形成。2007 年 4 月 17 日，《中华人民共和国政府和巴基斯坦伊斯兰共和国政府关于刑事司法协助的协定》签订，为两国反恐司法合作提供了又一重要法律依据。

（二）“东突”被视为共同威胁

中巴签署并批准《中巴打击“三股势力”合作协定》以来，双方在反对恐怖主义、分裂主义和极端主义领域内的双边合作不断深化。2013

年7月3—8日，巴基斯坦新任总理谢里夫访华，中巴签署《关于新时期深化中巴战略合作伙伴关系的共同展望》，巴方将继续坚定奉行一个中国政策，反对“台独”“藏独”，支持中方打击极端主义、恐怖主义、分裂主义“三股势力”的努力。中巴两国认为“东伊运”是双方共同威胁，将共同予以打击。①

2015年4月20日，习近平对巴基斯坦进行国事访问，巴基斯坦是2015年习近平主席外访的第一站，彰显了巴基斯坦在中国周边外交中的重要位置。此次访问中，中巴发表了《中华人民共和国和巴基斯坦伊斯兰共和国关于建立全天候战略合作伙伴关系的联合声明》。巴方重申坚定打击恐怖主义的决心，承诺将积极配合和协助中方打击“东伊运”等恐怖势力。② 2015年10月18日，巴基斯坦国防部长阿西夫在北京表示，巴基斯坦已铲除国内“东伊运”的所有武装分子，但巴基斯坦还会继续保持警惕，不让该组织的武装分子再次潜入境内活动。③

（三）反恐联合训练顺利开展

中国与巴基斯坦两国军队于2004年和2006年先后在中巴境内举行反恐联训联演。2004年8月上旬，在中国新疆塔什库尔干塔吉克自治县地区，中国人民解放军和巴基斯坦武装部队举行了联合反恐军事演习。此次演习的目的是进一步巩固和加强中巴两国、两军之间的友好合作关系，提高两军联合反恐作战能力，遏制和打击暴力恐怖势力、民族分裂势力、宗教极端势力等“三股势力”，扩大两国在非传统安全领域的合作，维护地区的安全与稳定。2006年12月11—18日，中巴再次举行联合反恐军演共分两个阶段进行：第一阶段为装备展示和技战术训练交流，

---

① 《关于新时期深化中巴战略合作伙伴关系的共同展望》，中华人民共和国中央人民政府官网，http：//www. gov. cn/jrzg/2013 －07/05/content_2441468. htm。

② 《中华人民共和国和巴基斯坦伊斯兰共和国关于建立全天候战略合作伙伴关系的联合声明（全文）》，新华网，2015年4月21日，http：//news. xinhuanet. com/2015 －04/21/c_127711924. htm。

③ 《巴基斯坦称已铲除国内东伊运分子》，《联合早报》，2015年10月19日，http：//www. zaobao. com/special/report/politic/attack/story20151019 －539005。

主要进行武器装备和单兵、班组山地作战、反恐作战战术展示，相互学习交流；第二阶段为实兵联合演习，主要演练营指挥所组织战斗和战斗实施，包括情况判断、定下决心、组织协同和设卡联检以及伏击、巡逻、搜剿、围歼等战斗行动。

自2010年始，中巴“友谊—2010”“友谊—2011”“友谊—2012”“友谊—2013”“友谊—2014”反恐联合训练先后顺利举行。中巴“友谊—2015”反恐联合训练于2015年12月在宁夏青铜峡训练基地举行，这是中巴陆军开展的第5次反恐联合训练。这次联训双方参训兵力各100人。联训包括训练交流和综合演练，旨在提高两军联合反恐、共同应对非传统安全威胁的能力。2016年10月18日，中巴“友谊—2016”陆军联合反恐训练在巴基斯坦帕比国家反恐训练中心举行。这是中巴两国陆军特种部队开展的第6次“友谊”系列联合反恐联训，主要围绕“特战分队山地和城市居民地反恐战斗”这一课题展开，目的是交流反恐技战术，共享特种部队建设、组训施教和实战经验。

（四）“中巴经济走廊”核心区成为反恐重中之重

“中巴经济走廊”核心区包括中国喀什、阿图什市、图木舒克市，巴基斯坦的首都伊斯兰堡、旁遮普省、信德省、吉尔吉特—巴尔蒂斯特一部分、开伯尔—普什图省以及俾路支省。其中开伯尔—普什图省和俾路支省是巴基斯坦恐怖主义威胁的重灾区。巴方还表示将尽一切可能保障在巴中资企业和人员的生命财产安全。针对巴基斯坦境内依然严峻的安全形势，巴基斯坦政府与军队合作为中巴经济走廊设立四层安保措施，约3.2万名安保人员将为在巴基斯坦境内210处大小工程工作的超过1.4万名中国人提供安全保障，其中巴基斯坦军方成立的1.2万人的特别安全部队，将加入由现役将领负责的特别部门。①

---

① 《巴铁为中巴经济走廊设万人安全部队建4层安保》，环球网，2015年11月2日。http://mil.huanqiu.com/observation/2015-11/7887632.html。

第二节 中国与印度的反恐合作

印度国内恐怖主义主要针对印度政府和社会，并未对中国构成直接威胁，但印度深受恐怖主义之害，也是国际反恐合作的积极参与者和推动者。预防“藏独”势力激进化、极端化是中国反恐战略中不应忽视的内容，中国与印度加强反恐合作是其中的重要环节之一。

一、中印反恐合作机制的构建

（一）中印反恐对话机制

从2002年起，中印两国开始构建反恐对话机制。首次反恐磋商于2002年4月在新德里举行，中印双方一致认为，对话机制首次会议有助于加强相互了解及合作。2003年6月13日，中国和印度第二次反恐磋商于在北京举行。双方主要就国际和地区反恐形势、双边反恐交流与合作、联合国在国际反恐合作中的作用、加强反恐能力建设等问题交换了看法。

2013年4月11日，中印两国在北京举行第6次反恐磋商。外交部涉外安全事务司司长邱国洪和印度外交部辅秘萨纳分别率跨部门代表团参加。双方就国际和地区反恐形势及双边反恐合作等问题深入交换了意见和看法。

2015年11月4日，中印在新德里举行了第7次反恐磋商，就国际地区反恐形势、各自反恐关切和双边反恐合作深入交换了意见。双方一致认为，当前国际社会面临严峻的恐怖威胁，应抓住两国关系稳定发展的机会，进一步加强反恐合作，共同维护两国的安全稳定。

2016年9年27日，首次中印反恐安全对话在北京举行。对话由中共中央政法委秘书长汪永清与印度联合情报委员会主席拉维共同主持。

双方就共同关心的国际和地区安全形势交换了看法，交流了各自的反恐体制、机制和法律，进一步增进了对彼此重大关切的了解。双方深入讨论了在加强反恐安全合作，共同应对安全威胁方面的具体举措，并达成重要共识。

中印反恐对话机制有助于两国之间增加战略互信，协调双方的反恐立场及行动，加强两国反恐合作，进而为南亚地区反恐做出积极贡献。

（二）中印陆军反恐联合训练

2007 年，中印开展“携手—2007”陆军联合反恐训练。这次也是中印陆军首次陆地联合训练，具有真正的里程碑意义。此后，中印分别于 2008 年、2013 年、2014 年、2015 年组织陆军反恐联合训练，表明两国陆军联训交流逐步走上机制化、常态化轨道，成为两军交流的重要内容和载体，体现了双方共同应对恐怖主义威胁的鲜明态度、坚定决心和强大能力。

2016 年 11 月，中印两军在印度浦那地区举行代号为“携手—2016”的陆军反恐联合训练。中方派出西藏军区 173 人参训，印军也派出相应规模部队参训。演练科目包括反恐侦察行动、简易爆炸物排除、搜索与封控等。此次军演主题是“打击跨境恐怖主义”。这是两国第 6 次举行“携手”联合军事演习，也是自 2015 年 12 月中国通过允许军队赴海外执行反恐任务的《反恐怖主义法》后的首次“携手”演习。

2007 年至今，中印两国共同应对地区安全威胁，选派陆军精英携手训练，在反恐领域展开务实合作，有效拓展了两军合作交流的层次领域，也彰显了两国合力应对恐怖主义的坚定决心和携手共创和谐发展环境的意愿。

（三）中国与印度在阿富汗问题上的合作

中印在联合国框架下的合作可能主要集中在反恐、禁毒和安保项目上。2002 年 5 月，联合国援助阿富汗代表团与开发计划署共同创建了阿富汗法律和秩序信托基金，用于支付、装备和培训阿富汗国家安全部队，并为阿富汗国民警察和与之相关单位提供薪金，中印可以在这一方面有所作为。在禁毒方面，联合国禁毒署与阿富汗周边国家签署了多个合作禁毒协议。①

2013 年 4 月 18 日，中印在北京举行首次阿富汗问题磋商。双方一致认为，阿富汗问题攸关本地区安全稳定。作为本地区重要国家，中印就地区形势及阿富汗问题展开磋商，有利于两国协调立场，深化合作，为促进阿富汗问题早日解决发挥建设性作用。双方重申，支持“阿人主导、阿人所有”的和解进程，致力于与本地区国家和国际社会一道，帮助阿早日实现和平、稳定、独立、发展。

二、影响中印反恐合作的主要因素

（一）相互之间缺乏信任

虽然在 20 世纪 50 年代，中印两国政府有过亲密时期，共同提出了“和平共处五项原则”，但随即又由于西藏问题，中印之间的关系降到冰点。因而由于此类的原因，中印两国的反恐合作离不开两国之间信任度的提升。

（二）中国在南亚利益的拓展

印度对中国在南亚地区事务中的介入和拓展，显然是敏感而警惕的。无论是中国参与南盟，还是对包括“中巴经济走廊”、孟中印缅走廊在内的“一带一路”建设，印度基本上都持怀疑甚至反对的态度。印度的猜忌主要有三点：一是“中巴经济走廊”规划经过巴控克什米尔地区，而印度认为中巴有关巴控克什米尔的边界线是“非法”的；二是印度认为“中巴经济走廊”重点建设的瓜达尔港是中国海军“进军”印度洋的

---

① 娄伟：《中国与印度在阿富汗问题上的合作：动因与模式》，《新疆师范大学学报（哲学社会科学版）》，2014 年第 6 期，第 56 页。

前期准备，将成为中国海军在印度洋的“停靠港和补给站”；三是“中巴经济走廊”的建设将使印度在与中国进行的能源和资源的“争夺”中处于不利的地位。①

印度对中国的猜忌与防范，影响甚至阻滞其与中国在安全领域包括反恐领域合作的开展。

第三节 中国与阿富汗的反恐合作

冷战结束以来，特别是“9·11”事件后，随着塔利班政权垮台和阿富汗政权的成立，中国与阿富汗的关系历经近10年的休眠后重新活跃并进入历史新阶段。② 反恐合作已成为中阿双边关系不可或缺的重要内容。

一、“东突”与阿境内恐怖势力的相互勾连

在塔利班掌权时期，新疆境内、境外先后有10个“东突”组织的1000多人到本·拉登的“基地”组织设在阿富汗坎大哈、马扎里沙里夫、霍斯特、苏呼提等地的恐怖主义训练营，接受恐怖主义思想和爆炸、暗杀、投毒、纵火等技能培训。“东突”恐怖组织还得到了本·拉登在经费、物资上的大力支持。1999年初，拉登在会见一个“东突”恐怖组织的头目时，在许诺提供资金援助的同时，要求该组织今后的行动要与“乌兹斯坦伊斯兰运动”和塔利班协调。1999年底本·拉登在阿富汗首都喀布尔明确表示将给中国境内外的“东突”恐怖势力提供资金。在他的赞助之下，滞留中亚、南亚和西亚等地的“东突”恐怖势力的新生代被招募在阿富汗的坎大哈、卡尔嘎、马扎里沙里夫、木艾斯卡尔帕如克、

① 张超哲：《中巴经济走廊建设：机遇与挑战》，《南亚研究季刊》，2014年第2期，第84页。

② 傅小强：《中国与阿富汗关系的现状与前景》，载张蕴岭主编：《中国与周边国家：构建新型伙伴关系》，社会科学文献出版社，2008年版，第312页。

霍斯特、阿尔巴德尔、萨尔曼、法尔西格洪德等“圣战者”培训基地接受训练，一些掌握了高科技军事装备的恐怖分子被挑选前往热点地区参加实战。[①] 2001 年 2 月，拉登与塔利班高层人物在坎大哈商谈训练“东突”恐怖分子事宜，决定拨巨款帮助“东突”恐怖组织培训恐怖分子，并提供当年的恐怖活动经费。2001 年前后被中国政府抓获的“东突”恐怖主义分子吾斯曼·依米提、买买提·热和曼、司地克卡依目、艾克拜尔·阿不都热依木等人都供认是在阿富汗呼苏提地区塔利班控制区拉登的恐怖主义训练营接受了爆破训练。[②]

21 世纪初，塔利班和拉登“基地”组织、乌兹别克斯坦伊斯兰解放运动等著名的国际恐怖组织，向中国境内外的“东突”恐怖组织提供了大量的武器弹药、交通工具和通信设备。“东突”恐怖组织与塔利班和“基地”组织的关系尽人皆知。[③]“东突”势力一直得到“基地”组织和塔利班在训练人员、提供经费、武器弹药、交通工具和通信工具等方面的支持，形成了“以南亚和伊叙为主要活动基地，以东南亚为主要偷逃通道和以中亚为跳板的跨境暴恐网络”。[④]

联合国《2007 年世界毒品报告》警告说，“从 2005 年开始，出现了从阿富汗通过巴基斯坦和中亚抵达中国的走私海洛因的新路线。这条线路毒品走私量的增加一定程度上补充了从‘金三角’地区流向中国海洛因减少的数量。”据统计，近些年每年有 15—17 吨产自阿富汗的海洛因通过走私进入中国。“东突”分子从阿富汗毒品贸易中获取了大量资金，对中国边疆稳定造成了严重威胁，同时也带来了社会治安、艾滋病防治等问题。[⑤]

---

① 王献志：《试论反恐国际统一战线的构建——以“东突”组织为例》，《新疆大学学报（哲学·人文社会科学版）》，2011 年第 6 期，第 91 页。

② 《揭开“东突”分子的恐怖面纱》，新华网，2001 年 11 月 2 日。http：//news. xinhuanet. com/china/2001 - 11109/content_107911. htm。

③ 马品彦：《阿富汗未来局势的发展及其对新疆反恐斗争的影响》，《新疆社会科学》，2003 年第 2 期，第 72 页。

④ 李伟：《“伊斯兰国”正在开辟域外“战线”》，《世界知识》，2015 年第 3 期，第 31 页。

⑤ 刘中民、范鹏：《阿富汗重建，中国扮演什么角色》，《世界知识》，2013 年第 12 期，第 52 页。

二、中阿反恐合作不断强化

中国在阿富汗问题上的最大关切仍然是安全方面的。阿富汗国内曾经是伊斯兰极端主义的“大后方”，塔利班也曾经长期支持威胁中国安全的“东突厥”伊斯兰极端主义运动。此外阿富汗的毒品网络仍然存在，威胁中国安全。①

2002 年 1 月来华访问时，卡尔扎伊向朱镕基总理明确表示，阿方完全理解中方的关注，决不允许任何恐怖势力继续在阿富汗存在，阿富汗愿全力配合与支持中国政府打击“东突”恐怖分子的活动。临时政府外长阿卜杜拉在接受中国记者采访时也表示，一旦发现在塔利班和“基地”组织战俘中有“东突”分子，阿临时政府将把他们交给中方处理。②

2006 年，中阿签署《睦邻友好合作条约》，为发展双边关系确立了基本的政治原则，并指明了方向。条约签订后，两国在很多领域达成了一系列合作协议。两国合作覆盖的领域广泛，但安全和经济处于首要地位。两国政府宣布，将在反恐、禁毒和打击有组织犯罪方面进行合作。中国政府表示，将支持阿富汗政府维护国内稳定的努力；阿富汗政府承诺，将为中国打击恐怖主义、分裂主义、极端主义和跨国犯罪提供支持。两国政府同意强化双边经济关系，重点放在原材料贸易、发电、公路建设、农业和交通发展，以及其他基础设施建设等方面。

2012 年 6 月，阿总统卡尔扎伊访华，两国发表《中阿关于建立战略合作伙伴关系的联合宣言》，将中阿关系提升为战略合作伙伴关系，标志着中阿关系迈上了一个新台阶。双方强烈反对任何形式的恐怖主义、极端主义、分裂主义，以及有组织犯罪行为。双方商定，加强两国安全领域交流与合作，共同打击恐怖主义、非法移民、非法贩运武

---

① 王晋：《中国与塔利班静悄悄地接触》，《联合早报》，2016 年 8 月 11 日，http：//www. zaobao. com/forum/views/opinion/story20160811 - 652772。

② 马品彦：《阿富汗未来局势的发展及其对新疆反恐斗争的影响》，《新疆社会科学》，2003 年第 2 期，第 73 页。

器和毒品等跨境威胁活动，加强情报交流和边境管控，加强预防传染病、防灾减灾等非传统安全领域合作。中方坚定支持阿方为打击恐怖主义和毒品走私、维护国家稳定所做的努力，呼吁国际社会支持这一努力。阿方重申在打击恐怖主义、极端主义和分裂主义“三股势力”方面继续坚定支持中方，将采取切实措施，加强对在阿中资机构与人员的安全保障。①

2013年9月27日，两国发表《中国阿富汗关于深化战略合作伙伴关系的联合声明》，双方强烈反对任何形式的恐怖主义、极端主义、分裂主义以及有组织犯罪行为，同意签署《中华人民共和国政府与阿富汗伊斯兰共和国政府引渡条约》。双方同意加强两国安全领域交流与合作，共同打击非法移民、贩运人口、贩运武器和毒品等跨境威胁活动，加强情报交流和边境管控，加强防灾减灾等非传统安全领域合作。阿方重申在打击“东伊运”方面继续坚定支持中方，将采取切实措施，加强对在阿中资机构与人员的安全保障。中方支持阿富汗政府为打击“三股势力”以及促进阿富汗稳定与安全所做的努力。②

2013年，约70名阿富汗军校学生在中国培训，45名警员在中国接受缉毒以及反恐训练，在2015年前在华接受培训的阿富汗警员达到250人。③ 2014年11月，中国公安部部长郭声琨访问阿富汗，与阿方同行商议反恐与执法安全合作，成为中国将加大对阿富汗安全援助最明显的信号。④

2016年7月31日，中国国务委员兼国防部长常万全会见阿国民军总参谋长沙希姆。双方就继续深化合作中阿政治安全合作，共同打击

---

① 《中国与阿富汗关于建立战略合作伙伴关系联合宣言》，中华人民共和国中央人民政府网站，2012年6月8日，http://www.gov.cn/jrzg/2012-06/08/content_2156378.htm。

② 《中国阿富汗关于深化战略合作伙伴关系的联合声明》，中华人民共和国中央人民政府网站，2013年9月27日，http://www.gov.cn/jrzg/2013-09/27/content_2496791.htm。

③ 黄翱：《中国阿富汗将签经济援助协议》，东方早报网，2013年9月27日，http://www.dfdaily.com/ht-ml/51/2013/9/27/1076091.shtml。

④ 周晶璐、方晓：《阿富汗新政府执政百日难突围》，《东方早报》（上海），2015年1月8日。

"东伊运"等问题交换意见。

三、中国积极助力阿富汗和平重建

阿富汗是中国向西开放的重要能源和贸易通道，是"丝绸之路经济带"上南亚与中亚、西亚连接的重要枢纽。阿富汗的安全与稳定直接关乎与中国具有重要战略关联的巴基斯坦和中亚国家的安全与稳定。阿富汗问题的处理还关系到上海合作组织的有效性以及中国的国际影响力。[①] 中国在阿利益诉求有四点：一是稳定西北边疆地区；二是抑制毒品侵害；三是实施战略资源进口多元化；四是稳定巴中关系。[②]

中阿两国具有发展良好关系的基础。阿富汗驻中国大使苏尔坦·艾哈迈德·巴辛认为中国是阿富汗"最好的邻居"。他说："中国是好朋友、好邻居。我们有 6 个邻国，如果让我选择，中国排在第一位。"巴辛对此进行了解释：首先，阿富汗和中国之间不存在根本矛盾；其次，阿富汗曾经遭受许多国家的侵略，但中国从来没有。"中国是一个大国，但我们总能感受到来自中国的友好。我们也因此尊重中国人民，并信赖来自中国的友谊。"[③] 2014 年 6 月 10 日，即将卸任总统的卡尔扎伊真诚地指出，"中国是阿富汗可靠的伙伴。"[④] 由于一贯以来在阿问题上较为超脱，未曾深度卷人其内部政治之中，中国得以同时与阿各方保持友好关系，这是一个其他国家无法替代的独特优势。同时，中国对巴基斯坦的影响力、劝服力也是美国、印度、俄罗斯等国无法比拟的。[⑤]

2001 年 11 月 12 日，塔利班政权瓦解后，中国外长唐家璇在纽约

---

① 李敏：《阿富汗局势现状与前景评析》，《现代国际关系》，2015 年第 2 期，第 59 页。

② "2012 年现代院论坛"课题组：《阿富汗重建：地区性挑战与责任》，《现代国际关系》，2012 年第 6 期，第 7 页。

③ 赵海建、党建军：《阿富汗不是恐怖主义避风港》，《广州日报》，2011 年 9 月 10 日，第 8 版。

④ 《阿富汗总统：如重新选择，阿富汗将走中国道路》，http：//www. chinanews. com/gj/2014/06 – 10/6262555. shtml。

⑤ 林民旺：《阿富汗：中国寻求新角色?》，《世界知识》，2016 年第 2 期，第 74 页。

联合国总部出席阿富汗问题“6 + 2”外长会议，明确阐明了中国对阿重建的五点主张：第一，要确保阿富汗的主权、独立和领土完整；第二，要由阿富汗人民自主决定解决办法；第三，阿富汗未来政府要基础广泛，体现各民族利益，与各国尤其是邻国和睦相处；第四，要有利于维护该地区的和平与稳定；第五，联合国要发挥更积极的建设性作用。①

中国对阿富汗重建的参与大致经历了三个阶段。第一个阶段为2001—2010年。由于阿富汗问题十分复杂，加之美国和西方在阿富汗问题上的主导作用，中国对阿富汗问题一直持明确、一贯而又相对低调的政策立场②，并主要通过多边外交、提供积极援助等方式参与阿富汗重建。第二阶段为2011—2013年。伴随2011年驻阿美军和北约领导下的国际安全援助部队开始从阿富汗撤军，中国对阿重建的外交参与进入更加积极的阶段。第三阶段为2013年以来，伴随美国从阿富汗撤军接近尾声，中国对阿重建的外交参与明显向纵深方向发展。③

2011年12月5日，中国外交部长杨洁篪出席在德国波恩举行的阿富汗问题国际会议并发表讲话，全面阐述了中方在阿富汗问题上的立场和主张。杨洁篪说，国际社会应坚定支持“阿人主导、阿人所有”的和平重建进程，尊重阿独立、主权和领土完整；坚定支持阿加强能力建设、早日承担起维护国家和平与稳定的重任；坚定支持阿自主推进民族和解，为实现和解创造有利环境；坚定支持阿发展经济，继续提供支持和援助，增强阿自身可持续发展能力；坚定支持阿在相互尊重、平等互利基础上发展对外关系，特别是加强同地区国家的睦邻友好关系，增进彼此间的政治互信。国际社会应充分尊重和照顾地区国家的合理关切。各国应支持联合国继续在协调

① 《唐家璇外长出席阿富汗问题“6 + 2”外长会议》，新华网，http://news.xinhuanet.com/world/2001-11/13/content_113255.htm。

② 赵华胜：《中国与阿富汗——中国的利益、立场与观点》，《俄罗斯研究》，2012年第5期，第3页。

③ 刘中民、范鹏：《中国对阿富汗重建的外交参与》，《亚非纵横》，2015年第1期，第12页。

国际援阿努力方面发挥主导作用，上海合作组织等国际组织及合作机制的作用应得到充分发挥。杨洁篪强调，作为阿富汗的友好邻邦和国际社会负责任的一员，中方一直积极支持、推动和参与阿重建进程，并提供了真诚援助。中方将继续以实际行动帮助阿和平重建，支持阿资源开发、交通、能源、基础设施等领域建设，为阿早日实现和平、稳定、独立、发展的目标做出自己应有的贡献。支持“阿人主导、阿人所有”的和解进程，标志着中国对阿富汗的帮助从根本上不同于之前一些大国介入阿富汗事务的做法，因此，中国的主张赢得了阿人民的赞同。①

2014 年 7 月，中国首次设立阿富汗事务特使。这被认为是中国更积极、更深入参与阿富汗事务的体现。② 中国任命并派驻阿富汗事务特使，首任特使孙玉玺履新后便赴阿富汗、巴基斯坦举行高规格斡旋活动。

中国政府认为，阿富汗问题的根本解决取决于改变阿富汗贫穷落后的经济面貌，提高阿富汗人民的生活水平，因为贫穷往往是滋生恐怖分子的温床。中国在美国发动阿富汗战争后宣布对阿提供援助，坚持在阿富汗进行投资活动。③ 虽然中方援阿资金不是最高的，但中国承诺的每笔资金都能在短期内到位，这使得中国在阿富汗和国际上都赢得赞誉。2014 年 10 月 28—31 日，加尼总统对中国进行了国事访问并出席“阿富汗问题伊斯坦布尔议程”第四次外长会议的开幕式。中阿两国在矿业、油田等经济领域和打击“三股势力”、有组织犯罪等安全领域的合作都达成了重要共识，中国在 2014—2017 年间将向阿富汗提供 20 亿元人民币的无偿援助，在未来 5 年中国将为阿富汗在各领域培训 3000 名专业人

---

① 李青燕：《阿富汗局势新发展及影响》，《南亚研究季刊》，2014 年 4 期，第 33 页。

② 王琳：《中国对阿富汗安全局势至关重要》，《第一财经日报》，2014 年 7 月 29 日，第 A5 版。

③ 刘利琼：《关于中国对阿富汗战略的几点思考》，《现代国际关系》，2010 年第 8 期，第 60 页。

员。①

目前，中阿两国之间的双边反恐合作，无论在广度上还是深度上都较为有限，而且更偏重于间接的反恐合作。鉴于当前阿富汗的恐怖主义形势和未来趋势以及阿富汗独特的地缘优势，中国都应高度重视与阿富汗的反恐合作并不断提升其机制化水平。

① 杨恕、宛程：《美国撤军和阿富汗总统大选后的重建问题》，《阿拉伯世界研究》，2014年第6期，第27页。

第八章
南亚地区反恐领域的多边合作

南亚地区反恐领域的多边合作，既包括南盟框架下的反恐合作，也涉及到联合国、上海合作组织的作用及影响。

第一节　南盟框架内的反恐合作

南盟是南亚地区唯一的区域合作组织。根据《南盟宪章》(Charter of the South Asian Association for Regional Cooperation)，南盟的宗旨是：促进南亚各国人民的福祉并改善其生活质量；加快区域内经济增长、社会进步和文化发展，为每个人提供过上体面生活和实现全部潜能的机会；促进和加强南亚国家集体自力更生；促进相互信任和理解及对彼此问题的了解；促进在经济、社会、文化、技术和科学领域的积极合作和相互支持；加强与其他发展中国家的合作；在国际论坛上就共同关心的问题加强彼此合作；与具有类似目标和宗旨的国际及地区组织进行合作。[①] 南盟成立以来在地区经济发展、政治稳定及安全各领域都在发挥作用，而反恐合作也是南盟发展进程中的重要内容之一。

---

① Charter of the South Asian Association for Regional Cooperation, http: //saarc-sec. org/saarc-charter.

一、南盟反恐合作的推进

（一）反恐是历届南盟峰会的议题之一①

首届南盟峰会于1985年12月7—8日在达卡举行，并发表《达卡宣言》。在这次峰会上，恐怖主义被置于优先地位，与会各国领导人同意常设委员会成立一个调查恐怖主义的研究小组。

第2届南盟峰会于1986年11月16—17日在班加罗尔举行，并发表《班加罗尔宣言》。南盟国家元首或政府首脑一致认为，如果要防止和消除地区恐怖主义，南盟国家之间就必须进行合作。他们明确谴责一切恐怖主义行为、方法和做法，并谴责它们对生命和财产、社会经济发展、政治稳定、区域和国际和平与合作的影响。他们认识到联合国第2625号决议所规定的原则的重要性，每个国家都应避免组织、煽动、协助或参与其他国家的内乱或恐怖主义行为，或者默许在其境内以实施这种行为为目的的有组织的活动。

第3届南盟峰会于1987年11月2—4日在加德满都举行，发表《加德满都宣言》。南盟国家元首或政府首脑为签署《南盟制止恐怖主义公约》欣喜，并认为这是该地区预防和消除恐怖主义的历史性步骤。他们还重申了明确谴责一切恐怖主义行为、方法和做法，并表示憎恶其对生命和财产、社会经济发展、政治稳定及区域和平与合作所造成的影响。

第4届南盟峰会于1988年12月29—31日在伊斯兰堡举行，发表《伊斯兰堡宣言》。《南盟制止恐怖主义公约》（以下简称《公约》）已经批准，并于1988年8月22日生效，南亚国家元首或政府首脑对此表示满意，这反映了成员国为消除南亚地区恐怖主义祸患而进行有意义的合作的真诚意愿；他们要求各成员国采取措施，尽早执行《公约》。

第5届南盟峰会于1990年11月21—23日在马累举行，发表《马累

① 南盟历届峰会宣言的内容均依据南盟官网所发布的相关文件，http：//www.saarc-sec.org。

宣言》。南盟国家元首或政府首脑对成员国在与恐怖主义斗争中被迫转移稀有资源表达了关切；他们呼吁尽快制定能够实施《公约》的措施；他们还敦促各成员国按照《公约》继续进行合作。

第6届南盟峰会于1991年12月21日在斯里兰卡科伦坡举行，发表《科伦坡宣言》。南盟国家元首或政府首脑对影响到所有成员国安全与稳定的恐怖主义在该地区的蔓延表示严重关切，并明确地谴责一切恐怖主义行为、方法和做法；他们认识到，如果要防止和根除该地区恐怖主义，南盟国家之间的合作是至关重要的；他们促请各成员国采取一切必要措施，充分履行其在南盟反恐公约下的义务。

第7届南盟峰会于1993年4月10—11日在孟加拉国达卡举行。南盟国家元首或政府首脑重申，明确谴责一切恐怖主义的行为、方法和做法；对于各国不得不从重要的发展计划中转移使用国家的宝贵资源以应对日益增长的恐怖主义威胁，表示严重关切；他们再次强调，各成员国应优先考虑在国家层面的相关立法，从而使南盟反恐公约生效。

第8届南盟峰会于1995年5月2—4日在印度新德里举行，此次峰会发表了《德里宣言》。南盟国家元首或政府首脑对恐怖主义在该区域内外的蔓延表示严重关切，并重申坚决谴责一切恐怖主义行为、方法和做法；他们再次强调，各成员国应优先考虑在国家层面的相关立法，从而使南盟反恐公约生效；强调南盟成员国之间的合作是根除地区恐怖主义的关键。

第9届南盟峰会于1997年5月12—14日在马尔代夫马累举行，通过的峰会宣言称，恐怖主义和毒品贩运对南盟成员国的安全和稳定构成严重威胁，对此南盟国家元首或政府首脑重申要坚决打击；他们强调成员国需要完成相关立法，以便执行关于制止恐怖主义和麻醉药品及精神药物的南盟公约。

第10届南盟峰会1998年7月29—31日在科伦坡举行，并通过峰会宣言。南盟国家元首或政府首脑认识到，南亚各成员国和人民继续面临恐怖主义和毒品贩运的严重威胁；南盟国家元首或政府首脑敦促所有会员国加强反恐合作，强调成员国全面遵守和执行《南盟制止恐怖主义公约》；他们回顾了1996年联合国的通过《消除国际恐怖主义措施宣言》，敦促所有会员国努力执行。

毫无疑问，“9·11”事件直接提升了南盟国家对恐怖主义威胁及国际反恐合作的重要性的认知。2002年1月4—6日，第11届南盟峰会在加德满都举行，通过第11届南盟峰会宣言。该宣言称，南盟领导人一致认为，恐怖主义违反联合国和《南盟宪章》的基本价值观，是对21世纪国际和平与安全的最严重威胁之一；南盟国家元首或政府首脑强调有必要尽快缔结关于打击国际恐怖主义的全面公约，同时强调打击恐怖主义的国际合作应遵守《联合国宪章》、国际法及其他相关公约；他们一致承认恐怖主义、毒品走私、洗钱和其他犯罪之间存在联系，强调需要在国家和区域层面协调努力，以加强全球应对这一对国际安全构成的严峻挑战和威胁。

第12届南盟峰会原定于2003年1月举行，但由于各种原因被推迟到2004年1月于伊斯兰堡举行。此次峰会通过了《南盟制止恐怖主义公约附加议定书》，对于《南盟制止恐怖主义公约》进行了补充和加强，该议定书主要致力于打击金融领域的恐怖主义犯罪行为。

第13届南盟峰会于2005年11月在达卡召开。打击恐怖主义是此次峰会的重要议题之一；南盟领导人决定接受阿富汗为南盟正式成员，同时决定给予中国和日本南盟观察员地位。南盟的“扩容”为阿富汗问题的解决及打击地区恐怖主义创造了新的有利条件。

第14届南盟峰会于2007年4月3—4日在新德里举行。南亚各国领导人表示同意，依据打击恐怖主义、非法贩运毒品和精神药物、贩卖人口特别是妇女和儿童等跨国犯罪的各项公约的规定开展工作。

第15届南盟峰会于2008年8月2—3日在科伦坡举行。它承诺打击恐怖主义作为其优先事项。在此次峰会上签署了《南亚刑事司法互助公约》。

第16届南盟峰会于2010年4月28—29日在不丹的廷布举行。南亚各国领导人重申他们对恐怖主义不断增加和持续威胁地区稳定的关切，并强烈谴责一切形式和表现的恐怖主义。

第17届南盟峰会于2011年11月10日至11日在马尔代夫阿杜市举行，峰会闭幕后，发表《阿杜宣言》，宣言表明，南盟各成员国十分关注本地区包括跨境组织犯罪、毒品走私、人口贩卖以及任何形式的恐怖主义行为等传统及非传统威胁，并决心予以严厉打击。

第18届南盟峰会于2014年11月26—27日尼泊尔首都加德满都举行，南亚各国领导人承诺打击一切形式的恐怖主义活动并在防止跨国犯罪方面开展有效合作。

如上所述，自南盟成立以来，恐怖主义与反恐问题在历届南盟峰会上几乎无一例外是主要议题之一，有时甚至成为优先议题。在此基础上，南盟反恐合作的机制化也在不断推进，但效果差强人意。

（二）南盟反恐合作的机制化

就次区域而言，南盟的反恐合作及其机制化启动较早。既有相关公约为法律依据，也有相关机构为组织依托，加之相关会议机制的辅助，应该说，南盟反恐合作机制已经形成，尽管还很不完善。

1987年《南盟制止恐怖主义公约》签署，此公约的签订和批准，为引渡或起诉涉嫌实施恐怖主义犯罪行为的个人提供了帮助，使信息、情报和反恐预防行动的技术交换成为可能。

2004年南盟伊斯兰堡峰会通过《南盟制止恐怖主义公约附加议定书》（以下简称《议定书》），目的在于对《公约》进行加强和补充，特别是打击金融领域内的恐怖主义犯罪行为，切断恐怖主义活动的资金来源。2006年1月12日南盟成员国完成了批准程序，《议定书》开始生效。《议定书》的通过反映了国际反恐大背景对南亚地区反恐合作的推动和促进作用。

在第15届南盟峰会上，成员国签署了《南亚刑事司法互助公约》，孟加拉国、不丹、印度、马尔代夫、斯里兰卡等5个国家已批准了这个公约。尽管南亚国家都将恐怖主义视为犯罪，但有关规定存在差异；在调查、起诉以及惩罚恐怖主义方面，需要相关国家在法律程序方面积极配合。该公约旨在为成员国安全力量之间更大程度的合作提供了法律框架，以便应成员国的请求追踪、逮捕、移交犯罪分子和恐怖分子。这个公约尚未生效，但在法律层面为南亚国家打击恐怖主义创造了又一有利条件。

依据《南盟制止恐怖主义公约》，南盟恐怖主义犯罪监察机构于1990年成立，其功能是“收集、分析和传授有关反恐战术、策略和方法的信息”。但是，这个监察机构因为政治对立、成员国的财政限制和冷漠，并不能采用集体机制来分析恐怖事件、战术、计划、战略和方法的信息。[①] 1992年，南盟毒品犯罪监察机构在斯里兰卡首都科伦坡成立，其功能是收集、分析和提供与本地区毒品犯罪相关的信息。

应斯里兰卡的邀请，2015年9月10—11日在科伦坡举行的南盟恐怖主义犯罪监察机构（STOMD）和南盟毒品犯罪监察机构（SDOMD）的会议上，建立了这两个机构的安全数据库。

在第13届南盟峰会上，南盟国家元首或政府首脑决定，南盟内政部长每年将举行内务部长会议。第一次南盟内务部长会议于2006年5月11日在达卡举办。2010年6月26日在伊斯兰堡举办的第3次南盟内务部长会议通过了一项包含27项内容的决议，其中反恐被列入首要议题。南亚各国认为，恐怖主义对本地区的和平与安全构成严重威胁，进而影响到地区合作、繁荣以及邻邦的友好关系，因此决定在反恐领域内进一步加强区域合作。第8次南盟内务部长会议于2017年7月12—13日在斯里兰卡举行。会议除了讨论恐怖主义问题，还涉及毒品走私、精神药物和小武器，以及如何协调一致来应对这些威胁。

1996年7月南盟国家在科伦坡举行第一次警务合作会议，至今已举办了10次。第10次南盟国家警务合作会议于2012年5月31日在新德里举行。

此外，2012年2月9—10日，南盟国家在新德里召开加强南盟反恐

---

① Mussarat Jabeen, Ishtiaq A. Choudhry, Role of SAARC for Countering Terrorism in South Asia, South Asian Studies, Vol. 28, No. 2, July-December 2013, p. 391.

机制的著名专家组高水平会议。2016 年 9 月 22—23 日在新德里举行第二次会议。这次会议讨论了恐怖主义的主要事实问题和加强南盟反恐机制的措施。除此之外，还涉及恐怖主义融资、毒品交易和网络犯罪。成员国分享他们各自国家与恐怖主义立法相关的经验。他们同意，使南盟毒品犯罪监察机构和南盟恐怖主义犯罪监察机构更好运作，以更好打击恐怖主义。

二、南盟反恐合作的制约因素

南亚国家的反恐合作历史十分有限。这一地区的国家更善于利用恐怖分子作为代理人来实现其安全政策目标，而不愿意从事可行的反恐合作。①

"9·11"事件以来，南盟框架下的反恐合作机制有所发展，甚至《南盟制止恐怖主义附加议定书》的签署可以视为南亚反恐合作进程取得的阶段性突破。但是，南亚地区反恐机制受制于南亚国家间的紧张关系、相互不信任和猜疑以及对已签署相关条约执行的不情愿。② 总的说来，南盟反恐合作中困难重重，有时可谓举步维艰。

（一）南盟反恐面临多重挑战

其一，南亚形势依然严峻。"恐怖主义在南亚地区的崛起并不是偶然的，若干重要的历史诱因影响了这一趋势的形成和发展，其中既有地区内部的因素，也有跨地区和国际范围的因素。"③ 目前，"巴基斯坦、阿富汗深陷恐怖主义泥潭不能自拔，印度依然面临左翼激进势力、宗教极

---

① Sumit Ganguly, Counterterrorism Cooperation in South Asia: History and Prospects, December 2009, http://www.nbr.org/publications/specialreport/pdf/Free/SR21.pdf.

② Chiran Jung Thapa, Counter - terrorism and Regional Cooperation in South Asia Anand Kumar ed., The Terror Challenge in South Asia and Prospect of Regional Cooperation, Pentagon Press, 2012, p. 139.

③ 张力：《当代南亚恐怖主义的起源与诱发因素》，《南亚研究季刊》，2013 年第 1 期，第 7 页。

端势力和东北部分裂势力的严重威胁”①，南亚地区的恐怖主义不仅未能被有效遏制，相反却陷入了“越反越恐”的怪圈。近年来南亚成为发生恐怖袭击最多和恐怖袭击造成死亡人数最多的地区。

其二，南亚国家之间矛盾重重、盘根错节。如宗教矛盾、民族冲突和领土争端等诸多矛盾，影响着南盟框架下的反恐合作进程。其中尤以印巴关系最为突出，印度与巴基斯坦之间长期的敌对状态，使得这两个地区大国不仅无法在反恐合作机制中发挥带动作用，反而成为了南亚反恐合作进程的重大阻碍。此外，巴基斯坦和阿富汗之间的历史积怨和领土争端也是南亚反恐合作进程难以顺利推进的原因之一。

其三，南亚地区大多数国家面临贫困问题。“南亚国家有 1/3 的人口生活在贫困线以下，占世界贫困人口的 40%，占亚洲贫困人口的 50%。南亚国家的贫困问题主要是农村贫困问题。在所有南亚国家中，绝大部分贫困人口集中在农村地区，而且在有些国家如印度、孟加拉国和巴基斯坦，农村贫困人口与城市贫困人口的差距还在不断扩大。”② 这一方面难以为反恐行动提供足够的国际公共产品，另一方面也为恐怖主义问题的滋生提供了土壤。南亚国家普遍存在的贫困问题使得社会普遍致力于解决基本的温饱问题，国家财政无力支撑巨额的反恐支出，故无法在人力、物力、财力上有效的支持反恐合作。此外，历史和事实表明，恐怖主义问题与贫困问题往往是相辅相成的，贫苦地区较低的受教育水平使得人们更容易被恐怖主义蛊惑，长期贫困导致的极端心理也增加了恐怖主义滋生的可能性。因此，南亚国家的普遍贫困问题对于南盟框架下的反恐合作构成了极大的阻碍。

（二）南盟反恐合作机制本身的缺陷

首先，就合作反恐而言，南盟可谓“先天不足”。《南盟宪章》中仅

① 王世达：《南亚恐怖主义及反恐形势》，《印度洋经济体研究》，2015 年第 5 期，第 61 页。

② 秦永红、戴永红：《南亚国家农村发展计划与反贫困战略的选择》，《南亚研究季刊》，2010 年第 2 期，第 44 页。

为南盟框架下的合作提出了诸如“尊重主权平等与领土完整”“互不干涉内政”等一般性原则，并明确规定该组织“不讨论双边以及有争议的问题”。① 跨境恐怖主义是一个双边有争议的问题，不能在南盟会议上裁决。更重要的是，由于每个成员国都有否决权，对任何成员国的惩戒性措施几乎是都不可能的。因此，南盟一直受制于其内在机制和原则。② 这使得该组织虽然为各国的交流提供了平台，但却无力解决该地区广泛存在的各类矛盾，矛盾重重的南亚国际关系使反恐合作进程难以得到有效推进，这也是目前南盟框架下的反恐合作难以取得突破的重要原因。

其次，反恐合作方式松散，尚未涵盖所有的反恐领域。南盟各国早在 1987 年就通过了《南盟制止恐怖主义公约》，并相继成立了南盟恐怖犯罪监察机构、南盟毒品犯罪监察机构等反恐怖组织。南盟成员国虽然在情报共享、反恐演习、司法合作等方面也开展了一系列合作，但目前合作方式仍然较为松散，并未涵盖所有反恐领域。③

第三，南盟反恐合作多滞留在制度的构建层面上，在实践合作层面较少得到落实。从南盟成立以来的发展进程来看，我们不难发现南盟地区合作机制在运行上存在一些固有的缺陷，这主要体现在南盟反恐合作机制更多的倾向于发表宣言、出台协议，各国围绕反恐合作的磋商较多，具体领域的合作开展较少④，结果往往导致南盟反恐合作成为一纸空文，并未取得实质性进展。“9·11”事件以来，南亚各国意识到了恐怖主义的严重威胁，并在反恐领域加强了合作——2004 年伊斯兰堡峰会通过了《南盟制止恐怖主义公约附加议定书》，宣布南亚各国将在反恐等领域展开合作；2005 年南盟峰会通过了《达卡宣言》，与会各国同意在打击恐

---

① Charter of the South Asian Association for Regional Cooperation, http://saarc-sec.org/saarc-charter.

② Sitakanta Mishra, Will SAARC Reincarnate?, http://www.indrastra.com/2016/10/FEATURED-Will-SAARC-Reincarnate-002-10-2016-0028.html.

③ 涂华忠、和红梅：《构建中国与东南亚、南亚国家反恐合作机制研究》，《东南亚南亚研究》，2014 年第 2 期，第 10 页。

④ 刘红良：《论南亚地区的反恐合作机制》，《西南石油大学学报（社会科学版）》，2013 年第 3 期，第 76 页。

怖主义方面采取联合策略；2008 年第 15 届南盟首脑会议通过了《南亚刑事司法互助公约》，与会各国就司法合作和引渡恐怖分子等问题达成了协议……这些协议虽然在一定程度上推动了南盟的反恐合作进程，但它们更多停留在制度的构建层面上，在反恐实践中并未得到良好的落实。

最后，地区大国带动作用不足。南盟从成立之日起就存在固有的弱点。它是孟加拉国前总统为了从印度和巴基斯坦寻求共识，与马尔代夫等小国倡议成立。因此，南盟从来都不是南亚大国策划的，这些大国接受这个组织，但从不热衷于使南盟在南亚安全结构中发挥主导作用。① 区域性国际组织的效力发挥离不开地区大国的主导。南亚地区的地区大国主要指印度和巴基斯坦，而两国之间的宗教矛盾、领土争端和历史遗留问题使得这两个大国难以摈弃前嫌，携手并进。印度对成立南盟的提议起初是沉默和谨慎的，因为印度担忧周边小国的联合可能对其政治、外交、经济和安全的选择形成制约。巴基斯坦参加南盟主要出于恐惧印度的政治考虑，而不是出于推动南亚地区合作的愿望。② 印度与巴基斯坦两国存在严重的信任赤字更是使得两国难以共同致力于反恐合作，从而使两国关系成为南盟反恐合作进程的瓶颈。值得注意的是，从国际政治的视角来看，现实利益和长远利益比历史情感更为重要，南盟反恐效力的发挥需要印度与巴基斯坦搁置争端，加强彼此之间的战略互信，共同致力于反恐合作。

三、南盟框架下反恐合作的强化

南盟需要进一步完善反恐合作机制，以发挥其应有的效力。

首先，印巴双边合作机制的完善是南盟框架下的反恐合作的重点所在。印巴两国长期的竞争和敌对状态是南盟反恐合作进程的最大瓶颈，

---

① Liselotte Odgaard, The Balance of Power in Asia-Pacific Security: US-China polices on regional order, New York: Routledge, 2007, p. 185.

② Veena Kukreja and M. P. Singh eds, Pakistan: Democracy, Development and Security Issues, New Delhi: Sage Publications, 2005, p. 215.

两国需要防止受制于特定的国家间关系而影响了共同的长远利益。2011年3月29日，印巴两国负责安全问题的国务秘书，在新德里进行为期2天的会晤，作为孟买袭击案之后两国逐渐恢复信任活动的一个部分。巴允许印度调查团赴巴对孟买袭击案进行调查，双方还同意建立热线以便在需要时谈论反恐问题[①]，印巴围绕孟买恐怖袭击案展开的调查及合作说明了反恐符合双方共同利益，双方均认识到开展反恐合作是应对恐怖主义的必要之举。

事实证明，在印巴间政治关系改善的前提下，南盟区域合作的步幅加快，在安全合作上也有明显的进展[②]，例如在2004年1月召开的南盟第12届峰会上，双方签署了《南盟制止恐怖主义公约附加议定书》，加强了有关反恐的条款，阻止、抑制对恐怖行动的资金支持，并明文规定对此类活动的资金资助、获取、募集亦为非法，并对于恐怖主义、资助、收益等概念进行明确界定，提出明确的对违反反恐相关条款的处罚以及阻止、消除恐怖主义资金来源的措施。尽管如此，由于两国战略互信的缺失，以及不肯放下历史积怨，使得双方近年来的反恐合作进程难以顺利推进，从而构成了南盟反恐合作机制顺利推行和深化合作的瓶颈。双方应该本着务实主义的原则，立足于国家长远利益，加强双边磋商和协作，共同推动南盟反恐合作进程。

其次，南盟需要填补反恐机制存在的真空，建立起健全的反恐合作机制。此前，南盟在反恐的具体问题上取得一些突破，就诸如司法合作、引渡等问题达成了协议，但并未在如何切断恐怖组织资金来源等问题上达成共识，这需要各国依托南盟峰会、部长会晤等机制，各方磋商达成一致，并以专业的职能性机构为主要运行载体，在多个领域展开反恐合作。

最后，南盟需要整合南亚各国的力量，将反恐合作落到实处。南盟反恐

① Pakistan okays Mumbai attack investigators' visit, Dawn , March 29, 2011, https://www.dawn.com/news/616774。

② 刘红良：《论南亚地区的反恐合作机制》，《西南石油大学学报》，2013年第3期，第75页。

合作长期难以得到落实的主要原因在于南盟成员国之间的关系难以调和。纵观南盟反恐合作进程，从不乏各种协议和宣言的达成，而在实践层面的落实却很难得到突破。这就需要各国加强南盟框架下的磋商，为实现各国共同利益建立起双边的或多边的立体合作模式，将反恐合作落到实处。

第二节　联合国在南亚反恐领域的作用

联合国成立以来，即以“维持国际和平与安全”为其首要宗旨，而恐怖主义对国际和平与安全构成威胁，则是联合国反对恐怖主义的直接动因。伴随着国际社会中恐怖主义的蔓延以致猖獗，联合国反对恐怖主义的斗争也在不断发展，并在此基础上逐渐形成了一个全球性的反恐机制——联合国反恐机制，而1267制裁机制是其中的重要组成部分。

一、“1267”制裁机制的形成与拓展

在“9·11”事件之前，联合国已介入南亚地区的反恐合作。1998年，美国驻肯尼亚和坦桑尼亚大使馆遭到炸弹袭击，美国怀疑是本·拉登所为，而他又被塔利班政权庇护，为此由美国提议、安理会于1999年10月15日通过了第1267号决议，要求所有国家：均应拒绝准许1267委员会指定的塔利班本身或代表塔利班拥有、租借或营运的任何飞机在本国领土起飞或降落，除非委员会以人道主义需要、包括诸如朝圣之类宗教义务为由事先批准该次飞行；冻结经1267委员会指定的资金和其他财政资源，包括由塔利班本身或是由塔利班拥有或控制的企业，所拥有或直接间接控制的财产所衍生或产生的资金，并确保本国国民或本国境内的任何人，均不为塔利班的利益或为塔利班拥有或直接间接控制的任何企业的利益，提供这些或如此指定的任何其他资金或财政资源，但委员会以人道主义需要为由而逐案核准者除外。1267委员会监测内容为：（1）向所有国家索取进一步资料，以了解为有效执行以上措施而采取的行动；

（2）审议各国就违反以上措施的事件提请它注意的资料，并为应付违规行为建议适当的措施；（3）定期向安理会报告以上措施的效果，包括人道主义影响；（4）定期向安理会报告其收到的有关涉嫌违反上以上措施的事件的资料，尽可能指明据报参与这类违规行为的人或实体；（5）指定以上所指的飞机、资金或其他财政资源，以便执行该段所定措施；（6）审议按以上相关所定措施的请求，并就国际航空运输协会（空运协会）代表各国际航空公司向阿富汗航空当局支付空中交通管制服务费用方面准予豁免这些措施做出决定。① 基于联合国安理会 1267 号决议，在联合国框架下形成了 1267 制裁机制。但塔利班未能在规定的期限内交出本·拉登，安理会规定的制裁措施于 11 月 14 日自动生效。

2000 年 12 月 9 日，安理会通过第 1333 号决议，要求塔利班组织立即和无条件地交出本·拉登，并关闭恐怖组织在阿富汗境内设立的训练营。由于塔利班拒绝该决议，安理会对其施行了军事、经济以及这种制裁。2001 年 1 月 19 日，因塔利班未能在规定期限内交出本·拉登，联合国决定对其采取新的制裁措施包括：全面对塔利班实施武器禁运；禁止其高层领导人除参加和平谈判、履行人道主义和宗教使命外的所有国外旅行；禁止除出于人道主义目的外的所有航班进出阿富汗和冻结塔利班在海外的所有资产等。安理会对阿富汗的政策是在俄罗斯和美国的推动下制定的，其他国家的支持是有限的。联合国的制裁是差强人意的，对于说服塔利班政权遵从联合国要求并停止对本·拉登和其他恐怖分子的庇护所产生的影响是微不足道的。②

联合国安理会对塔利班实施的制裁对阿富汗的经济和提供人道主义援助机构的努力都产生了实际的负面影响。最直接的制裁效果来自对阿富汗国际航班的禁令，这使控制航班的塔利班当局遭受了损失。③

① 1999 年 10 月 15 日安全理事会第 4051 次会议通过第 1267（1999）号决议，http：//www. un. org/chinese/aboutun/prinorgs/sc/sres/99/s1267. htm。

② David Cortight, George A. Lopez, Linda Gerber, Sanctions and the Search for Security: Challenges to UN Action, Boulder: L. Rienner Publishers, Inc. , 2002, p. 47.

③ David Cortight, George A. Lopez, Linda Gerber, Sanctions and the Search for Security: Challenges to UN Action, Boulder: L. Rienner Publishers, Inc. , 2002, p. 52.

“9·11”事件后，安理会根据《联合国宪章》第七章，通过2001年9月28日第1373（2001）号、2002年1月16日第1390号（2002）决议、2002年12月20日第1452（2002）号、2003年1月13日第1455（2003）号决议及2004年1月30日第1526（2004）号决议，2006年12月22日第1735（2006）号决议、2008年6月30日第1822（2008）号决议维持或强化了对塔利班及“基地”组织的制裁。

联合国安理会2011年6月17日通过两份决议，决定对塔利班和“基地”组织分别进行制裁，支持阿富汗实现国内和平的努力。

2015年12月，安理会通过决议，将原“基地”组织制裁名单更新为“伊斯兰国”和“基地”组织制裁名单。2017年7月20日，安理会在纽约一致通过第2368号决议，再次强调对“伊斯兰国”和“基地”组织实施一系列制裁措施。

尽管制裁没有结束塔利班对恐怖主义的支持，但在某种意义上孤立和削弱了塔利班政权，使美国和国际社会更加有效地回应“9·11”袭击事件[①]。不仅如此，这一制裁机制也日渐拓展为包括对“基地”组织、“伊斯兰国”等激进组织的制裁机制，对于遏阻这些组织在南亚地区的蔓延发挥了积极影响。

二、南亚国家积极参与联合国反恐合作机制

2006年5月2日，安南秘书长在联大向191个成员国提出了全球综合反恐战略——“5D”战略，其中包括劝阻人们不要诉诸恐怖主义或支持恐怖主义；拒绝让恐怖分子获得实施攻击的手段；阻止国家支持恐怖主义；发展国家打击恐怖主义的能力；捍卫人权。[②] 这一战略勾勒了联合国反恐战略的基本框架，南亚国家积极支持这一国际反恐

---

① David Cortight, George A. Lopez, Linda Gerber, Sanctions and the Search for Security: Challenges to UN Action, Boulder: L. Rienner Publishers, Inc. , 2002, p. 58.

② 《团结起来消灭恐怖主义：关于制定全球反恐战略的建议》，http: //www. un. org/chinese/unitingagainstterrorism/a. 60. 825. pdf。

战略。

联合国框架下的国际反恐合作机制依托于联合国14个反恐公约，这些公约包括：《关于在航空器内的犯罪和其他某些行为的公约》（简称东京公约）（1963年）；《关于制止非法劫持航空器的公约》（简称海牙公约）（1970年）；《关于制止危害民用航空安全的非法行为的公约》（简称蒙特利尔公约）（1971年）；《关于防止和惩处侵害应受国际保护人员包括外交代表的罪行的公约》（1973年）；《反对劫持人质国际公约》（1979年）；《关于核材料的实质保护公约》（1980年）；《制止在国际民用航空服务的机场上的非法暴力行为的议定书》（作为1971年9月23日在蒙特利尔签署的《关于制止危害民用航空安全的非法行为的公约》的补充）（1988年）；《制止危机海上航行安全非法行为公约》（1988年）；《制止危及大陆架固定平台安全非法行为议定书》（1988年）；《关于在可塑炸药中添加识别剂以便侦测的公约》（1991年）；《制止恐怖主义爆炸事件的国际公约》（1997年）；《制止向恐怖主义提供资助的国际公约》（1999年）；《制止核恐怖主义行为公约》（2005年）；《核材料实物保护公约修正案》（2005年）。这些公约对各类相关恐怖主义犯罪定义或范围进行了明确的界定，规定各类相关恐怖主义犯罪为严重的刑事犯罪，属可引渡罪，不适用政治犯不引渡原则，实行不起诉则引渡原则。因此，无论出于何种原因，任何对实施公约规定的犯罪行为的犯罪嫌疑人采取不引渡的国家均有义务起诉该犯罪嫌疑人。南亚国家参加了参加和批准了其中的大部分公约（见下表）。

表8—1　南亚国家批准联合国反恐公约概况

（截至2015年6月24日）

国家名称	公约													
	1	2	3	4	5	6	7	8	9	10	11	12	13	14
阿富汗	√	√	√	√	√	√		√	√	√	√	√	√	
孟加拉国	√	√	√	√	√	√	√	√	√	√	√	√	√	
不丹	√	√	√	√	√		√			√		√	√	
印度	√	√	√	√	√	√	√	√	√	√	√	√	√	√

续表

国家名称	公约													
	1	2	3	4	5	6	7	8	9	10	11	12	13	14
马尔代夫	√	√	√	√			√	√	√	√	√	√		
巴基斯坦	√	√	√	√	√	√	√	√	√		√	√		
尼泊尔	√	√	√	√	√									
斯里兰卡	√	√	√	√	√		√	√		√	√	√	√	

资料来源：https：//www. unodc. org/tldb/zh/universal_instruments_list__NEW. html。

1. 1963 年《关于在航空器内的犯罪和其他某些行为的公约》

2. 1970 年《关于制止非法劫持航空器的公约》

3. 1971 年《关于制止危害民用航空安全的非法行动的公约》

4. 1973 年《关于防止和惩处侵害应受国际保护人员包括外交代表的罪行的公约》

5. 1979 年《反对劫持人质国际公约》

6. 1980 年《关于核材料的实物保护公约》

7. 1988 年《制止在国际民用航空服务的机场上的非法暴力行为的议定书》（作为 1971 年 9 月 23 日在蒙特利尔签署的《关于制止危害民用航空安全的非法行为的公约》的补充）

8. 1988 年《制止危及海上航行安全非法行为公约》

9. 1988 年《制止危及大陆架固定平台安全非法行为议定书》

10. 1991 年《关于在可塑炸药中添加识别剂以便侦测的公约》

11. 1997 年《制止恐怖主义爆炸事件的国际公约》

12. 1999 年《制止向恐怖主义提供资助的国际公约》

13. 2005 年《制止核恐怖主义行为国际公约》

14. 2005 年《核材料实物保护公约修正案》

印度加入了所有主要的联合国反恐公约，提交了全面反恐公约草案，严格执行安理会 1373 号决议和 1540 号决议。① 这与印度欲借助联合国应对国际恐怖主义直接相关，或许也和印度争取加入联合国的努力联系在一起。

① Shivaji Felix, The Impact of Terrorism on Sri Lanka：A Multifaced Analysis, Anand Kumar ed. , The Terror Challenge in South Asia and Prospect of Regional Cooperation, New Delhi：Pentagon Security International, 2012, p. 73.

三、联合国与阿富汗问题

2001年9月12日安理会通过第1368（2001）号决议，至2017年3月17日，安理会通过的涉及阿富汗问题的决议共计38项；2002年2月7日以来，截至2017年3月3日，联合国大会通过的“关于阿富汗局势的决议”有22项；2001年12月18日以来，截至2017年3月3日，秘书长发表“关于阿富汗局势”的报告共计59个。这些决议和声明，一方面充分表明联合国和安理会对阿富汗问题的高度关切，另一方面也在为国际社会解决阿富汗问题达成更多共识创造条件。

联合国安理会1378号决议的制定为阿富汗政权重建奠定了基础。[①]正是在联合国主导下，阿富汗得以启动战后重建“波恩进程”。2001年12月，阿成立临时政府。2002年6月，成立过渡政府。2004年1月，阿颁布新宪法，定国名为“阿富汗伊斯兰共和国”。10月，卡尔扎伊当选阿首任民选总统。2005年9月18日举行了全国及地方议会选举。12月，阿新议会成立。“波恩进程”结束。联合国为阿富汗的政治重建做出了积极贡献。

2002年3月28日，联合国安理会一致通过第1401（2002）号决议，同意秘书长安南关于设立联合国阿富汗援助团的建议。援助团结构比较精简，旨在确保联合国的援助工作都用在支持阿富汗人民实现和平进程上。援助团首期任期定为12个月，并由安南的阿富汗问题特别代表卜拉希米领导。援助团的设立不但有助于鼓励捐助国增加援助，而且有利于规范援助资金的使用，使有限的资金发挥更大的作用。

在2003年，联合国阿富汗援助团还成立了省级重建小组，其宗旨是通过帮助完成阿富汗各地区的发展项目来巩固当地民众对阿富汗政府的认同，从而消除各地塔利班等反政府组织的生存空间。2017年3月17日，联合国安全理事会第7902次会议通过第2344（2017）号决议联阿

---

① 黄民兴主编：《阿富汗问题的历史嬗变》，中国社会科学出版社，2013年版，第294页。

援助团任务期限延至 2018 年 3 月 17 日。

2007 年 10 月 2 日，加外长马克西姆·伯尼尔在第 62 届联大会议上呼吁联合国任命一名阿富汗特使，以帮助协调阿富汗重建和安全工作。伯尼尔说，联合国阿富汗特使将有三项使命：促进国际社会对北约在阿富汗安全和重建方面所做努力的认识；为阿总统卡尔扎伊提供必要支持；帮助协调阿富汗重建和安全工作。阿富汗特使的任命体现了联合国对阿富汗问题的重视与努力。

2017 年 3 月 17 日，联合国安理会以 15 票赞成，一致通过关于阿富汗问题第 2344 号决议，呼吁国际社会凝聚援助阿富汗共识，通过"一带一路"建设等加强区域经济合作，敦促各方为"一带一路"建设提供安全保障环境、加强发展政策战略对接、推进互联互通务实合作等。决议强调，应本着合作共赢精神推进地区合作，以有效促进阿富汗及地区安全、稳定和发展，构建人类命运共同体。

第三节　上海合作组织与南亚反恐合作

反恐是上合组织核心任务之一，上合组织反恐合作的机制化在不断提升。南亚地区与上合组织的关系日渐密切，反恐合作及阿富汗问题的解决都已成为上合组织的重要议题之一。

一、上合组织成员国与南亚的关系日益紧密

上合组织成员国与南亚地区的关系可谓源远流长。中国是南亚国家的最大邻国，除了斯里兰卡、孟加拉国和马尔代夫，其他南亚国家都与中国山水相依、关隘相通，中国与南亚国家之间建立了广泛的联系，中国在南亚地区的影响在持续、显著、快速地上升。

沙俄帝国、苏联及俄罗斯都高度重视南亚的地缘政治地位，近年来俄罗斯在与印度保持友好关系的同时，也在拉近与巴基斯坦的关系。

中亚国家与南亚的关系更是非比寻常。塔吉克斯坦、土库曼斯坦、乌兹别克斯坦三国与阿富汗共同边界长达 2087 千米，长度分别为 1206 千米、744 千米和 137 千米。中亚地区与阿富汗本同属于一个自然地理区域，由于历史的原因被不同的殖民强国在 19 世纪划分势力范围时人为割裂为不同属性的地区。尽管经历了两个多世纪不同政治文化的影响，中亚地区与阿富汗之间地缘和人文的联系终究难以改变，由此形成彼此影响的诸多方面，至今仍联系着中亚和阿富汗。[①]

冷战结束后，中国、俄罗斯及中亚国家与南亚国家之间都经历了重新发现、重新认识的过程。一方面，来自南亚特别是阿富汗的极端主义威胁、毒品走私等问题日渐凸显，另一方面，中亚国家在南亚国家尤其是印巴两国地缘政治和经济中的地位迅速上升。邻近塔吉克斯坦，特别是邻近戈尔诺—巴德赫尚省的阿富汗境内，塔利班、“基地”组织、“乌伊运”、“安拉战友协会”等多个恐怖组织活动趋于活跃，还有大量毒品在此走私。北约撤军后，塔政府面临的边境防卫压力更大。[②] 印度在冷战后逐渐把触角伸向中亚，既符合印度的大国战略构想，又符合印度的实际利益。中亚作为印度延伸的邻国，双方文化、历史互有影响，如果充分利用中亚国家所提供的机遇，就能巩固印度在该地区的战略地位，进而达到削弱巴基斯坦和“平衡”中国的效果，有利于提高印度的全球战略地位。[③] 巴基斯坦也在试图利用其与中亚国家宗教、文化、种族等方面的联系，不断加强与中亚国家之间的政治、经济和文化等领域的合作，同时抗衡印度的影响。应该指出的是，中亚地区丰富的资源尤其是能源资源对印巴两国都有巨大吸引力，两国都在千方百计地开拓市场，这也是印巴竞争的又一重要领域。

值得注意的是，美国因素对中俄在中亚—南亚地区的作用可能产生

---

① 许涛：《撤军后的阿富汗：中亚的机遇还是梦魇》，《新疆师范大学（哲学社会科学版）》，2014 年第 3 期，第 78 页。

② 杨恕、张玉艳：《北约从阿富汗撤军对中亚地区安全的影响》，《新疆大学学报（哲学·人文社会科学版）》，2014 年第 6 期，第 71 页。

③ 傅小强：《印度对中南亚地区战略评析》，《外交评论》，2011 年第 5 期，第 31 页。

双重影响，一方面可能减弱这一地区国家对中俄的需求或依赖，另一方面美国的“大中亚计划”的实施也在加强中亚国家与南亚国家之间的联系，进而为中俄乃至上合组织创造机遇。

2005 年，印度和巴基斯坦都成为了上合组织观察员国。2006 年巴基斯坦开始申请成为正式成员国，而印度于 2007 年申请成为上合组织正式成员国。2015 年 7 月，上合组织成员国第 15 次峰会在俄罗斯城市乌法召开，正式启动吸纳印度和巴基斯坦加入的程序。2016 年 6 月，上合组织成员国第 16 次峰会在乌兹别克斯坦首都塔什干召开，签署了印度、巴基斯坦加入上合组织义务的备忘录，备忘录规定了两国加入上合组织后应履行的职责和义务。2017 年 6 月 9 日，印巴两国正式成为上合组织成员国，从此 8 个成员国之间的关系发展到一个新阶段。

二、上合组织反恐合作机制的强化

从“上海五国”会晤机制到上合组织成立及其以后的发展进程中，反恐合作机制的构建及其完善一直是该组织合作机制中最重要的内容之一。

（一）不断合作反恐的完善法律基础

自 2000 年起，“上海五国”打击国际恐怖主义的斗争进入一个新的阶段。4 月 21 日，“上海五国”安全执法部门负责人在莫斯科举行会议，签署《比什凯克小组致五国元首呼吁书》和《比什凯克小组议事规则》两项文件。7 月，“上海五国”元首在塔吉克斯坦首都杜尚别举行第 5 次会晤时，五国领导人重申“联合打击对地区安全、稳定和发展构成主要威胁的民族分裂主义、国际恐怖主义和宗教极端主义，以及非法贩运武器、毒品和非法移民等犯罪活动”的决心，并提出制定相应的多边纲要，签署必要的多边合作条约与协定。

2001 年 6 月 15 日，新加入“上海五国”首脑合作机制的乌兹别克斯坦元首与五国元首在上海举行峰会，签署了《上海合作组织成立宣言》和《打击恐怖主义、分裂主义和极端主义上海公约》。上合组织成员国签署的《打击恐怖主义、分裂主义和极端主义上海公约》，对恐怖主义做出了明确界定，《上海公约》对恐怖主义做出了明确界定：致使平民或武装冲突情况下未积极参与军事行动的任何其他人员死亡或对其造成重大人身伤害、对物质目标造成重大损失的任何其他行为，以及组织、策划、共谋、教唆上述活动的行为，而此类行为因其性质或背景可认定为恐吓居民、破坏公共安全或强制政权机关或国际组织以实施或不实施某种行为，并且是依各方国内法应追究刑事责任的任何行为。[①] 这表明六国就恐怖主义问题的认识达成了共识，这就为各国打击国际恐怖主义以及展开广泛的反恐合作奠定了坚实的基础。

2002 年 6 月 7 日，上合组织成员国元首在俄罗斯圣彼得堡签署了《上海合作组织成员国元首宣言》，宣言指出："本组织成员国支持彼此为肃清恐怖主义、分裂主义和极端主义所作的努力，以及国际社会切断恐怖活动融资渠道的努力，并将加大自己本国的打击力度，不允许在本国境内培训恐怖分子，给恐怖活动提供资助，拒绝向恐怖分子提供庇护所。"[②] 六国要继续深化在安全领域的合作，加大打击"三股势力"的力度，以确保本地区有一个和平、稳定的大环境。

2005 年 7 月，成员国元首签署了《上海合作组织成员国合作打击恐怖主义、分裂主义和极端主义构想》，确定了联合反恐的主要宗旨、原则、主要方向、合作方式及落实机制。合作方向有加强反恐能力、制定恐怖主义、分裂主义和极端主义组织统一名单及统一立场、协助第三国打击恐怖主义等；合作方式包括采取协商一致的预防性措施；开展协商一致的侦缉和调查行动；开展联合反恐行动；给予司法协助等。

2006 年 6 月 15 日，上合组织成员国在上海国际会议中心签署《上海合作组织成员国常驻上海合作组织地区反恐怖机构代表条例》、《上海

---

① 赵秉志：《惩治恐怖主义犯罪理论与立法》，中国人民公安大学出版社，2005 年版，第 354—355 页。

② 《上海合作组织成员国元首宣言》，2002 年 11 月 23 日，http：//www.sectsco.org/CN/show.asp? id = 103。

合作组织成员国打击恐怖主义、分裂主义和极端主义 2007 年至 2009 年合作纲要》的决议、《关于在上海合作组织成员国境内组织和举行联合反恐行动的程序协定》、《关于查明和切断在上海合作组织成员国境内参与恐怖主义、分裂主义和极端主义活动人员渗透渠道的协定》等。这些文件的签署大大推进了上合组织反恐机制的发展。

2017 年 6 月 9 日，上合组织成员国元首理事会第 17 次会议在哈萨克斯坦首都阿斯塔纳举行。会议发表《上海合作组织成员国元首关于共同打击国际恐怖主义的声明》；签署《上海合作组织反极端主义公约》和《关于〈上海合作组织成员国常驻地区反恐怖机构代表条例〉的决议》等，进一步突显了本组织国家打击“三股势力”的坚定决心，夯实了上合组织执法安全合作法律基础。

（二）建立地区反恐机构

为有效开展和协调各成员国的反恐行动，上合组织一直重视反恐机构的建立、发展以及相关机制的不断完善。2000 年 7 月“上海五国”元首在塔吉克斯坦首都杜尚别举行第 5 次会晤时，各方一致支持吉尔吉斯斯坦关于在比什凯克市建立地区反恐怖机构的倡议，并责成本国主管部门进行谈判，准备具体建议，继续就此问题进行磋商。2001 年 4 月 19 日，“上海五国”武装力量总参谋部代表在比什凯克签署了“合作议定书”，其主要内容是：五国军事部门的主要任务是共同打击国际恐怖主义和宗教极端主义，并决定成立“上海五国”框架内的反恐怖中心。6 月 14 日，上合组织决定在比什凯克建立“上海合作组织反恐怖中心”。2002 年 6 月 7 日，上合组织成员国在俄罗斯圣彼得堡签署了《上海合作组织成员国关于地区反恐怖机构的协定》，将地区反恐机构的发展推向了一个新的阶段。11 月 25 日，在莫斯科举行的上合组织外长会议发表联合公报，宣布成员国在北京建立组织处，及在比什凯克建立地区反恐怖机构总部达成共识，这标志着该组织的功能和范围不断扩大。2003 年 5 月 29 日，中、哈、吉、俄、塔和乌六国元首在莫斯科签署了《上海合作组织成员国元首宣言》，六国元首批准了规范包括常设机构——北京秘书处和比什凯克地区反恐怖机构在内的本组织各机构活动的法律文件。2004年1月，地区反恐怖机构正式启动，这一机构的主要职能是：准备有关打击恐怖主义、分裂主义和极端主义的建议和意见；协助成员国打击“三股势力”；收集、分析并向成员国提供有关“三股势力”的信息；建立关于“三股势力”组织、成员、活动等信息的资料库；协助准备和举行反恐演习；协助对“三股势力”活动进行侦查并对相关嫌疑人员采取措施；参与准备与打击“三股势力”有关的法律文件；协助培训反恐专家及相关人员；开展反恐学术交流；与其他国际组织开展反恐合作。地区反恐怖机构下设理事会和执行委员会。理事会是地区反恐怖机构的协商决策机关，由成员国反恐主管部门负责人或代表组成。执行委员会是常设执行机关，编制30人。最高行政官员为执委会主任，任期3年。尽管目前“上海合作组织地区反恐怖机构的主要功能是收集和分析信息，它不是直接军事力量，也没有武装的军队。”① 但是，这一机构的建立对于组织、指导和协调成员国的反恐斗争与合作必将产生深远的影响。

2017年9月17日，上合组织地区反恐机构理事会举行第31次会议。印度共和国、哈萨克斯坦共和国、中华人民共和国、吉尔吉斯共和国、巴基斯坦伊斯兰共和国、俄罗斯联邦、塔吉克斯坦共和国、乌兹别克斯坦共和国以及上合组织地区反恐怖机构执委会代表参加了会议。会议批准了地区反恐怖机构执委会工作计划、边防专家组活动计划和打击恐怖主义、分裂主义和极端主义专家组工作计划，通过《关于上海合作组织地区反恐怖机构与亚洲相互协作与信任措施会议秘书处合作议定书（草案)》和《上海合作组织地区反恐怖机构、独联体反恐中心和集体安全条约组织秘书处合作备忘录（草案)》，并就完善成员国合作打击恐怖主义、分裂主义和极端主义领域法律基础问题通过了一系列决议。地区反恐怖机构理事会批准《关于上海合作组织成员国主管机关打击恐怖主义、分裂主义和极端主义组织招募成员的联合措施》和《上海合作组织

① 赵华胜：《上海合作组织发展的若干问题》，马振岗主编：《稳步向前的上海合作组织——专家纵论SCO》，世界知识出版社，2006年版，第91页。

地区反恐怖机构与负责打击恐怖主义、分裂主义和极端主义的国际组织提高合作效率的措施》，并向成员国主管机关和地区反恐怖机构执委会官员颁发了荣誉证书，以表彰其为促进地区反恐怖机构的发展和推动成员国主管机关之间的合作所做出的贡献。①

（三）举行联合反恐军事演习

2003 年 5 月，在上合组织莫斯科峰会期间，中、哈、吉、俄、塔国防部长共同签署了关于举行上合组织成员国武装力量联合反恐演习的备忘录。2003 年 8 月上合组织框架内成员国军队首次举行多边联合反恐演习。

2006 年 6 月 15 日，上合组织成员国元首签署了《关于在上海合作组织成员国境内组织和举行联合反恐行动的程序协定》。该协定确定了在成员国境内举行联合反恐行动的法律基础和机制，涉及人员准备的引入、参与反恐行动部队的法律地位、在接受领土上的驻留以及财政和物质保障等问题。② 这为上合组织成员国实施联合反恐行动包括军事反恐行动提供了法律基础。8 月 24—26 日，中国和哈萨克斯坦，在哈萨克斯坦阿拉木图州和中国新疆维吾尔自治区伊宁市联合举行反恐演习“天山—1号（2006）”。中塔于 9 月 22—23 日在塔吉克斯坦哈特隆州举行首次联合反恐军事演习，演习代号为“协作—2006”。2007 年 8 月 9—17 日上海合作组织成员国武装力量，携手并肩进行了一场举世瞩目的和平行动——“和平使命—2007”联合反恐军事演习。“伏尔加格勒反恐—2008”联合战役战略首长司令部演习于 2008 年 8 月 14 日—9 月 4 日在伏尔加格勒举行，塔吉克斯坦、乌兹别克斯坦、哈萨克斯坦和俄罗斯等国安全和特工部门领导以及国际反恐组织（上合组织反恐怖机构、集体安全条约组织和独联体

---

① 刘奕湛：《上合组织地区反恐怖机构将继续加强反恐各领域合作》，新华网，2017 年 9 月 17 日，http：//home. xinhua-news. com/rss/newsdetail/72375bb70b24abb7a88587df2a24f820/1505638859916。

② 中国现代国际关系研究院反恐怖研究中心编：《国际恐怖主义与反恐怖斗争年鉴（2007）》，时事出版社，2008 年版，第 50—51 页。

反恐中心）的代表参加了上合组织的反恐演习。2011 年 5 月 5—8 日，为落实《上海合作组织成员国打击恐怖主义、分裂主义和极端主义 2010 年至 2012 年合作纲要》，在中国成功举行了“天山—2 号（2011）”上合组织成员国执法安全机关联合反恐演习。为落实《上海合作组织成员国打击恐怖主义、分裂主义、极端主义合作纲要》第一条第二款，根据 2012 年 9 月 14 日上合组织地区反恐怖机构理事会决议，上合组织成员国主管机关“卡兹古尔特—反恐—2013”联合反恐演习于 2013 年 6 月 13 日在哈萨克斯坦共和国成功举行。根据上合组织地区反恐怖机构理事会决议，2016 年 10 月 19 日，上合组织成员国主管机关“合作—2016”联合反恐演习在塔吉克斯坦共和国境内举办。2017 年 8 月 10 日，在上合组织地区反恐怖机构执委会协调下，俄罗斯、哈萨克斯坦和吉尔吉斯共和国主管机关成功于亚罗斯拉夫市举行了“亚罗斯拉夫—反恐—2017”联合反恐演习。上述反恐演习不仅有助于协调相关国家的反恐行动、增强反恐效力，而且对地区恐怖主义产生了直接的震慑作用。

（四）制定和更新恐怖组织名单

2004 年 10 月，上合组织制定《上海合作组织成员国境内禁止活动的恐怖主义、分裂主义和极端主义组织名单》，列有 36 个组织。同时存在《上海合作组织成员国执法安全部门国际通缉的恐怖主义、分裂主义和极端主义性质犯罪罪犯或嫌疑犯名单》并在不断更新。在 2005 年 7 月上合组织成员国元首阿斯塔纳峰会上，通过了《上海合作组织打击恐怖主义、分裂主义和极端主义构想》，其中确定了各成员国联合打击国际恐怖主义的宗旨、任务和原则，指出了该领域合作的具体方向。就禁止在成员国境内被禁的恐怖、分裂和极端组织活动统一立场即为方向之一，其中包括制定统一的此类组织名单。① 上合组织地区反恐怖机构根据地区反恐怖机构理事会已批准并运行有《统一的上海合作组织成员国执

① 《关于在上海合作组织框架内制定恐怖组织和国际通缉人员统一名单的工作情况》，2005 年 11 月 22 日，http：//www. ecrats. org/cn/news/5658？ sphrase_id = 939。

法、安全部门国际通缉的实施或涉嫌实施恐怖主义、分裂主义或极端主义犯罪人员名单》，该统一通缉名单内共列入3000余名人员。同时还运行有《上海合作组织成员国境内禁止活动的恐怖主义、分裂主义和极端主义组织清单》，该组织清单内共列入包括“伊斯兰国”“努斯拉阵线”“东伊运”等在内的100余个组织。①

上合组织框架下反恐合作机制在不断强化和完善，能够为南亚地区反恐合作提供有益的借鉴。印巴加入上合组织后，反恐合作必将成为八国之间合作越来越重要的内容之一。

上合组织中最重要的两个国家——中国和俄罗斯与南亚国家之间有着广泛而深厚的联系，并且早已与南亚国家开展反恐合作。中国与巴基斯坦的反恐合作在深入开展，与印度的反恐合作也已展开，在阿富汗政治和解与重建中的作用也在上升。俄罗斯与印度的反恐合作在推进，也在积极参与阿富汗的重建。这为上合组织推动南亚地区的反恐合作提供了有利条件。

三、上合组织与阿富汗问题

上合组织成员国在对阿问题的目标和政策选择方面有众多的共同点，基本立场是一致或相似的，即实现和平是当务之急，反恐、禁毒，促稳、求和是首要目标和前提，地区国家也纷纷强化对阿投入，积极参与到阿经济、社会、安全等领域的重建进程。因此，这是保证上合组织成为阿实现真正和解正能量的根本保障。②

（一）上合组织日渐重视阿富汗问题

上合组织的多个成员国是阿富汗的邻国，加之地缘战略地位的重要

① 《关于上海合作组织地区反恐怖机构信息统计》，2017年7月28日，http：//ecrats. org/cn/news/6927。

② 孙昌洪：《美国从阿富汗撤军在即与上海合作组织》，李进峰、吴宏伟、李伟主编：《上海合作组织发展报告（2013）》，社会科学文献出版社，2013年版。

性，上合组织在阿富汗问题上可以发挥建设性作用。

1998 年 7 月，“上海五国”外长会议的联合声明中对阿富汗局势的紧张表示“不安”；1999 年 8 月，五国元首在联合声明中对阿富汗形势的发展更“深表忧虑”；2000 年 3 月，“上海五国”国防部长会议发表的《杜尚别声明》中也对阿富汗局势表示“严重关切”。此时也初步形成了上海合作组织对阿富汗问题的基本立场：（1）不介入的原则，不支持或反对任何一方；（2）通过政治谈判实现民族和解是解决问题的基本途径；（3）反对使用单纯军事手段解决阿富汗问题；（4）支持以联合国为中心的国际社会参与解决阿富汗问题。①

上合组织自 2001 年成立以来，一直把阿富汗作为重要合作伙伴。2002 年 1 月，上海合作组织成员国外长会议发表《联合声明》，首次比较明晰地表达了在当时情况下对阿富汗问题的立场和政策：（1）支持国际反恐联合行动，并将塔利班列为支持恐怖主义的组织；（2）支持《波恩协议》及阿富汗政治进程，支持新产生的阿富汗临时政府；（3）支持对阿富汗提供国际人道主义援助，支持在联合国主导下的阿富汗经济重建，并将在联合国框架内参与阿富汗经济重建项目。2003 年 5 月的《上海合作组织成员国元首宣言》进一步强调了上述立场。

2004 年 6 月的《上海合作组织成员国元首塔什干宣言》还将打击毒品贸易与反对恐怖主义、极端主义同视为阿富汗和平重建的必要条件。阿富汗过渡总统卡尔扎伊作为客人首次参加上合组织峰会。

2005 年 11 月 4 日，上合组织与阿富汗签订《上海合作组织与阿富汗伊斯兰共和国关于建立上海合作组织—阿富汗联络小组的议定书》。目的是就上合组织与阿富汗在共同感兴趣的问题上开展合作提出建议；联络小组由上合组织成员国常驻上合组织秘书处代表、秘书处官员和阿富汗驻中华人民共和国大使馆高级外交官组成；联络小组会议必要时可吸收上合组织其他机构的代表、上合组织成员国和阿富汗的专家参加。这

① 许涛：《上海合作组织参与解决阿富汗问题的策略与底线》，李进峰、吴宏伟、李伟主编：《上海合作组织发展报告（2014）》，社会科学文献出版社，2014 年版，第 91 页。

已成为上合组织与阿富汗之间的机制性联系渠道。

2008年8月，上合组织杜尚别峰会提出要加强上合组织—阿富汗联络组的工作，决定筹备召开阿富汗问题特别国际会议，并建议安理会授权国际安全援助部队在阿富汗打击毒品生产和走私；10月，上合组织成员国和阿富汗代表会议在北京举行。

2009年3月，上合组织发表了《上海合作组织阿富汗问题特别会议宣言》《上海合作组织成员国和阿富汗伊斯兰共和国关于打击恐怖主义、毒品走私和有组织犯罪的声明》，签署了《上海合作组织成员国和阿富汗伊斯兰共和国打击恐怖主义、毒品走私和有组织犯罪行动计划》。

2012年6月6—7日，上合组织成员国峰会在北京举行，峰会发表的《上海合作组织成员国元首关于构建持久和平、共同繁荣地区的宣言》指出："成员国支持阿富汗建成独立、中立、和平、繁荣和没有恐怖主义、毒品犯罪的国家，认为阿民族和解进程应由阿人主导、阿人所有。成员国支持联合国在协调解决阿富汗问题的国际努力中发挥主导作用。成员国将协助阿富汗人民进行国家重建。成员国决定给予阿富汗上合组织观察员地位。"①

在2013年上合组织比什凯克峰会上，各国元首一致认为，阿富汗局势走向和本地区形势息息相关，所以上合组织应该积极帮助阿富汗实现和平稳定。2014年美国从阿富汗撤军，阿富汗形势更加严峻。

2015年7月10日，《上海合作组织成员国元首关于应对毒品问题的声明》称，成员国对阿富汗规模巨大的毒品生产表示担忧，认为这对阿富汗以及其他国家经济社会发展和安全造成威胁。鉴此，各方愿在双边及多边框架下合作应对毒品威胁，促进国际社会共同努力解决该问题。

2017年10月10日至11日，"上合组织—阿富汗问题联络组"会议在莫斯科召开。与会各方一致同意采取措施加强阿与上合组织国家的合作，推动"阿人主导、阿人所有"的和平和解进程，帮助增强阿政府反

---

① 《上海合作组织成员国元首关于构建持久和平、共同繁荣地区的宣言》，新华网，http：//news. xinhuanet. com/world/2012 -06/08/c_112153618. htm。

恐能力，加快阿与地区国家互联互通和经济融合。与会各方欢迎中国在2018年举行“上合组织—阿富汗问题联络组”会议。巴基斯坦外秘塔米娜在会上强调，阿面临挑战更加严峻，安全形势日益恶化，“伊斯兰国”、“基地”组织、巴塔等恐怖组织正占领越来越多的地盘，阿国内毒品泛滥也影响到了周边国家。阿政府应与塔利班认真举行谈判，以实现阿国内长久和平。国际社会应帮助阿难民回国，打击毒品种植和走私，维护阿和地区国家安全稳定。

上合组织参加解决阿富汗问题的立场和政策概括起来应包括以下五方面：第一，充分认识到解决阿富汗问题是关系到地区稳定和世界和平的重要因素，其前景与上合组织健康发展和各成员国国家安全利益攸关；第二，支持本组织各成员国与其他国际组织及国家一道参与援助阿富汗经济重建的工作；第三，主张联合国在协调国际社会解决阿富汗问题的过程中发挥主导作用，其他国际组织与国家联盟应在联合国领导下参与促进阿富汗稳定与经济重建的工作；第四，认为单纯依靠军事手段不能解决阿富汗问题，政治解决是阿富汗和平的基本出路；第五，认为阿富汗民族和解进程应由“阿人主导、阿人所有”，无论国际组织还是相关国家作为调解方均不应支持或偏袒任何一方。

（二）上合组织为解决阿富汗问题不懈努力

其一，大力推动阿富汗政治和解进程。

上合组织与有关国家和国际及地区组织加强合作，为促进阿富汗实现民族和解与保障地区安全等关键性问题进行广泛对话和协调立场提供了重要平台。各成员国在尊重阿富汗独特政治文化传统、尊重部族和政治力量在国家社会生活中扮演重要角色上已经达成一致，愿意恪守“阿人主导、阿人所有”原则促成阿富汗各派的谈判，达成民族和解与政治和解协议，建立一个能够在真正意义上代表阿富汗大多数民族、部族和政治派别的联合政府。为此，上合组织积极推动阿富汗问题伊斯坦布尔进程部长级会议。除正式成员国以外，巴基斯坦、伊朗、印度等观察员国也将凭借各自的优势参加国际社会调解阿富汗实现和平稳定的进程，在切实推动阿富汗政治和解的国际努力中发挥积极作用。①

其二，努力推进反恐合作与禁毒合作。

《上海合作组织成员国和阿富汗伊斯兰共和国关于打击恐怖主义、毒品走私和有组织犯罪的声明》提到，上合组织和阿富汗主张进一步提高上合组织框架内的禁毒合作机制的效率，制订上合组织成员国和本地区其他有关国家禁毒部门之间情报交流、易制毒化学品管制等方面的务实合作计划，加强该机制与联合国相关禁毒机构及其他参与打击毒品种植、生产和走私的国际和地区组织的合作；上合组织成员国将更积极地利用地区反恐怖机构的潜力和条件，结合本组织框架内进行的联合反恐演习，为遏制恐怖主义威胁做出更大贡献，并邀请观察员国及其他有关国家参与协作，包括建立“反恐安全带”和研究参与保障国际安全援助部队非军用物资过境的可能性。

《上海合作组织成员国和阿富汗伊斯兰共和国打击恐怖主义、毒品走私和有组织犯罪行动计划》明确了上合组织和阿富汗在禁毒领域和反恐领域的具体安排和重点方向。

2012 年中国驻阿富汗大使徐飞洪撰文谈到，上合组织将在反恐领域发挥优势，在信息交流、边防管理、协助调查、人员培训等方面与阿富汗加强合作。上海合作组织正在考虑接纳阿富汗参加联合反恐演习，共同打击地区恐怖主义。②

2013 年 4 月 30 日，上合组织成员国主管机关禁毒部门领导人会议在比什凯克举行，哈萨克斯坦、中国、吉尔吉斯斯坦、俄罗斯、塔吉克斯坦和乌兹别克斯坦相关部门领导参加了会议，上合组织秘书长梅津采夫和地区反恐怖机构执委会主任张新枫出席会议。会议结合上合组织地区周边环境的变化，讨论了打击非法贩运毒品、精神药物及其前体，合作打击阿富汗毒品生产和运输问题。会议还研究了修改工作组编制和批准《落实 2010—2016 禁毒战略行动 2013—2014 年工作计划》。2015 年

---

① 许涛：《上海合作组织参与解决阿富汗问题的策略与底线》，李进峰、吴宏伟、李伟主编：《上海合作组织发展报告（2014）》，社会科学文献出版社，2014 年版，第 99 页。

② Xu Feihong, Afghanistan and SCO, The Daily Outlook, 28 May 2012.

12 月 2—3 日，上海合作组织地区反恐怖机构执委会科员阿达尔别克·阿尔曼赴阿拉木图市参加阿富汗阿片类药物“北方”走私路线工作会晤。期间，与会者就打击阿富汗阿片类药物和麻醉毒品跨国路线、走私合成及其他毒品，以及用于制造毒品的化学物质（前体）非法贩运等问题加强禁毒合作交换了意见。

其三，积极参与阿富汗的经济重建。

经济合作是上合组织的基础，也是上合组织的优势。上合组织当务之急就是协调相关国家，帮助它们尽快打通经过阿富汗、中亚，连接中国与伊朗的跨国铁路，实现新欧亚丝绸之路的全面贯通，以区域经济繁荣发展来促进地区局势的稳定。

印度与巴基斯坦已经正式加入上海合作组织，这或许能够为南亚地区反恐合作及阿富汗问题的解决带来新的机遇。

/第九章/

南亚反恐合作前景展望

"9·11"事件已过去16年了。16年间，美国在阿富汗付出了巨大的精力和财力。2001年10月至2017年9月，仅在阿富汗战争一项上，美国就花费了超过8000亿美元。伴随战争而来的还有沉痛的伤亡代价，至今已有超过2200名士兵在阿富汗牺牲。[①] 然而，美国并没有迎来"反恐战争"的最终胜利。相反，"越反越恐"似乎成为当今世界反恐尤其南亚反恐态势的真实写照。显而易见，南亚地区反恐合作总体上说并不成功，若不能有新的突破，那么，南亚反恐形势不容乐观。

第一节　制约南亚地区反恐合作的因素

制约南亚地区反恐合作的因素来自多个方面，较为突出的是阿富汗问题、南亚国家的治理能力、印巴关系及美国的南亚政策走向，这四个方面中的任何一个方面解决不好或者出现偏差，都可能严重妨害南亚地区的反恐合作。

一、阿富汗问题

阿富汗问题的解决状况直接影响南亚地区的恐怖主义与反恐形势。

---

① 张艾京：《"9·11"事件16周年：美国的反恐战争收效几何?》，中国新闻网，2017年9月11日，http：//www. chinanews. com/gj/2017/09－11/8327407. shtml。

如果阿富汗变得不稳定，巴基斯坦和印度在阿富汗的竞争有可能再度陷入代理人战争，如同20世纪90年代那样，巴基斯坦支持塔利班或其他普什图人组织，而印度和伊朗支持北方联盟。① 重建与政治和解是解决好阿富汗问题的关键所在。

阿富汗的重建，无论是政治重建，还是经济重建和安全重建，都不容乐观。2018年，阿富汗将迎来大选，各派势力的争斗及其结果，对于阿富汗内政外交将产生重要影响。连年战乱和动荡，对阿富汗经济发展造成严重妨害，而严重依赖外援，又使阿富汗自身的"造血"功能退化，至今尚未恢复。美国及北约在阿富汗安全部队建设上投入巨大，但自从北约撤军后，承担安全责任的阿富汗安全部队损兵折将，开小差的士兵、警察更是屡见不鲜。

经过长期艰苦谈判，阿富汗政府与"伊斯兰党"于2016年9月正式签署和平协议，这是自2001年塔利班政权被推翻以来，阿富汗新政府与反政府武装达成的第一份和平协议。此举被视为阿富汗和平进程取得了突破性进展。

2017年5月2日，美国阿重建特别检察长（SIGAR）办公室发布报告称，截至2017年2月，阿政府控制区域占国土面积约59.7%，其中97个区完全由阿政府控制，146个区在阿政府影响下。塔利班控制区域占11.1%，11个区完全由塔控制，34个区在塔影响下。② 显然，塔利班的实力不容小觑。阿政府与塔利班的和谈成功与否对于阿富汗的和平和解至关重要，但塔利班坚持外国部队停止对阿富汗的"占领"的强硬立场。2017年6月1日，塔利班发言人表示拒绝参加任何有利于延长外国在阿占领时间的会议，认为外国在阿驻军终将使所有和平努力徒劳无

---

① Sadika Hameed, Julie Halterman , Regional Dynamics and Strategic Concerns in South Asia: Pakistan's Role, January 2014, https://csis-prod.s3.amazonaws.com/s3fs-public/legacy_files/files/publication/140124_Hameed_Pakistan_Web.pdf.

② 《阿富汗政治经济动态》，中华人民共和国驻阿富汗伊斯兰共和国大使馆经济商务参赞处，http://af.mofcom.gov.cn/article/afdt/201706/20170602589550.shtml。

果。[1] 伴随美国在阿富汗的增兵，塔利班与美国新的较量即将开始。

二、南亚国家的治理能力

在南亚，一方面国家治理状况混乱或落后，任务非常艰巨；另一方面南亚国家政府的治理能力不足或虚弱。这也是南亚国家恐怖主义滋生的主要根源之一。

南亚国家的民族分离主义实际上是国家认同危机，在阿富汗、巴基斯坦部落地区也存在国家认同危机的隐患。这种认同危机有可能导致恐怖主义。在南亚，培育国家认同绝非一朝一夕之功。

宗教极端主义是南亚恐怖主义最为重要的根源之一，宗教去极端化在南亚是一个十分敏感而又复杂的问题。与此相联系，宗教学校的治理也刻不容缓。有人认为，在南亚结束叛乱的一个关键障碍是巴基斯坦的宗教学校，那里每年都有成千上万的“新塔利班”，他们基本上是信奉和“旧塔利班”一样的哲学。[2] 宗教学校治理的成败也取决于南亚国家特别是巴基斯坦的治理能力。

在南亚，尤其阿富汗、巴基斯坦和印度，腐败问题依然严重，这也是对南亚国家治理能力的又一严峻挑战。

三、印巴关系

印度与巴基斯坦两国关系是南亚地区最重要双边关系，两国关系的好坏直接影响南亚地区的和平与稳定。目前，印巴关系对区域反恐合作的影响因素主要集中在恐怖主义分歧、边界争端以及地缘安全困境上面。

---

① 《阿富汗政治经济动态》，中华人民共和国驻阿富汗伊斯兰共和国大使馆经济商务参赞处，http：//af. mofcom. gov. cn/article/afdt/201708/20170802619935. shtml。

② Daan Van Der Schriek，Weaker but not Wiser：The Taliban Today，Terrorism Monitor，Vol. 3，No. 1，2005，http：//www. jamestown. org/programs/tm/single/？ tx _ ttnews% 5Btt _ news% 5D = 326&tx_ttnews%5BbackPid%5D = 180&no_cache = 1#. V96igeyEBpY.

（一）印巴两国在恐怖主义问题的认知上存在严重分歧

印巴两国在恐怖主义问题上的纷争和矛盾制约着双方在反恐方面的合作。由于宗教和民族因素，印巴两国在恐怖主义问题的认知上存在严重分歧。[①] 印度一直认为在其国内发生的恐怖袭击和巴基斯坦有着某种关联，并多次指责巴基斯坦长期以来纵容恐怖主义，并要求巴基斯坦对其国内的恐怖主义势力进行严厉打击。与此同时，巴基斯坦对印度的指责一直持否定的态度，不承认其纵容和支持恐怖主义势力在印度策动恐怖袭击。2016 年 10 月 16 日，印度总理莫迪在果阿举行的金砖国家峰会上称巴基斯坦是“恐怖主义的母舰”，引发巴基斯坦方面强烈不满。随后，巴基斯坦总理外交事务顾问萨尔塔杰·阿齐兹指责莫迪在恐怖主义问题上“误导”金砖国家，并重申了巴基斯坦不加歧视地打击恐怖主义威胁的承诺，其中也包括反对在巴基斯坦境内活动、受印度国家资助的恐怖主义。[②] 此外，在对查谟—克什米尔地区的武装组织界定上，印巴也存在较大分歧。印度认为查谟—克什米尔地区的“虔诚军”是恐怖组织，其破坏了印控克什米尔地区的和平与安全，而巴基斯坦却反对印度的说法。巴基斯坦认为，印度试图将克什米尔地区的民族自决等同于恐怖主义，争取民族自决的人民不能被占领国看作是恐怖分子。因此，一旦再次出现关涉两国的特大暴力恐怖事件，印巴之间的反恐合作很可能出现倒退。关于建立联合反恐机制，在印度国内遭到一些安全分析专家和政党的强烈反对，因为这被认为将印巴两国的恐怖主义等同起来。[③]

（二）边界冲突影响了印巴之间的政治互信

自印巴分治以来，三次印巴战争和多次双边外交危机严重削弱了两

---

① 杜冰、李莉：《印巴关系回暖及其前景》，《现代国际关系》，2012 年第 10 期，第 21 页。

② 《借金砖峰会之机 莫迪指巴基斯坦是“恐怖主义母舰”》，《联合早报》，2016 年 10 月 17 日，http：//www. zaobao. com/news/world/story20161017 –678693。

③ Rahul K. Bhonsle, South Asia Security Trends, New Delhi：Atlantic Publishers and Distributors (p) Ltd. 2007, p. 149.

国的政治信任基础，这使得双方在反恐合作上缺乏政治信任。当前，印度和巴基斯坦两国在克什米尔地区仍然存在着严重的领土争端，印巴双方各自实际控制了克什米尔的部分区域，双方都不愿意在克什米尔问题上做出实质性的让步。近年来，印巴两国商讨在克什米尔地区开放边贸、共享水资源、缓和军事对峙的态势，并就协商如何解决这个争议区提出了各自的主张，但并没有取得实质性进展。克什米尔问题仍然是印巴两国的政治关系中的一个关键因素，要解决此问题仍然存在相当大的难度。尤为严重的是，印巴两国长期以来围绕克什米尔归属问题的冲突被国际恐怖组织所利用。[①] 印度一直把印控克什米尔地区的恐怖主义问题归咎于巴基斯坦的暗中支持，这使得恐怖主义问题与边界争端联系在一起，进一步削弱了双方在反恐合作上的信任基础。2017 年 7 月 21 日，印度和巴基斯坦再次在克什米尔地区印巴实际控制线附近发生交火，双方互相指责对方最先开火。这无疑是对领土争端造成的历史积怨和互不信任问题雪上加霜，严重阻碍了两国开展反恐合作。

（三）地缘安全困境降低了反恐合作意愿

印度独立至今，一直存在一种大国雄心。印度总理贾瓦哈拉尔·尼赫鲁曾说，“印度以它现在的地位，是不能在世界上扮演二等角色的。要么做一个有声有色的大国，要么销声匿迹，中间地位不能引动我，我也不相信中间地位是可能的。”[②] 近年来，随着综合国力的进一步提升，印度在南亚地区事务当中正发挥着前所未有的影响力。相比印度，巴基斯坦国内的政治、经济与安全形势不容乐观。在这种情况下，南亚地区格局出现力量结构失衡，从而引发了南亚地区两个核国家之间的“安全困境”，印巴两国从现实的地缘安全角度出发展开了激烈的军备竞赛。据美国《华尔街日报》报道，印度与巴基斯坦的核军备竞赛越来越激烈，新式武器和咄咄逼人的战略思想接连涌现，导致两国之间的紧张不断升

---

① 杨洁勉：《国际合作反恐：超越地缘政治的思考》，时事出版社，2003 年版，第 20 页。

② 贾瓦哈拉尔·尼赫鲁：《印度的发现》，世界知识出版社，1958 年版，第 57 页。

温，对抗风险越来越高。[①] 因此，印巴双方的“信任赤字”再度扩大，降低了双方进行合作的意愿，进一步增加了反恐合作的难度。

域外国家与印巴任何一国开展防务合作甚至反恐合作，都有可能引起另一国的警觉或不满。2016 年 2 月 12 日，美国政府宣布，将向巴基斯坦出售 8 架 F-16 战机、雷达及其他武器装备，总值 6.99 亿美元（约合人民币 46 亿元），以协助巴基斯坦打击国内恐怖组织。不过，此举让印度大为不满。

在南亚区域反恐合作中，中国的作用有可能持续提升，但印巴矛盾是中国与印度开展反恐合作的突出瓶颈[②]，印巴关系的发展状况及趋势对于中国参与南亚地区反恐合作的程度及效果都有着直接影响。

四、美国南亚政策走向的影响

美国南亚新政策对巴基斯坦、印度及阿富汗将产生不同的影响，这将直接影响到美国与这些国家的反恐合作关系，进而影响到南亚地区反恐趋势。

（一）对巴基斯坦的影响

对于巴基斯坦来说，特朗普政府的政策调整信息是非常直接的，例如“改变做法”“与现状相违背”“没有伙伴关系能够幸免于一国对武装分子和恐怖分子的容忍”。针对特朗普演讲中对巴基斯坦的指责，巴基斯坦政府和民间进行了抗议。据巴基斯坦《黎明报》报道，巴基斯坦外长赫瓦贾·阿西夫 2017 年 8 月 28 日宣布，由于美国总统特朗普近期对巴基斯坦的不实指责，巴基斯坦已宣布暂停同美国的会谈和双边访问。

---

① 《美媒：印巴核军备竞赛愈演愈烈 南亚坐上火药桶》，环球网，http://mil.huanqiu.com/world/2017-04/10420708.html。

② 张金平：《国际恐怖势力战略“东向”对“一带一路”的威胁》，载于张洁主编：《中国周边安全形势评估（2016）——“一带一路”：战略对接与安全风险》，社会科学文献出版社，2016 年版，第 205 页。

与此同时，巴基斯坦多地举行游行示威活动，抗议特朗普对巴基斯坦的指责。[①] 随着美国对巴关系的调整，美巴双方的反恐合作很难有进一步的发展，甚至会出现合作破裂的情况。

（二）对印度的影响

近年来，美国进一步密切了与印度的联系。但是，在南亚反恐方面，美国一直以来倚重的是巴基斯坦，而不是印度。随着北约拒绝在阿富汗问题上的进一步投入和美巴关系的新调整，美国需要其他合作伙伴来分担其反恐重担，而这次美国选中了印度作为其在阿富汗反恐中的“新伙伴”。特朗普在阐述其南亚政策的演讲中表示出了对印度的重视，新南亚政策的“关键部分”是进一步发展美国与印度的战略伙伴关系。特朗普在演讲中强调，“美国赞赏印度对维护阿富汗稳定方面所做的重要贡献，但印度对美国的贸易顺差已经达到了数十亿美元，因此我们希望印度更多地帮助我们，特别是在对阿经济援助和发展领域。”[②] 印度对特朗普的新南亚政策做出了积极回应，肯定了美国关于巴基斯坦成为“恐怖主义安全港”和“为恐怖分子提供跨界支持”的观点。随着美国进一步调整亚太战略，必将赋予印度更加重要的战略地位，美国需要印度发挥更积极的作用以维护阿富汗和南亚地区的和平稳定，因而美国将会进一步深化与印度的反恐合作。与此同时，印度也将积极推进美印双方反恐合作，利用美国领导的反恐联盟向巴基斯坦施压，以获得克什米尔问题的解决。

（三）对阿富汗的影响

近几年来，随着美军在阿富汗的逐步撤离，塔利班的实力得到一定

---

① 《特朗普的指责激怒巴基斯坦》，环球网，http：//world. huanqiu. com/exclusive/2017 - 08/11193257. html? _t = t。

② Full texts of Donald Trump's speech on South Asia policy, August 22, 2017, http：// www. thehindu. com/news/international/full-texts-of-donald-trumps-speech-on-south-asia-policy/article19538424. ece.

恢复。2015 年 9 月，塔利班攻陷了阿富汗北部重要城市昆都士，这标志着自 2001 年以来阿富汗的一个主要城市第一次处于塔利班控制之下。① 为了防止塔利班填补撤军之后的“权力真空”，特朗普政府的南亚新政策将放弃奥巴马政府在阿富汗“基于规定时间”的撤军计划，而是确定“基于情境”的评估，并综合运用外交、政治、军事的方法解决阿富汗问题。特朗普在 2017 年 8 月 21 日的白宫演讲中表示，美国不能重蹈在伊拉克迅速撤军的覆辙，短时间内的撤军将会给阿富汗带来一个权力真空，而“伊斯兰国”、“基地”组织和塔利班将会迅速填补这个权力真空，从而造成阿富汗国内形势的持续动荡。② 目前，美国官方认定的多个境外恐怖组织依然活跃在阿富汗和巴基斯坦境内，这些恐怖组织具有严重的反美倾向，严重影响了美国的安全利益。为此，在军事方面，特朗普计划在阿富汗额外部署 4000 名士兵来训练和支持阿富汗安全部队。③ 在外交方面，美国将拉拢印度在阿富汗问题上发挥更大作用。在政治方面，特朗普表示将减少对阿富汗国家政治的干预，尊重阿富汗的自主选择与发展。因此，美国在阿富汗问题上回归及其新的政策调整将会对南亚区域反恐合作产生重要影响，美国、印度和阿富汗三国将会在反恐问题上展开进一步合作。

第二节　助力南亚地区反恐的多边合作

“阿富汗问题”的妥善解决是根除南亚地区恐怖主义的关键内容之一。当代“阿富汗问题”的解决，主要指包括组建具有广泛代表性、清

① 《塔利班攻占阿富汗北部城市昆都士》，人民网，http://world.people.com.cn/n/2015/0929/c1002-27644414.html，2017 年 9 月 7 日。

② Full texts of Donald Trump's speech on South Asia policy, August 22, 2017, http://www.thehindu.com/news/international/full-texts-of-donald-trumps-speech-on-south-asia-policy/article19538424.ece.

③ 《特朗普就阿富汗战略发表讲话》，央视网，http://news.cctv.com/2017/08/22/ARTI8yoDITnXsN4WgrHPjUMv170822.shtml。

廉高效的中央与地方政府、加强中央集权等内容的政治重建；包括打击塔利班和“基地”组织残余力量、重建军队和警察系统、禁毒等内容的安全重建；以及包括实行紧急人道主义援助、恢复基础设施、发展教育和医疗卫生事业以及促进就业等内容的社会经济重建。[①] 为此，相关国家围绕“阿富汗问题”，在三边或多边框架下开展磋商、合作，搭建了广泛的多边合作平台，对于遏制南亚恐怖主义的威胁应该能够发挥积极作用。

一、有关的国际会议机制

（一）伊斯坦布尔进程

“伊斯坦布尔进程”于2011年成立，有14个地区成员国，另有16个域外国家和12个地区和国际组织作为支持方参与。“伊斯坦布尔进程”是目前唯一由地区国家主导的涉阿富汗地区合作机制，为促进阿和平重建发挥了积极作用。2014年10月底，中国在天津成功地举办了关于阿富汗问题的“伊斯坦布尔进程”外长会。李克强总理在此次会议的发言中提出了关于解决阿富汗问题的五点建议，呼吁国际社会携手促进阿富汗和整个地区的安全与繁荣。

“亚洲之心”阿富汗“伊斯坦布尔进程”第六次部长级会议于2016年12月3—4日在印度西北部城市阿姆利举行，会后通过了《阿姆利则宣言》，重点探讨了反恐措施和互联互通举措。在应对挑战上，《阿姆利则宣言》认定恐怖主义是威胁该地区和平稳定合作的最大威胁，严重关切阿富汗安全局势，尤其是塔利班和恐怖组织引发的骚乱，包括“伊斯兰国”及其分支、“基地”组织、“乌伊运”和“东伊运”等。为了消除该地区恐怖主义和极端势力，该地区各国安全和教育等专家将于2017年上半年召开会议商讨解决办法，并提议“亚洲之心”“伊斯坦布尔进

① 黄民兴主编：《阿富汗问题的历史嬗变》，中国社会科学出版社，2013年版，第13—14页。

程”高级官员2017年上半年举行会议，就关键步骤采取行动。

（二）亚信会议

亚洲相互协作与信任措施会议（简称亚信会议）成立于1992年，25年来不断发展壮大，已经拥有26个成员国、13个观察员国家和组织，成为亚洲为数不多的跨文明、跨地域、讨论地区安全与合作问题的重要平台。亚信会议第四次峰会于2014年5月20日在上海举行，此次峰会发表的《上海宣言》强调：恐怖主义、暴力极端主义和毒品是对阿富汗及本地区内外的安全与稳定构成的严重威胁；推动阿富汗、地区国家和国际社会之间的密切合作以应对恐怖主义挑战，包括摧毁恐怖分子庇护所、切断恐怖主义资金来源和技术支持、帮助阿打击非法制贩毒品和推广替代种植等。“亚信会议”是亚洲国家在安全领域加强合作、增强互信的地区多边论坛，有潜力在阿富汗问题上发挥积极影响。①

二、助力南亚地区反恐的三边合作

在阿富汗恐怖主义的国际治理中，还存在多个以阿富汗问题为中心的三边合作框架。

土耳其—阿富汗—巴基斯坦三国峰会自2007年开始举办，2008年12月在安卡拉举行的第二次三方峰会上，各方达成一致将安全合作拓展到军事合作、打击恐怖主义和毒品走私领域。2014年2月13日，第八届土耳其—阿富汗—巴基斯坦峰会在土耳其首都安卡拉举行，会后三国共同发表了旨在推进阿富汗和平进程的联合声明。声明强调了为实现阿富汗和平进程，在阿富汗宪法框架内达成政治共识的重要性，并呼吁阿富汗塔利班积极参与推进阿富汗和平进程。至今，三国峰会已经召开了8届，重点是加强反恐合作。

---

① 张力：《解决阿富汗问题地区国家与地区多边机制的作用》，《当代世界》，2015年第1期，第61页。

2009年6月15日，俄罗斯、巴基斯坦、阿富汗三国总统在莫斯科举行三边会谈，讨论建立三边合作机制，解决反恐问题和周边安全等问题。

2012年2月，中国、阿富汗、巴基斯坦三方对话会议在北京召开，商议如何促进阿富汗政治和解，这被外界看作是中国“第一次公开地、直接地”参与稳定阿富汗政治局面的努力。中、阿、巴三国已建立三方对话机制，初步就各方在安全领域的合作的可行性进行了沟通。

2013年2月20日，中国、俄罗斯、印度三国举行了阿富汗问题会晤，就当时及2014年外国从阿撤军后的阿富汗及地区形势交换了看法。11月，第12届中俄印外长会议在新德里召开，阿富汗问题成为会议讨论的重要议题，三国一致同意就阿富汗问题交换信息和协调立场。

2013年4月4日，中国、俄罗斯、巴基斯坦阿富汗问题三方对话在北京举行，三方同意共同致力于维护阿富汗和本地区的和平、稳定与安全，支持“阿人所有，阿人主导”的和解进程及支持上海合作组织在阿富汗问题上发挥更大作用，探讨在“伊斯坦布尔进程”框架内加强反恐、禁毒等领域合作。2016年12月28日，中国外交部阿富汗事务特使邓锡军、俄罗斯总统阿问题特使卡布洛夫和巴基斯坦外秘乔杜里在莫斯科举行阿问题三方磋商。会后三方发表新闻稿称，三方注意到阿安全形势不断恶化，对包括“伊斯兰国”在内的极端组织在阿活动日益增加表示特别关切。三方同意采取灵活措施将一些人员从联合国制裁名单中移除，以促进塔利班与阿政府开展和平对话。三方同意继续支持“阿人主导、阿人所有”的阿和解进程，同意今后扩大磋商范围并欢迎阿方参与。

尽管以上多边合作框架机制化程度较低，但关于阿富汗问题的讨论与沟通对于相关国家开展对阿富汗恐怖主义的国际治理不乏积极意义。

三、助力南亚地区反恐的的四边合作

（一）阿巴中美四方协调

2016年1月11日，中国外交部阿富汗事务特使邓锡军在巴基斯坦同阿富汗副外长卡尔扎伊、巴基斯坦外秘乔杜里、美国阿富汗及巴基斯坦事务特别代表奥尔森举行阿巴中美四方协调组首次会议。巴基斯坦总理外事顾问阿齐兹出席会议并致开幕词。四方一致同意落实去年阿富汗问题“伊斯坦布尔进程”第五次外长会期间各方达成的共识，致力于推进“阿人主导，阿人所有”的和解进程，强调应尽快重启阿富汗政府与塔利班的直接对话，以实现阿富汗及本地区的长治久安。18 日，阿巴中美四方机制第二次会议在喀布尔举行。会后四方发表联合新闻稿，表示本次会议在为阿政府与塔利班制定和谈路线图方面取得进展；呼吁塔早日与阿政府进行对话以寻求政治解决分歧。与会各方承诺坚决消灭所有形式的恐怖主义。

2 月 6 日，阿巴中美四方协调组第三次会议在伊斯兰堡举行。四方通过和谈路线图，确定和谈进程所需步骤和举措。23 日，阿巴中美四方协调组第四次会议在喀布尔举行。四方欢迎阿、巴两国建立联合工作组，同两国的宗教领袖共同协商推进阿和平进程事宜。

2016 年 5 月 18 日，中国外交部阿富汗事务特使邓锡军在巴基斯坦同阿富汗总统特使、驻巴大使扎希瓦尔、巴基斯坦外秘乔杜里、美国国务院阿富汗及巴基斯坦事务特别代表奥尔森举行阿巴中美四方协调组第五次会议。四方强调和谈是实现阿富汗持久和平稳定的唯一出路，暴力无助于解决阿富汗问题，谴责 4 月 19 日发生在喀布尔的恐怖袭击。四方重申将致力于推进“阿人主导，阿人所有”的阿富汗和解进程。邓锡军特使表示，阿巴中美四方协调组应坚持推动阿富汗和平和解的大方向，努力促成阿政府与塔利班早日和谈。①

阿富汗和巴基斯坦是南亚遭受恐怖主义威胁最严重的两个国家，美国在阿巴两国反恐领域发挥重要作用，但美巴关系很不稳定，在特朗普上台以来更是面临新的考验。中国与巴、阿关系稳定友好，与美国积极构建新型大国关系。四国协调机制在南亚反恐领域应该能够有所作为。

---

① 《外交部阿富汗事务特使邓锡军出席阿巴中美四方协调组第五次会议》，2016 年 5 月 19 日中华人民共和国外交部，http：//www. fmprc. gov. cn/web/wjdt_674879/sjxw_674887/t1364757. shtml。

（二）阿中巴塔四国机制

2016年8月3日，阿富汗、中国、巴基斯坦、塔吉克斯坦四国军队反恐合作协调机制举行高级领导人会议，中国军委联合参谋部参谋长和另外三国的参谋长与会。这次会议同时对外宣告了四国机制的成立。四国机制旨在就反恐形势研判、线索核查、情报共享、反恐能力建设、反恐联合训练、人员培训方面开展协调并相互提供支持，且相关协调合作仅在四国间展开。各方强调，成立该机制不针对任何其他国家或国际组织。

阿中巴塔四国机制与“阿巴中美四方对话”有所不同，后者是专门促进阿富汗和谈的机制，美国在其中。而前者至少目前也会以稳定阿富汗局势为首要任务之一，但它致力于推动四国军队围绕反恐的合作，整个区域的和平稳定都应是它的目标。[①] 阿中巴塔四国机制中有三国（中、巴、塔）是上合组织的正式成员国，一国（阿富汗）是上合组织观察员国。中国和巴基斯坦、塔吉克斯坦分别签订了“打击三股势力条约”并多次进行联合反恐军事演习。中阿关系不断提升，两国在安全领域的合作也在拓展。因此，有理由期待，四国机制在中亚—南亚地区反恐中发挥独特作用。

第三节　中国积极参与和推动南亚反恐合作

中国是南亚国家最大的邻国，南亚地区的稳定与发展对中国周边安全以及国家战略的实施都有重要意义。

---

① 社评：《阿中巴塔四国机制是新里程碑》，《环球时报》，2016年8月4日，http：//opinion. huanqiu. com/editorial/2016 -08/9262615. html。

一、中国在南亚的影响力可能受到美印牵制

反恐被认为是南盟—中国战略合作的关键领域。中国拥有在国家、地区和全球范围内应对恐怖问题的丰富经验，可以在打击恐怖主义的问题上与南盟国家展开有效合作。中国可以在许多方面给予支持：情报共享、执法、恐怖分子资金来源监控、军事合作和外交支持等。[①] 中国与巴基斯坦、阿富汗及印度有着程度不同的反恐合作，但并未真正参与南盟框架下的反恐合作。

巴基斯坦一直是中国正式加入南盟的坚定支持者。虽然中国是一个传统的东亚国家，但是它却与五个南盟成员国的领土接壤，南亚地区的事务不能缺少中国的参与，所以中国完全有资格而且应当成为南盟的正式成员。[②] 虽然巴基斯坦、孟加拉国和尼泊尔热衷于引进中国作为南盟的成员国，但印度和不丹则对中国加入南盟的前景显示了紧张的情绪。[③] 无疑南亚一些国家对中国给予厚望。

印度向来对域外国家与南亚国家的合作较为敏感。伴随“一带一路”的推进，特别是“孟中印缅经济走廊”和“中巴经济走廊”的建设，印度对中国与南亚国家的合作将越来越敏感、甚至不满。而在南亚，鉴于印度的强势，一些南亚国家一方面寄望于从中国获得更多投资，另一方面又担心惹恼印度从而危害到自身的安全。尼泊尔、孟加拉国、斯里兰卡莫不如此。因此，中国与南亚地区这些国家发展关系重心只能够放在经济合作上。[④] 这种观点无疑显得过于保守。

---

① 阿玛尔·贾亚瓦丹，黄云松译：《反恐与中国和南盟战略合作的前景》，李涛、荣鹰主编：《南亚区域合作发展趋势与南盟合作研究》，巴蜀出版社，2008 年版，第 258 页。

② 哈立德·拉赫曼，曾渝杰译：《制定共同的愿景：在全球化框架下的中巴合作》，［巴基斯坦］哈立德·拉赫曼、伊尔凡沙·赫扎德等：《继往开来的中国与巴基斯坦的友好关系》，云南大学出版社，2014 年版，第 41 页。

③ 帕尔维兹·伊克巴尔·齐玛，向元钧译：《南亚区域合作联盟观察员国的作用》，李涛、荣鹰主编：《南亚区域合作发展趋势与南盟合作研究》，巴蜀出版社，2008 年版，第 58 页。

④ 刘小雪：《印度监督下，中国与南亚国家只能发展经济合作》，《联合早报》，2017 年 2 月 3 日，http://www.zaobao.com/wencui/politic/story20170203-720456。

中国在南亚事务中的作用，不仅受印度的“警惕”和掣肘，而且在美国的南亚战略中，中国也常常被作为牵制、遏制的对象。反恐领域是目前南亚国家之间及南亚国家与域外国家之间开展合作的重要领域之一，其中，美国依然处于主导地位，印度也是举足轻重。然而，中国与美国、印度之间的反恐合作至今都处于较低水平，不仅仅因为对恐怖主义的认知存在严重分歧，更重要的是在战略意图及目标上不一致甚至对立。尽管如此，中国仍然应该在南亚区域反恐中有更大的作为。

二、中国应有更大的作为

恐怖主义是国际社会的公害，作为正在崛起的世界大国，中国积极参与和推动国际反恐合作可谓义不容辞。

伴随“一带一路”建设的推进，南亚在中国的战略视野中应该越来越重要。恐怖主义是南亚地区最主要的非传统安全威胁，不仅妨害南亚国家的安全和正常发展，也可能殃及、威胁中国的稳定与发展。积极参与和推动南亚地区的反恐合作对于中国而言势在必行。

中国应该巩固和提升与南亚国家相关的双边反恐机制，更要积极参与和推动南亚地区的多边反恐合作，促进联合国在南亚反恐领域发挥越来越重要的作用，推动上合组织在南亚反恐领域包括阿富汗问题上发挥更大作用。

与南亚国家打造“地区命运共同体”是中国推动构建人类命运共同体不可或缺的重要组成部分，中国应积极参与和推动南亚反恐合作，努力遏制、根除南亚的恐怖主义。

/结 语/

“9·11”事件以来，或因为现实威胁，或迫于国际压力，或兼而有之，南亚各国普遍加大了国内反恐力度。与此同时，南亚国家之间及南亚国家与域外国家之间在双边层面和多边层面的反恐合作也相应加强。正因如此，除了阿富汗之外，近年来南亚的恐怖主义威胁总体上已有所减弱。但是，南亚恐怖主义的根源尚未消除，有些方面还可能激化。应该说，南亚恐怖主义形势依然严峻。

阿富汗依然是大国博弈的最为重要的“战场”之一。在支持阿富汗反恐、重建及和解等名义下，域外多国都试图对阿富汗施加影响，这些国家在战略目标和利益上，既有交汇点，又有分歧乃至对立。围绕阿富汗问题的诸多多边合作的效应可能叠加、强化，也可能冲抵甚至抵消，互信掣肘也可能成为在阿富汗问题上多个相关国家之间关系的常态之一。

关于南亚恐怖主义威胁的应对，特朗普政府强调军事打击，而不重视阿富汗的重建与和解；在南亚反恐合作中，拉印压巴的倾向有可能加剧。美国政府不及时调整在南亚反恐问题上的偏差，有可能直接妨害南亚地区的反恐合作，甚至恶化南亚恐怖主义形势。

尽管印巴关系不睦，但印巴双边反恐合作机制在艰难中推进。印巴关系在短期内实现重大突破似乎不大可能，美国南亚新战略已对印巴关系及其合作带来影响和冲击。印度对中国的担忧及防范也有可能加强，这也对印巴关系造成消极影响。印巴关系不能正常化，南亚恐怖主义问题不可能得到妥善解决。

2017 年下半年以来，“伊斯兰国”在中东地区接连遭受重创，7 月丢失摩苏尔，接着10月又丢失巴格达以北约230千米的哈维杰。不排除“伊斯兰国”在南亚地区整合力量、拓展其活动空间的可能性。

应该肯定的是，在国际社会中关于恐怖主义威胁和危害的共识在增长而不是减弱，这是南亚地区反恐合作得以强化的重大前提。域外大国在南亚地区经济利益在不断增加，这将成为域外国家推动南亚地区反恐合作的又一动力来源。

南亚地区恐怖主义形势及反恐合作的前景，既取决于南亚国家的不懈努力，也与域外国家如美国、中国等国家的南亚战略、政策直接联系在一起，提升联合国、上合组织在南亚地区反恐领域的作用也将变得越来越重要。

总之，就短期而言，南亚反恐合作不容乐观。但是，从长期看，伴随南亚国家对恐怖主义危害认识的不断加深，加之各个层面反恐合作的不断强化，南亚的恐怖主义威胁应该能够被有效地遏制。

/附　录/

《南亚区域合作联盟制止恐怖主义公约》
（1987 年 11 月 4 日，加德满都）

南亚区域合作联盟（SAARC）的成员国注意到载于《南亚区域合作联盟宪章》中的合作原则；1985 年 12 月 7 日至 8 日召开的达卡峰会上，南亚区域合作联盟各成员国首脑认识到恐怖主义对本区域的安全和稳定造成的威胁；在 1986 年 11 月 17 日《班加罗尔宣言》中，南亚区域合作联盟各成员国首脑认为，在联盟成员国之间开展合作对于预防和消除南亚区域的恐怖主义至关重要；明确谴责所有的恐怖主义犯罪方式、方法和恐怖主义袭击，并且强烈谴责恐怖主义对生命、财产、社会经济发展、政治稳定、区域和国际和平与合作造成的影响，认识到联合国第 2625（XXV）号决议中提出的原则的重要性，这些原则要求每个国家都应该禁止组织、教唆、资助、参与在他国发生的内乱和恐怖主义活动或者默许在其领域内有组织地实施上述活动；注意到恐怖主义泛滥带来的威胁，以及对和平、合作和友善的邻邦关系造成的不利影响，同时恐怖主义泛滥也会危及国家主权和领土完整；已经决定采取有效措施，诸如通过引渡或者起诉，以确保恐怖分子不会逃脱起诉和惩罚，为实现这一目的，达成如下共识：

第一条

根据缔约国法律，按照引渡法的所有要求，符合下列任何情形的行为都被认为是恐怖主义行为，基于引渡之目的，此行为不应该被认为是政治犯罪或者政治犯罪有关的犯罪或者由政治动机引起的犯罪：

（a）1970 年 12 月 16 日于海牙签署的《关于制止非法劫持航空器的公约》规定的犯罪；

（b）1971 年 9 月 23 日于蒙特利尔签署的《关于制止危害民用航空安全的非法行为的公约》规定的犯罪；

（c）1973 年 12 月 14 日于纽约签署的《关于防止和惩处侵害应受国际保护人员包括外交代表的罪行的公约》规定的犯罪；

（d）符合任何南亚区域合作联盟成员国签署的公约并且该公约责成成员国起诉或者允许引渡的犯罪；

（e）谋杀、过失杀人、导致身体伤害的袭击、绑架、劫持人质和与火器、武器、爆炸物、危险物质相关的犯罪，当其作为实施不加区分的暴力之手段，导致他人死亡、重伤或财产严重损失；

（f）试图或者共谋实施（a）至（e）款之犯罪，帮助、教唆或者策划实施此种罪行，或者作为帮助犯参与此种罪行。

第二条

为了在南亚区域合作联盟各成员国之间进行引渡，两个或者更多的缔约国可以通过协议，将任何涉及暴力的其他严重犯罪排除出政治犯罪，与政治犯罪有关的犯罪或者由政治动机引起的犯罪的范围。

第三条

1. 当所有适用于缔约国之间的引渡条约的条款与本公约不符时，应当在缔约国之间依据本公约进行修订。

2. 根据本公约之目的，凡是在缔约国之间签订的引渡条约中没有列出为可引渡的罪行，但是为本公约第一条涉及的罪行或者根据第二条达成协议的罪行所涵盖，均可以被认为属于本公约所规定的范围之内。

3. 缔约国应当在未来签订的引渡条约中将这些罪行作为可引渡的罪行。

4. 如果某一缔约国将引渡条件规定在条约中，收到了与其没有引渡条约的另一缔约国的引渡请求，被请求国可以按照其意愿，将本公约作为对第一条涉及的犯罪或者根据第二条达成协议的犯罪进行引渡的基础。引渡应当遵守被请求国的法律。

5. 如果缔约国没有将引渡条件规定在条约中，那么它应当将第一条涉及的犯罪根据第二条达成协议的犯罪作为可引渡的罪行，遵守被请求国的法律。

第四条

当犯有第二条涉及的犯罪或者根据第三条达成协议的犯罪嫌疑人在某一缔约国境内被发现，并且该缔约国收到了另一缔约国的引渡请求，如果该缔约国未引渡该犯罪嫌疑人，那么它必须尽快向其主管机关提起诉讼，该机关应当以按照国内法之严重性犯罪所采取的同样方式做出决定。

第五条

为了实现第四条之目的，每一缔约国都可以在其认为适当的时候，在遵守国内法、满足互惠原则的前提下，采取这样的措施来实现其对第一条涉及的犯罪或者根据第二条达成协议的犯罪的管辖权。

第六条

被指控的犯罪人于某一缔约国境内被发现，该缔约国在收到另一缔约国的引渡请求后，应按照其国内法立即采取适当的措施，以确保该犯罪人可以被引渡或者对其提起诉讼。被请求国采取的措施应当立即通知请求国。

第七条

对于被请求国来说，如果案件过于轻微、基于恶意提出交出或遣送在逃犯罪人的请求、因为正义或其他任何原因交出或遣送在逃犯罪人是不公平的、不适宜的，此时缔约国没有引渡的义务。

第八条

1. 缔约国应当根据其国内法，为另一缔约国提供更大限度的相互协助，以确保对第一条涉及的犯罪或者根据第二条达成协议的犯罪进行的诉讼顺利进行，包括提供其掌握的与诉讼有关的所有证据材料。

2. 缔约国之间应当在其国内法允许的范围内相互合作，在适当的机构之间协商，交换信息、情报和专门技术，以及采取其他适当的合作方式，通过协助措施制止恐怖主义活动。

第九条

1. 本公约应当向南亚区域合作联盟成员国开放，供其在南亚区域合作联盟位于加德满都的秘书处签署。

2. 本公约应当经过批准。批准书应当交存于南亚区域合作联盟秘书长处。

第十条

本公约自第七份批准书交存南亚区域合作联盟秘书长 15 日后生效。

第十一条

南亚区域合作联盟秘书长负责保管本公约，并且负责向成员国通报本公约的签署和批准书的存放情况。秘书长应当将经核准的批准书副本送达给每一成员国。秘书长还应当告知成员国本公约依照第十条的生效日期。

下列各政府的全权代表，经正式授权，在本公约上签字以资证明。

1987 年 11 月 4 日签署于加德满都，八份英文原件同等作准。

孟加拉人民共和国外交部长　胡马云·拉希德·乔杜里

印度共和国外交部长　纳特瓦尔·辛格

尼泊尔外交事务和土地改革部长　赛伦德拉·库马尔·乌帕德亚伊

不丹王国外交部长　达瓦·才仁

马尔代夫共和国外交部长　法图拉·贾米尔

巴基斯坦伊斯兰共和国外交部长　扎因·努拉尼

斯里兰卡民主社会主义共和国外交部长　A. C. 沙阿·哈米德

此文件译文引自：赵永琛、杜邈编译：《区域反恐约章汇编》，中国人民公安大学出版社，2009 年版。

《南亚区域合作联盟制止恐怖主义公约》的附加议定书

铭记《南盟宪章》和《联合国宪章》保护下的合作目的与原则；回顾2002年1月6日在加德满都通过的第十一届南盟峰会宣言；进一步回顾在第十一届南盟峰会上，各国元首和政府首脑重申支持2001年9月28日联合国安理会第1373号决议，并确认他们将继续通力合作，共同防止和打击一切形式的恐怖主义，包括通过加强合作和充分执行缔约国关于恐怖主义有关国际公约，并呼吁所有会员国防止和制止资助恐怖主义行为，特别是将为恐怖主义提供、获得和资金等行为定为犯罪行为。

谨记南盟部长理事会在2002年8月22日加德满都第二十三届会议上的决定，理事会授权为《南盟制止恐怖主义公约》制定附加议定书，认识到更新“公约”的重要性，以履行安全理事会第1373（2001）号决议所规定的义务。

达成协议如下：

第一条　目标

附加议定书的目的是加强《南盟制止恐怖主义公约》，特别是通过将为恐怖主义提供、募集或获得资金的行为定为犯罪行为，并采取进一步措施，防止和制止这种资助行为。为此，缔约国同意根据本附加议定书的规定采取必要措施，加强它们之间的合作。

第二条　定义

1. “资金”是指各类资产，无论是有形资产还是无形资产，动产或不动产，以及任何形式的法律文件或文书，包括电子或数字证明这些资产的所有权或利益，包括但不限于银行信贷、旅行支票、银行支票、汇票、股票、证券、债券、汇票和信用证。

2. “收益”是指为实施第3条规定的犯罪而直接或间接获得的任何

资金。

第三条 犯罪行为

1. 如果任何人以任何方式直接或间接，非法和故意地为恐怖主义提供或募集资金，意图使用该资金或事前了解它们将会全部或部分用于恐怖主义行为，都是触犯附加议定书的罪行：（a）构成本议定书附件所列条约范围之内并定义的犯罪行为；或（b）任何其他意图对平民造成死亡或严重人身伤害的行径，这种行为的性质或目的是恐吓民众，或由于该行为强迫政府或国际组织实施或不实施某种行为；或者（c）在任何南盟成员国为缔约国，且要求缔约国履行起诉或引渡义务的公约范围内的犯罪。

2.（a）关于交存其批准书、接受书、核准书或加入书，在本公约适用于缔约国时，不属于附件所列条约缔约国的国家可以声明，该条约应被视为未列入第1段（a）项所述附件。该国家一旦加入条约，该声明即失效，该缔约国应通知保存人此事实；（b）当缔约国退出附件所列条约时，可以根据本条规定，做出关于该条约的声明。

3. 对于构成前面第1款所述罪行，实际上并不要求资金确实被用于实施第1款（a）、（b）或（c）项所述的罪行。

4. 任何人如果企图触犯本条约第1款所述的犯罪行为，即属犯罪。

5. 任何人若有如下行为都构成犯罪：

（a）作为共谋参与本条第1款或第4款所述的罪行；

（b）组织或指示他人实施本条第1款或第4款所述的罪行；

（c）通过具有共同目标的群体协助实施本条第1款或第4款所述的一项或多项的罪行。这种协助是有意为之，并应：（i）以促进该群体的犯罪活动或犯罪动机为目的，如果该活动或动机涉及本条第1款所述的犯罪行为；或（ii）了解该群体意图实施本条第1款规定的犯罪行为。

第四条 国内措施

缔约国应根据各自宪法的规定，努力成为其尚未加入附件所列国际文书的缔约方。

第五条　法律实体责任

1. 各缔约国均应根据其国内法律原则，当负责管理或控制该法律实体的人实施了第三条所规定的犯罪时，采取必要措施，使位于其境内或依照其法律组织的法律实体在其能力范围内负起责任。这种责任可以是刑事的，民事的或行政的。

2. 这些责任的追究对于已经实施犯罪的个人或群体同等对待。

3. 各缔约国应特别确保按照上文第 1 款，对负有责任的法律实体进行相应的刑事、民事或行政制裁。这种制裁可能包括货币制裁。

第六条　防止、制止和消除资助恐怖主义的措施

1. 缔约国应在国家层面审议并采取一切实际措施，特别是通过调整国内立法来防止，制止和消除资助恐怖主义，并就此进行有效的国际合作，包括：

（a）建立对银行，其他金融机构和其他易于资助恐怖活动的实体的全面国内监管制度。该制度要求银行和其他金融机构和实体采取特别有效措施，对客户进行识别，特别注意异常和可疑交易，并及时向主管机关报告所有复杂，不寻常的没有明显的经济或明显的合法目的大型交易和异常交易模式；

（b）检测和监测现金、无记名可转让票据和其他资产的跨境变动措施。这些措施应受到安全部门的监督，以确保信息的正确使用和不应阻碍合法的资本流动；

（c）与本附加议定书第 3 条中所列国际条约范围内任何构成犯罪的资助或支持行为相关的刑事调查或刑事诉讼协助措施，包括协助取得诉讼必要的证据；

（d）建立和监督其主管和服务机构之间的沟通渠道，以便在国内法律规定的范围下，安全、迅速地交换关于第 3 条所列各项犯罪行为的相关信息。

2. 为便于上述措施，各缔约国均应考虑采取措施，建立和维持一个金融情报机构，作为收集、分析和发布有关洗钱和恐怖主义资金来源信息的国家中心。

第七条 扣押和没收资金或其他资产

1. 基于可能没收的目的，各缔约国均应根据其国内法律原则采取适当措施，鉴别、检查和冻结或扣押为实施第 3 条所列罪行而使用或分配的任何资金以及来自这些罪行的收益。

2. 各缔约国均应根据其国内法律原则采取适当措施，没收用于或分配用于实施第 3 条所列罪行的资金和这些罪行所得的收益。

3. 每个缔约国可以考虑与其他缔约国在定期或个案基础上就本条规定没收之所得达成共享协议。

4. 本条规定的执行不影响第三方善意行事的权利。

5. 第 1 款所述的措施适用于在缔约国管辖范围内外犯下的罪行。

第八条 洗钱的上游犯罪

1. 缔约国应采取必要措施，确保其国内洗钱立法也将包括本附加议定书第 3 条所列上游犯罪。

2. 第 1 款所述的洗钱的上游犯罪应包括在缔约国管辖范围内外实施的犯罪。

第九条 出入境合作与海关管控

1. 缔约国应根据其各自的国内法律和行政制度，促进合作和信息交流，改进出入境和海关控制措施，查明和防止恐怖分子的国际流动和旨在支持恐怖主义的武器或其他物资的走私活动。

2. 为此，他们应促进合作和交流信息，加强对旅游和身份证件发放的管理，防止假冒，伪造或者冒用。

3. 在不违反公民自由流动和商业便利化的国际承诺的情况下，进行合作。

第十条　执法机关合作

缔约国应根据各自的国内法律和行政制度，彼此密切合作，提高执法行动的效力，以打击第3条所列国际文书所确立的犯罪行为。

第十一条　司法互助

1987年《南盟制止恐怖主义公约》有关法律协助的第八条的规定，比照适用于本附加议定书第3条规定的犯罪行为。

第十二条　引渡

1. 1987年《南盟制止恐怖主义公约》第三条的规定，比照适用于本附加议定书第3条所列罪行

2. 1987年《南盟制止恐怖主义公约》有关引渡或起诉责任的第四条的规定，比照适用于本附加议定书第3条所列罪行。

第十三条　财务犯罪例外排除

作为引渡或司法协助的目的，第三条所列罪行均不得视为财务犯罪。因此，缔约国不得仅以涉及财务犯罪行为由拒绝引渡请求或司法协助请求。

第十四条　政治犯罪例外排除

为了引渡或司法协助，第3条规定的国际文书所确定的任何罪行均不得视为政治犯罪或与政治犯罪有关或受政治动机引起的罪行。因此，引渡或相互法律援助请求不得仅以其涉及政治罪或与政治犯罪有关的罪行或以政治动机引起的罪行为由拒绝。

第十五条　难民身份之拒绝

各缔约国均应采取符合国家和国际法的有关规定的适当措施，以确保难民地位不给予任何有严重理由认为他或她已经犯有本附加议定书第

3 条规定的犯罪行为的人。

第十六条 非歧视原则

如果被请求缔约国有充分理由相信，引渡或提供司法协助的请求是基于某人的种族、宗教、国籍、族裔或政治观点而对其起诉或惩罚的目的，或者接受该请求将由于这些原因对该人的地位产生偏见，则本附加议定书的任何规定均不得解释为强求被请求缔约国引渡或提供司法协助。

第十七条 主权平等和领土完整的原则

1. 缔约国应以符合国家主权平等和领土完整原则以及不干涉别国内政的原则履行本附加议定书规定的义务。

2. 本附加议定书规定，缔约国无权在另一缔约国领土上行使管辖权或履行根据本国法律专门为另一缔约国当局保留的职能。

第十八条 国际法规定的权利与义务

本附加议定书不得解释为影响国家和个人根据国际法规定，特别是《联合国宪章》、国际人道主义法和国际人权法的宗旨和原则，所享有的其他的权利与义务。

第十九条 技术合作

缔约国应酌情促进与其他区域和国际组织进行与本附加议定书目标和宗旨有关的技术合作和培训活动。

第二十条 磋商

缔约国应根据实际情况定期进行协商，以便促进：

（a）有效执行本附加议定书；以及

（b）交流关于在“附加议定书”范围内预防，侦查，调查和惩罚恐怖主义犯罪的有效手段和方法的信息和经验。

第二十一条　与《南盟制止恐怖主义公约》的关系

本附加议定书是对1987年11月4日在加德满都通过的《南盟制止恐怖主义公约》的补充，1987年的《南盟制止恐怖主义公约》和本附加议定书应被作为单一文书一起阅读和解释。

第二十二条　签署和批准

本附加议定书在加德满都的南盟秘书处对南盟所有成员国开放签字。它应当提交各国批准。批准书应交存南盟的秘书长。

第二十三条　生效

附加议定书应在第七份批准书交存南盟协理会秘书长之后第三十天生效。

第二十四条　保管人

南盟秘书长应为本附加议定书的保管人，并负责通知各成员国签字并保有所有批准书。秘书长应将这些文书的核证副本转交给每个会员国。秘书长还应根据第二十三条通知会员国本附加议定书生效的日期。

下列经正式授权之人员，代表各自国家政府在本附加议定书签字以资证明。

孟加拉国外交部长 M. 莫希德・汗

印度共和国外交部长贾斯旺特・辛格

尼泊尔王国政府全权大使贝克 B. 塔帕

不丹王国外交部长列奥波・那多・仁增

马尔代夫共和国外交部长法图拉・贾米尔

巴基斯坦伊斯兰共和国外交部长库雷希・M. 卡苏里

斯里兰卡民主社会主义共和国外交部长蒂龙・费尔南多

附件：

A. 1970 年 12 月 16 日在海牙签署的《制止非法劫持航空器公约》。

B. 1971 年 9 月 23 日在蒙特利尔签署的《关于制止危害民用航空安全的非法行为的公约》。

C. 1973 年 12 月 14 日联合国大会通过的《关于防止和惩处侵害应受国际保护人员（包括外交代表）的罪行的公约》。

D. 1979 年 12 月 17 日联合国大会通过的《反对劫持人质国际公约》。

E. 1980 年 3 月 3 日在维也纳签署的《核材料物质保护公约》。

F. 1988 年《补充关于制止危害民用航空安全的非法行为的公约的制止在为国际民用航空服务的机场上的非法暴力行为的议定书》

G. 1988 年 3 月 10 日在罗马签署的《制止危及海上航行安全的非法行为公约》。

H. 1988 年 3 月 10 日在罗马签署的《制止危及大陆架固定平台安全非法行为议定书》。

I. 1997 年 12 月 15 日联合国大会通过的《制止恐怖主义爆炸事件国际公约》。

联合国安理会第1267（1999）号决议

（1999年10月15日安全理事会第4051次会议通过）

安全理事会，重申其以前关于阿富汗局势的各项决议，特别是1998年8月13日第1189（1998）号、1998年8月28日第1193（1998）号和1998年12月8日第1214（1998）号决议，以及各项主席声明，重申对阿富汗主权、独立、领土完整和国家统一的坚定承诺和对阿富汗文化和历史遗产的尊重，重申深切关注继续发生违反国际人道主义法和侵犯人权的行为，特别是歧视妇女和女童和鸦片非法生产大增，并强调塔利班在马扎里沙里夫占领伊朗伊斯兰共和国总领事馆、杀害伊朗外交官和一名记者的行为是公然违反公认国际法，回顾有关的国际反恐怖主义公约，特别是这些公约规定缔约国有义务引渡或起诉恐怖分子，强烈谴责继续利用阿富汗领土，尤其是塔利班控制区来窝藏和训练恐怖分子，策划恐怖分子行为，并重申坚信打击国际恐怖主义对于维护国际和平与安全至关重要，痛惜塔利班继续庇护乌萨马·本·拉登，允许他及其同伙从塔利班控制区操办一个恐怖分子训练营网络，并利用阿富汗作为基地发动国际恐怖分子行动，注意到美利坚合众国已对乌萨马·本·拉登及其同伙起诉，主要罪行是1998年8月7日炸毁美国驻肯尼亚内罗毕使馆和驻坦桑尼亚达累斯萨拉姆使馆，以及阴谋在美国国外杀害美国国民，并注意到美利坚合众国要求塔利班将他们交出受审（S/1999/1021），认定塔利班当局不遵从第1214（1998）号决议第13段的要求，对国际和平与安全构成威胁，

强调决心确保其决议受到尊重，根据《联合国宪章》第七章采取行动，

1. 坚决要求自称为阿富汗伊斯兰酋长国的阿富汗派系塔利班迅速遵守安理会以前各项决议，特别是停止庇护和训练国际恐怖分子及其组织，采取适当有效措施确保其所控制的领土不被用来设立恐怖分子的设施和

营地，或者策划或组织针对其他国家或其公民的恐怖分子行为，并协助将被起诉的恐怖分子绳之以法；

2. 要求塔利班不再拖延地将乌萨马·本·拉登送交已对他起诉的国家的有关当局，或会将他移送起诉国的另一国家有关当局，或会将他逮捕并有效绳之以法的国家的有关当局；

3. 决定在1999年11月14日，所有国家均应采取下文第4段规定的措施，除非在此之前安理会已根据秘书长的报告做出决定，认为塔利班已全面遵守上文第2段规定的义务；

4. 还决定为了执行上文第2段，所有国家均应：

(a) 拒绝准许经下文第6段所设委员会指定的塔利班本身或代表塔利班拥有、租借或营运的任何飞机在本国领土起飞或降落，除非委员会以人道主义需要、包括诸如朝圣之类宗教义务为由事先批准该次飞行；

(b) 冻结经下文第6段所设委员会指定的资金和其他财政资源，包括由塔利班本身或是由塔利班拥有或控制的企业，所拥有或直接间接控制的财产所衍生或产生的资金，并确保本国国民或本国境内的任何人，均不为塔利班的利益或为塔利班拥有或直接间接控制的任何企业的利益，提供这些或如此指定的任何其他资金或财政资源，但委员会以人道主义需要为由而逐案核准者除外；

5. 敦促所有国家合作努力，实现上文第2段提出的要求，并考虑对乌萨马·本·拉登及其同伙采取进一步措施；

6. 决定根据暂行议事规则第28条设立安全理事会的一个委员会，由安理会全体成员组成，负责执行下列任务，并向安理会报告工作和提出意见和建议：

(a) 向所有国家索取进一步资料，以了解为有效执行上文第4段所定措施而采取的行动；

(b) 审议各国就违反上文第4段所定措施的事件提请它注意的资料，并为应付违规行为建议适当的措施；

(c) 定期向安理会报告上文第4段所定措施的效果，包括人道主义影响；

(d) 定期向安理会报告其收到的有关涉嫌违反上文第 4 段所定措施的事件的资料，尽可能指明据报参与这类违规行为的人或实体；

(e) 指定上文第 4 段所指的飞机、资金或其他财政资源，以便执行该段所定措施；

(f) 审议按上文第 4 段的规定豁免该段所定措施的请求，并就国际航空运输协会（空运协会）代表各国际航空公司向阿富汗航空当局支付空中交通管制服务费用方面准予豁免这些措施做出决定；

(g) 审查按照下文第 9 段提出的报告；

7. 呼吁所有国家，无论有任何国际协定，或在上文第 4 段所定措施生效之日以前签订的任何合同或颁发的任何执照或许可证所赋予的任何权利或规定的任何义务，仍应严格按照本决议的规定行事；

8. 要求各国对在其管辖下违反上文第 4 段所定措施的人和实体提出控诉，并施以适当处罚；

9. 要求所有国家同上文第 6 段所设委员会在履行其任务方面充分合作，包括提供委员会根据本决议可能索取的资料；

10. 请所有国家在上文第 4 段所定措施生效后 30 天内向上文第 6 段所设委员会报告本国为有效执行上文第 4 段而采取的步骤；

11. 请秘书长向上文第 6 段所设委员会提供一切必要协助，并为此目的在秘书处内做出必要安排；

12. 请上文第 6 段所设委员会根据秘书处的建议，确定与主管国际组织、各邻国和其他国家以及有关各方的适当安排，以改进对上文第 4 段所定措施执行情况的监测；

13. 请秘书处提交从各国政府和公共来源收到的关于可能违反上文第 4 段所定措施的行为的资料，以供上文第 6 段所设委员会审议；

14. 决定一俟秘书长向安全理事会报告说，塔利班已经履行上文第 2 段规定的义务，即终止上文第 4 段所定措施；

15. 表示准备根据《联合国宪章》赋予的职责，考虑采取进一步措施以使本决议得到充分执行；

16. 决定继续积极处理此案。

联合国安理会1373（2001）号决议
(2001年9月28日安全理事会第4385次会议通过)

安全理事会，重申其1999年10月19日第1269（1999）号和2001年9月12日第1368（2001）号决议，又重申断然谴责2001年9月11日在纽约、华盛顿特区和宾夕法尼亚州发生的恐怖主义攻击，并表示决心防止一切此种行为，还重申这种行为，如同任何国际恐怖主义行为，对国际和平与安全构成威胁，再次申明《联合国宪章》所确认并经第1368（2001）号决议重申的单独或集体自卫的固有权利，重申必须根据《联合国宪章》以一切手段打击恐怖主义行为对国际和平与安全造成的威胁，深为关切在世界各地区，以不容忍或极端主义为动机的恐怖主义行为有所增加，呼吁各国紧急合作，防止和制止恐怖主义行为，包括通过加强合作和充分执行关于恐怖主义的各项国际公约，确认各国为补充国际合作，有必要在其领土内通过一切合法手段采取更多措施，防止和制止资助和筹备任何恐怖主义行为，重申大会1970年10月的宣言（第2625（XXV）号决议）所确定并经安全理事会1998年8月13日第1189（1998）号决议重申的原则，即每个国家都有义务不在另一国家组织、煽动、协助或参加恐怖主义行为，或默许在本国境内为犯下这种行为而进行有组织的活动，根据《联合国宪章》第七章采取行动，

1. 决定所有国家应：

（a）防止和制止资助恐怖主义行为；

（b）将下述行为定为犯罪：本国国民或在本国领土内，以任何手段直接间接和故意提供或筹集资金，意图将这些资金用于恐怖主义行为或知晓资金将用于此种行为；

（c）毫不拖延地冻结犯下或企图犯下恐怖主义行为或参与或协助犯下恐怖主义行为的个人、这种人拥有或直接间接控制的实体以及代表这种人和实体或按其指示行事的个人和实体的资金和其他金融资产或经济

资源，包括由这种人及有关个人和实体拥有或直接间接控制的财产所衍生或产生的资金；

（d）禁止本国国民或本国领土内任何个人和实体直接间接为犯下或企图犯下或协助或参与犯下恐怖主义行为的个人、这种人直接间接拥有或控制的实体以及代表这种人或按其指示行事的个人和实体提供任何资金、金融资产或经济资源或金融或其他有关服务；

2. 还决定所有国家应：

（a）不向参与恐怖主义行为的实体或个人主动或被动提供任何形式的支持，包括制止恐怖主义集团召募成员和消除向恐怖分子供应武器；

（b）采取必要步骤，防止犯下恐怖主义行为，包括通过交流情报向其他国家提供预警；

（c）对于资助、计划、支持或犯下恐怖主义行为或提供安全庇护所的人拒绝给予安全庇护；

（d）防止资助、计划、协助或犯下恐怖主义行为的人为敌对其他国家或其公民的目的利用本国领土；

（e）确保把参与资助、计划、筹备或犯下恐怖主义行为或参与支持恐怖主义行为的任何人绳之以法，确保除其他惩治措施以外，在国内法规中确定此种恐怖主义行为是严重刑事罪行，并确保惩罚充分反映此种恐怖主义行为的严重性；

（f）在涉及资助或支持恐怖主义行为的刑事调查或刑事诉讼中互相给予最大程度的协助，包括协助取得本国掌握的、诉讼所必需的证据；

（g）通过有效的边界管制和对签发身份证和旅行证件的控制，并通过防止假造、伪造或冒用身份证和旅行证件，防止恐怖分子和恐怖主义集团的移动；

3. 呼吁所有国家：

（a）找出办法加紧和加速交流行动情报，尤其是下列情报：恐怖主义分子或网络的行动或移动；伪造或变造的旅行证件；贩运军火、爆炸物或敏感材料；恐怖主义集团使用通讯技术；以及恐怖主义集团拥有大规模毁灭性武器所造成的威胁；

(b) 按照国际和国内法交流情报，并在行政和司法事项上合作，以防止犯下恐怖主义行为；

(c) 特别是通过双边和多边安排和协议，合作防止和制止恐怖主义攻击并采取行动对付犯下此种行为者；

(d) 尽快成为关于恐怖主义的国际公约和议定书、包括1999年12月9日《制止资助恐怖主义的国际公约》的缔约国；

(e) 加强合作，全面执行关于恐怖主义的国际公约和议定书以及安全理事会第1269（1999）号和第1368（2001）号决议；

(f) 在给予难民地位前，依照本国法律和国际法的有关规定、包括国际人权标准采取适当措施，以确保寻求庇护者未曾计划、协助或参与犯下恐怖主义行为；

(g) 依照国际法，确保难民地位不被犯下、组织或协助恐怖主义行为者滥用，并且不承认以出于政治动机的主张为理由而拒绝引渡被指控的恐怖分子的请求；

4. 关切地注意到国际恐怖主义与跨国有组织犯罪、非法药物、洗钱、非法贩运军火、非法运送核、化学、生物和其他潜在致命材料之间的密切联系，在这方面并强调必须加紧协调国家、分区域、区域和国际各级的努力，以加强对国际安全所受到的这一严重挑战和威胁的全球反应；

5. 宣布恐怖主义行为、方法和做法违反联合国宗旨和原则，知情地资助、规划和煽动恐怖主义行为也违反联合国的宗旨和原则；

6. 决定按照其暂行议事规则第28条设立一个由安理会全体成员组成的安全理事会委员会，在适当专家的协助下监测本决议的执行情况，吁请所有国家至迟于本决议通过之日后90天，并于以后按照委员会提出的时间表，向委员会报告本国为执行本决议而采取的步骤；

7. 指示委员会与秘书长协商，界定其任务，在本决议通过后30天内提出一项工作方案，并考虑其所需支助；

8. 表示决心按照《宪章》规定的职责采取一切必要步骤，以确保本决议得到全面执行；

9. 决定继续处理此案。

《中华人民共和国政府和巴基斯坦伊斯兰共和国政府关于打击恐怖主义、分裂主义和极端主义的合作协定》

中华人民共和国政府和巴基斯坦伊斯兰共和国政府（以下单称“一方”，合称“双方”），确认相互尊重主权和平等互利，希望加强双方在打击恐怖主义、分裂主义和极端主义方面的有效合作，重申在根据本协定开展的合作中应尊重人权，决定缔结本协定，并达成协议如下：

第一条

双方应根据各自国家的法律和规定在本协定项下开展合作和提供协助。

第二条

一、为本协定的目的，对下列术语定义如下：

（一）恐怖主义是指：

1. 本协定附件所列任何条约确定为犯罪的任何行为，

2. 根据双方各自国内法构成犯罪的恐怖主义行为，包括涉及使用枪支、爆炸物和其他武器或任何其他行为，致使在武装冲突情况下造成平民或未积极参与军事行动的任何其他人员死亡或重大人身伤害，或者对非军事性质的物质目标造成重大损失，以及组织、策划、共谋、教唆上述活动的行为，此类行为因其性质或背景可认定为恐吓居民、破坏公共安全或强制政权机关或国际组织以实施或不实施某种行为，并且根据双方各自国内法构成犯罪。

（二）分裂主义是指旨在破坏任何一方的国家主权和领土完整的行为，包括煽动把国家领土的一部分分裂出去或使用暴力分解国家，以及策划、准备、共谋和教唆从事上述活动的行为，并且此类行为根据双方各自法律构成犯罪。

（三）极端主义是指根据双方各自国内法构成犯罪的极端行为，包括旨在使用暴力危害国家安全和公共安全的任何行为，以及为达到上述目的组织或参加非法武装团伙，并且此类行为根据双方各自国内法也构成犯罪。

（四）上述定义仅限于本双边协定的特定目的，并不影响双方在任何其他情况下对这些问题的立场。

二、双方应当采取必要措施，包括努力制定国内法，以使第二条第一款所指行为受到与其性质相符的处罚。

为该条所规定行为的违法所得及收益，为掩饰、隐瞒其来源和性质而实施的下列行为：

（一）提供资金账户；

（二）协助将财产转换为现金或者金融票据；

（三）通过转账或者其他结算方式协助资金转移；

（四）协助将资金汇往境外；

（五）以其他方式掩饰、隐瞒上述违法所得及收益的来源和性质。

第三条

第二条第一款所指行为应包括组织、领导、参加恐怖主义、分裂主义或极端主义组织的行为。

第四条

第二条第一款所指行为应包括向恐怖主义、分裂主义或极端主义活动提供资金、训练、技术和武器的行为。

第五条

第二条第一款所指行为应包括明知相关资产为该条所规定行为的违法所得及收益，为掩饰、隐瞒其来源和性质而实施的下列行为：

（一）提供资金账户；

（二）协助将财产转换为现金或者金融票据；

（三）通过转账或者其他结算方式协助资金转移；

（四）协助将资金汇往境外；

（五）以其他方式掩饰、隐瞒上述违法所得及收益的来源和性质。

第六条

第二条第一款所指行为应包括实施此种行为未遂。

第七条

引渡将根据双方于二〇〇三年十一月三日签署的现有引渡条约处理。

第八条

一、双方应指定负责执行协定的本国中央主管机关，并通过外交途径相互通知。任何一方如果变更其中央主管机关，应通过外交途径通知另一方。

二、本条第一款所指的中央主管机关，在中华人民共和国方面为公安部，在巴基斯坦伊斯兰共和国方面为内政部。

三、双方中央主管机关为执行本协定可直接联系和协作。

四、双方中央主管机关应相互通报具体联系方式，包括负责日常联系的机构及其用于日常联系的电话、传真、电子信箱等。如联系方式发生变化，应当及时通知另一方。

第九条

一、双方中央主管机关应建立对口部门及专家定期会晤和磋商机制，就打击第二条第一款所指行为的事项相互通报情况、交换意见和协调立场。

二、应一方中央主管机关的请求，双方中央主管机关还可为执行本协定举行特别会晤和磋商。

第十条

双方中央主管机关应当根据请求交换其掌握的双方共同关心的情报，包括：

（一）恐怖主义、分裂主义和极端主义组织的情况及其成员的情况，包括组织的名称、结构、主要活动及其成员的姓名、国籍、住所或居所、外表特征、照片、指纹及其他有助于确定和辨认这些成员的资料；

（二）恐怖主义、分裂主义和极端主义组织为在任何一方境内实施第二条第一款所指行为的计划、培训及培训地点的情报；

（三）恐怖主义、分裂主义和极端主义组织利用第三国针对任何一方准备和实施第二条第一款所指行为的情报；

（四）恐怖主义、分裂主义和极端主义组织及其成员非法制造、获取、储存、转让、运输、贩卖、使用（或威胁使用）毒害性、放射性、传染性物质和爆炸物质、引爆装置、枪支弹药、核武器、化学武器、生物武器和其他大规模杀伤性武器以及可用于制造上述武器的原料和设备的情报；

（五）恐怖主义、分裂主义和极端主义组织及其成员针对任何一方国家元首及其他国家领导人、外交代表机关、领事机构、国际组织工作人员、代表团和重要设施等采取恐怖活动或者威胁实施恐怖活动的情报；

（六）恐怖主义、分裂主义和极端主义组织非法制造和传播恐怖主义、分裂主义、极端主义思想的宣传品（印刷品和音像制品等）的情报；

（七）恐怖主义、分裂主义和极端主义组织资金来源和途径等方面的情报；

（八）恐怖主义、分裂主义和极端主义组织活动的特点、规律、方法和手段等方面的情报；

（九）关于预防、发现和制止恐怖主义、分裂主义和极端主义活动的经验等情报、信息及资料；

（十）有关涉嫌在另一方国内参与实施第二条第一款所指行为的一

方国民的信息，包括其外貌特征、身份证件、住所或居所、照片等资料；

（十一）向恐怖主义、分裂主义和极端主义活动提供资金、技术、武器、训练的组织或人员的情报。

第十一条

在司法协助方面，被请求方应当根据请求，提供如下协助：

（一）在审判参与或涉嫌参与针对请求方实施第二条第一款所指行为的人员时，允许请求方中央主管机关或外交、领事代表旁听；

（二）根据请求方的请求，与请求方中央主管机关合作，或者协助请求方中央主管机关侦查与第二条第一款所指行为有关的案件。经另一方同意，请求方可以派遣工作组到另一方境内协助调查。工作组的成员应当遵守有关国际公约、双边协定、另一方的国内法以及另一方所提出的要求。

第十二条

一、为执行本协定，双方应在警用科研、技术交流、开发及提高警用技术、合作生产技术器材和装备等方面加强合作，包括必要时相互提供技术和物资援助。

二、一方从另一方获取的资料、专用器材、设备和器械，未经另一方事先书面同意，不得向第三方转交。

三、一方根据本协定相互协助时配备或使用的侦查行动方式、专门人员、专用器材和后勤保障材料性能等信息，未经另一方事先书面同意，不得向第三方提供，亦不得向外界公布。

四、双方中央主管机关之间的例行会议、情报交流、个案合作等内容均严格保密。一方未经另一方事先同意，不得向第三方透露。

第十三条

除非另有约定，双方各自承担其执行本协定所产生的费用。

第十四条

双方中央主管机关根据本协定开展合作应当以中文和英文作为工作语言。

第十五条

本协定不限制双方就本协定事项及与其宗旨和目标不相抵触的事项签订其他国际条约的权利，也不影响双方根据其参加的其他国际条约所享有的权利和承担的义务。

第十六条

有关本协定解释或适用的任何争议，应通过外交途径解决。

第十七条

经外交协商并履行适当程序，本协定可在任何时候予以修订。

第十八条

本协定须经批准。本协定自互换批准书之日起生效。

本协定有效期五年。双方经外交途径于本协定期满前六个月书面同意，本协定有效期可顺延五年。

任何一方可在任何时候通过外交途径提前六个月通知另一方，以终止本协定。

双方全权代表在本协定上签字，以昭信守。

本协定于二〇〇五年四月五日在伊斯兰堡签订，一式两份，每份均用中文和英文写成，两种文本同等作准。

中华人民共和国代表

李肇星

（签字）

巴基斯坦伊斯兰共和国代表

阿夫塔布·艾哈迈德·汗·谢尔宝

(签字)

一、一九七〇年十二月十六日在海牙签署的《关于制止非法劫持航空器的公约》

二、一九七一年九月二十三日在蒙特利尔签署的《关于制止危害民用航空安全的非法行为的公约》

三、一九七三年十二月十四日联合国大会通过的《关于防止和惩处侵害应受国际保护人员包括外交代表的罪行的公约》

四、一九七九年十二月十七日联合国大会通过的《反对劫持人质国际公约》

五、一九八〇年三月三日在维也纳通过的《核材料实物保护公约》

六、一九八八年二月二十四日在蒙特利尔签署的作为对《关于制止危害民用航空安全的非法行为的公约》补充的《制止在为国际民用航空服务的机场上的非法暴力行为的议定书》

七、一九八八年三月十日在罗马签署的《制止危及海上航行安全非法行为公约》

八、一九八八年三月十日在罗马签署的《制止危及大陆架固定平台安全非法行为议定书》

九、一九九七年十二月十五日联合国大会通过的《制止恐怖主义爆炸事件的国际公约》

参考文献

中文专著

1. 许利平主编:《亚洲极端势力》,社会科学文献出版社,2007年版。

2. 邱永辉等:《南亚宗教发展态势》,社会科学文献出版社,2014年版。

3. 杨恕、宛程:《阿富汗毒品与地区安全》,时事出版社,2015年版。

4. 李涛、陈继东、谢代刚主编:《"地区形势发展与中巴关系"国际研讨会论文集》,四川出版集团,2010版。

5. 李涛、荣鹰主编:《南亚区域合作发展趋势与南盟合作研究》,巴蜀出版社,2008年版。

6. 黄民兴主编:《阿富汗问题的历史嬗变》,中国社会科学出版社,2013年版。

7. 孙壮志:《中亚安全与阿富汗问题》,世界知识出版社,2003年版。

8. 陈利君主编:《南亚报告(2010—2011)》,云南大学出版社,2011年版。

9. 李湛军:《恐怖主义与国际治理》,中国经济出版社,2006年版。

10. 余建华等:《恐怖主义的历史演变》,上海世纪出版集团,2015

年版。

11. 胡联合:《当代世界恐怖主义与对策》，东方出版社，2001 年版。

12. 金宜久主编:《当代宗教与极端主义》，中国社会科学出版社，2008 年版。

13. 朱素梅:《恐怖主义：历史与现实》，世界知识出版社，2006 年版。

14. 张家栋:《恐怖主义与反恐怖：历史、理论与实践》，上海人民出版社，2012 年版。

15. 张家栋:《恐怖主义论》，时事出版社，2007 年版。

16. 杨洁勉等:《国际恐怖主义与当代国际关系——“9 · 11”事件的冲击和影响》，贵州人民出版社，2002 年版。

17. 花军、韩本毅:《国际恐怖主义》，中国人民大学出版社，1989 年版。

18. 杨洁勉等:《国际合作反恐：超越地缘政治的思考》，时事出版社，2003 年版。

19. 王伟光:《恐怖主义、国家安全与反恐战略》，时事出版社，2011 年版。

20. 张金平:《国际恐怖主义与反恐策略》，人民出版社，2012 年版。

21. 胡志勇:《21 世纪初南亚国际关系研究》，上海社会科学学院出版社，2013 年版。

22. 潘志平主编:《中南亚的民族与宗教冲突》，新疆人民出版社，2003 年版。

23. 杨思灵主编:《南亚报告（2015—2016）》，云南大学出版社，2016 年版。

24. 余建华等:《上海合作组织非传统安全研究》，上海社会科学院出版社，2009 年版。

25. 陈继东、晏世经等:《印巴关系研究》，四川出版集团巴蜀书社，2010 年版。

26. 朱威烈:《中东恐怖主义研究》，时事出版社，2010 年版。

27. 吴寄南、郭隆隆、邱丹凤：《变态的斗争——当今世界的恐怖活动与反恐怖斗争》，云南教育出版社，1989 年版。

28. 朱威烈等：《中东反恐怖主义研究》，时事出版社，2010 年版。

29. 任佳主编：《南亚国情研究》，中国社会科学出版社，2012 年版。

30. 任佳主编：《南亚国情研究》（第二辑），中国社会科学出版社，2015 年版。

31. 马振岗主编：《稳步向前的上海合作组织——专家纵论 SCO》，世界知识出版社，2006 年版。

32. 杨焰婵：《南亚地缘政治历史演变研究》，中国社会科学出版社，2017 年版。

33. 中国现代国际关系研究所反恐怖研究中心编：《世界主要国家和地区反恐怖政策与措施》，时事出版社，2002 年版。

34. 阎守邕：《国家安全和美国反对恐怖主义的战略思想》，海洋出版社，2005 年版。

35. 王逸舟主编：《恐怖主义溯源》，社会科学文献出版社，2002 年版。

36. 中国现代国际关系研究所反恐怖研究中心编：《国际恐怖主义与反恐怖斗争》，时事出版社，2001 年版。

37. 中国现代国际关系研究院美欧研究中心编：《反恐背景下美国全球战略》，时事出版社，2004 年版。

38. 张家栋：《全球化时代的恐怖主义及其治理》，上海三联书店，2007 年版。

39. 阎学通、齐皓等：《中国与周边中等国家关系》，社会科学文献出版社，2015 年版。

40. 张贵洪：《超越均势：冷战后美国南亚安全战略》，浙江大学出版社，2007 年版。

41. 中国现代国际关系研究院反恐怖研究中心编：《国际恐怖主义与反恐怖斗争年鉴（2003）》，时事出版社，2004 年版。

42. 中国现代国际关系研究院反恐怖研究中心编：《国际恐怖主义与

反恐怖斗争年鉴（2004）》，时事出版社，2005 年版。

43. 中国现代国际关系研究院反恐怖研究中心编：《国际恐怖主义与反恐怖斗争年鉴（2005）》，时事出版社，2006 年版。

44. 中国现代国际关系研究院反恐怖研究中心编：《国际恐怖主义与反恐怖斗争年鉴（2006）》，时事出版社，2007 年版。

45. 中国现代国际关系研究院反恐怖研究中心编：《国际恐怖主义与反恐怖斗争年鉴（2007）》，时事出版社，2008 年版。

46. 中国现代国际关系研究院反恐怖研究中心编：《国际恐怖主义与反恐怖斗争年鉴（2008）》，时事出版社，2009 年版。

47. 中国现代国际关系研究院反恐怖研究中心编：《国际恐怖主义与反恐怖斗争年鉴（2009）》，时事出版社，2010 年版。

48. 中国现代国际关系研究院反恐怖研究中心编：《国际恐怖主义与反恐怖斗争年鉴（2013—2014）》，时事出版社，2015 年版。

49. 中国现代国际关系研究院反恐怖研究中心编：《国际恐怖主义与反恐怖斗争年鉴（2015）》，时事出版社，2016 年版。

50. 中国现代国际关系研究院反恐怖研究中心编：《国际恐怖主义与反恐怖斗争年鉴（2016）》，时事出版社，2017 年版。

译著

1. ［巴基斯坦］里亚兹·穆罕默德汗著，曾祥裕等译：《阿富汗和巴基斯坦：冲突极端主义抵制现代性》，时事出版社，2014 年版。

2. ［巴基斯坦］艾哈迈德·拉希德著，钟鹰翔译：《塔利班：宗教极端主义在阿富汗及其周边地区》，重庆出版社，2015 年版。

3. ［美］J. L. 埃斯波西托著，东方晓等译：《伊斯兰威胁——神话还是现实?》，社会科学文献出版社，1999 年版。

4. ［印度］拉贾·莫汉著，朱翠萍、杨怡爽译：《莫迪的世界——扩大印度的势力范围》，社会科学文献出版社，2016 年版。

5. ［美］詹姆斯·W. 彼得森著，罗天虹、波尔特、晓云译：《北约与恐怖主义》，世界知识出版社，2015 年版。

6. ［英］依高普里·莫拉兹编，周展、曹瑞涛、王俊译：《恐怖主义研究——哲学上的争议》，浙江大学出版社，2010 年版。

7. ［美］保罗·R. 皮拉尔著，王潍海译：《恐怖主义与美国外交政策》，中国友谊出版公司，2002 年版。

8. ［美］奥德丽·克罗宁著，宋德星、蔡焱译：《恐怖主义如何终结》，金城出版社，2017 年版。

9. ［英］查尔斯·利斯特著，蒋奕晖译：《“伊斯兰国”简论》，中信出版社，2016 年版。

10. ［巴基斯坦］哈立德·拉赫曼、伊尔凡沙·赫扎德等著，陈继东译：《继往开来的中国与巴基斯坦的友好关系》，云南大学出版社，2014 年版。

11. ［美］美国“9·11”独立调查委员会编，史禺等译：《“9·11”委员会报告》，世界知识出版社，2005 年版。

12. ［巴基斯坦］佩尔韦兹·穆沙拉夫著，张春祥等译：《在火线上：穆沙拉夫回忆录》，译林出版社，2006 年版。

13. ［美］约翰·L. 埃斯波西托、达丽亚·莫格海德著，晏琼英等译：《谁代表伊斯兰讲话：十几亿穆斯林的真实想法》，中国社会科学出版社，2010 年版。

英文专著

1. Voker Rittberger, Regime Theory and International Relations, Oxford: Clarendon Press, 1993.

2. Nirode Mohanty, Indo-US Relations: Terrorism, Nonproliferation, and Nuclear Energy, Lexington Books, 2015.

3. Moeed Yusuf, ed, Pakistan's Counterterrorism Challenge, Georgetown University Press, 2014.

4. Natasha Underhill, Countering Global Terrorism and Insurgency: Calcu-

lating the Risk of State Failure in Afghanistan, Pakistan, and Iraq, Palgrave Macmillan, 2014.

5. Shivani Raswan, Cross Border Terrorism in India: With Reference To International Regime, New Delhi: Vij Books India Pvt Ltd., 2014.

6. Observer Research Foundation, South Asia Post 9/11 Searching for Stability, New Delhi: KW Publishers Pvt Ltd., 2013.

7. Observer Research Foundation, Counter Terrorism in South Asia, New Delhi: KW Publishers Pvt Ltd., 2011.

8. K Santhanam and Srikanth Kondapalli eds., Asian Security and China2000 -2010, Delhi: Shipra Publications, 2004.

9. Anand Kumar ed., The Terror Challenge in South Asia and Prospect of Regional Cooperation, New Delhi: Pentagon Security International, 2012.

10. Rahul K. Bhonsle, South Asia Security Trends, New Delhi: Atlantic Publishers and Distributors (p) Ltd., 2007.

11. Antia Inder Singh, the United States, South Asia and Global Anti-terrorist Coalition, New Delhi: India Research Presss, 2006.

12. Col. Ved Prakash, Terrorism in India's North-East A Gathering Storm, Delhi: Kalpaz Publications, 2008.

13. Chandra Bhushan, Terrorism and Separatism in North-East India, Delhi: Kalpaz Publications, 2004.

14. D. P. Sharma, Hydry-Headed Monster: Terrorism, Insurgence and Extremism in India, New Delhi: Lancers Books, 2008.

15. Brigitte L. Nacos, Terrorism and Counterterrorism: Understanding Threats and Responses in the Post-9/11 World, New York: Pearson Education, Inc., 2008.

16. Liselotte Odgaard, The Balance of Power in Asia-Pacific Security: US-China polices on regional order, London; New York: Routledge, 2007.

17. M. G. Chitkara and Girdhari Sharma, International Terrorism, New Delhi: A. P. H. Publishing Corporation, 2002.

18. Edward V. Linden ed. , World Terrorism, New York: Nova Science Publishers, Inc. , 2002.

19. Bhure Lal, Terrorism Inc. : The Lethal Cocktail of ISI, Taliban and Al-Qaida, New Delhi: Siddharth, 2002.

20. Grant Wardlaw, Political Terrorism: Theory, tactics, and counter-measures, New York: Cambrisge University Press, 1989.

21. William M. Carpenter and David G. Wiencek eds, Asian Security handbook: terrorism and the new security environment, New York: M. E. Sharpe, Inc. , 2005.

22. Rohan Gunaratna ed. Terrorism in The Asia-Pacific: Treat and Response, Singapore: Times Media Private Limited, 2003.

23. K Santhanam ed. , Asian Security Strategies in a Period of Uncertainty, New Delhi: Institute for Defence Studies and Analyes, 2003.

24. Manan Dwivedi, South Asia Security, Delhi: Kalpaz Publications, 2009.

25. V. D. Chopra ed. , Global Challenge of Terrorism, New Delhi: Gyan Publishing House, 2002.

26. Marika Vicziany ed. , Controlling Arms and Terror in the Asia Pacific: After Bali and Baghdad, Cheltenham, UK; Northampton, MA: Edward Elgar. 2007.

27. Ryan Clarke, Crime-Terror Nexus in South Asia: States, security and non-state acors, NewYork: Routledge, 2011.

28. Imtiaz Ahmed ed. , Understanding Terrorism in South Asia: Beyond Statist Discourses, New Delhi: Manohar Publishers & Distributors , 2006.

29. P. R. Kumaraswamy and Ian Copland eds, South Asia: The Spectre of Terrorism, New York: Routledge, 2009.

30. Sumit Ganguly and David P. Fidler, India and Counterinsurgency, New York: Routledge, 2009.

31. B. K. Singh, Insurgency and terrorism in India and Pakistan, Delhi:

A. k. Publications, 2009.

32. Elena N. Popov ed. , Mumbai, India and Terrorism, New York: Nova Science Publishers, Inc. , 2010.

33. Narayan Singh Rao, Global Terrorism and Security (Volume – one), New Delhi: Mittal Publications, 2010.

34. Rohan Gunaratna, Inside Al Qaeda: Global Network of Terror, New York: Berkley Books, 2002.

35. Omprakash MIshra and Sucheta Ghosh eds, Terrorism and Low Intensity Conflict in South Asian Region, New Delhi: Manak Publications, 2003.

36. Asoka Bandarage, The Separatist Conflict in Sri Lanka: Terrorism, Ethnicity, political economy, New York: Routledge, 2009.

37. A. Z. Hilali, US – Pakistan Relationship: Soviet Invasion of Afghanistan, Burlington, VT: Ashgate, 2005.

38. Hall Gardner, American Global Strategy and the "War on Terrorism", Burlington, VT: Ashgate, 2005.

39. Frank Columbus ed. , The National Security Strategy of the United States of America, New York: Novinka Books, 2003.

40. S. D. Muni, Responding to terrorism in South Asia, New Delhi: Mannohar Publishers and Distributors, 2006.

41. Rosemary Foot, Human Rights and Counter-terrorism in America's Asia Policy, New York: Oxford University Press, 2004.

42. Nivedita Majumdar ed. , An Anthology of Writings on Terrorism in South Asia: The Other Side of Terror, New York: Oxford University Press, 2009.

43. Mary Buckley and Rick Fawn eds. , Global Responses to Terrorism: 9/11, Afghanisatn and beyond, London; New York: Routledge, 2003.

44. Debidatta Aurobinda Mahapatra, World Order, Multipolarism and Terrorism: The Indian Approch, New Delhi: New Century Publications, 2011.

45. Niranjan Dass, Terrorism and Militancy in South Asia, New Delhi:

MD Publications Pvt Ltd. , 2006.

46. Grant Wardlaw, Political Terrorism: Theory, tactics, and countermeasures, New York: Cambridge University Press, 1982.

47. Charles w. Kegley, The New Global Terrorism: Characteristics, Causes, Controls, Upper Saddle River, NJ: Prentice Hall, 2003.

48. Bruce Hoffman, Inside Terrorism, London: Victor Gollancz, 1998.

49. John E. Owens and John W. Dumbrell, eds. , America's "War on Terrorism": New Dimensions in U. S. Government and National Security, Lexington Books, 2008.

50. Satish Chandra, International Terrorism and It's Control: Developing International Law and Operational Machanisms, Allahabad, India: Vohra Publishers & Distributors, 1989.

51. Dilip K. Das and Peter C. Kratcoski eds, Meeting the challenge of global terrorism: prevention, control, and recovery, Maryland: Lexington Books, 2003.

52. Andrea Bianchi ed. , Enforcing International Law Norms Against Terrorism, Oxford: Hart Publishing, 2004.

53. Javaid Rehman, Islamic State Practices, International Law and the Threat from Terrorism: A Critique of the "Clash of Civilisations", Hart Publishing, 2005.

54. Yonah Alexander ed. , Counterterrorism Strategies: Successes and Failures of Six Nation, Potomac Books, Inc. , 2006.

55. Veena Kukreja and M. p. Singh eds, Pakistan: Democracy, Development and Security Issues, New Delhi: Sage Publications, 2005.

/后 记/

本人主持的课题——《南亚地区的恐怖主义与反恐合作研究》（教育部人文社会科学研究规划基金项目）的最终成果，终于可以交稿了。思虑再三，还是想说几句。

时光荏苒，我从事恐怖主义问题与国际反恐合作研究已有16年了。

20世纪90年代初，一个偶然的机会，我了解到左翼激进势力及巴勒斯坦激进势力的“光辉事迹”，尤其是他们实施的自杀式袭击，这曾被人们解读为“舍生取义”“杀身成仁”“视死如归”，让我困惑不已。90年代末，恐怖主义问题在中国日渐凸显，开始引起中国学术界的关注。2000年秋季，我决定尝试研究中国周边地区特别是中亚地区的恐怖主义问题。孰料一年后因为“9·11”事件的发生，关于恐怖主义问题的研究急剧升温，以至于至今可能已可以列入“显学”了吧？这绝非学术界值得庆贺的“幸事”。

伴随美国主导的全球反恐战争的推进，南亚恐怖主义形势却在不断恶化。2011年5月1日，国际恐怖主义“大亨”本·拉登在巴基斯坦被美国大兵击毙，为此美国媒体甚至官方宣称美国主导的全球反恐战争取得了重大胜利，然而，南亚地区的恐怖主义形势并没有明显好转，相反似乎陷入了“越反越恐”怪圈。何以如此？我想一探究竟。2011年以来，对于南亚地区的恐怖主义和国际反恐合作问题的研究，我一直是在时断时续的状态中进行，期间申报的教育部项目获得了批准，在这个项目的基础上，现在终于完成了这本专著。

借此机会，我最想感谢的是刘小林教授，他一直热心地关注并支持我的研究，令我感佩不已。我要感谢我的硕士研究生陈宗华，他为人质朴，做事踏实，给我提供了不少帮助；我的硕士研究生张辉对本书的写作也有贡献。我要特别感谢中国社会科学院亚太与全球战略研究院的博士后许娟为此项目所付出的努力。

西北政法大学的张金平教授、复旦大学的张家栋教授等为我提供的恐怖主义问题学术交流机会，使我受益匪浅，在此一并致谢。

近一年来，时事出版社的编辑高冉、骆永昆和方苹一直与我保持良好的沟通，体现出可贵的敬业精神和优秀的职业素养。对此我深表谢意！

还有一些朋友和亲戚也为我提供了难能可贵的帮助，在此不一一具名，但我心存感激。

近年来，我国专注或兼顾做恐怖主义与反恐问题研究的人员在明显增多，相关的专门研究机构在急速增加，特别是一些院校已陆续建立专门的学院或研究院，无疑这对我国的恐怖主义与反恐及国家安全问题的研究将发挥越来越重要的作用，但这种发展趋势直接折射或反映了我国恐怖主义形势的严峻性，使我深感不安。

学术界的问题研究有冷热之分，但我期盼我所从事的恐怖主义问题研究尽快“冷”下来。为此，我将继续贡献我的绵薄之力。

2017 年深秋

图书在版编目（CIP）数据

南亚恐怖主义与反恐合作研究 = A Study of South Asia's Terrorism and Counter-terrorism Cooperation/马勇著．—北京：时事出版社，2018.6

ISBN 978-7-5195-0189-1

Ⅰ.①南…　Ⅱ.①马…　Ⅲ.①恐怖主义—研究—南亚②反恐怖活动—研究—南亚　Ⅳ.①D735.088

中国版本图书馆 CIP 数据核字（2017）第 308168 号

出版发行：时事出版社
地　　址：北京市海淀区万寿寺甲 2 号
邮　　编：100081
发行热线：（010）88547590　88547591
读者服务部：（010）88547595
传　　真：（010）88547592
电子邮箱：shishichubanshe@ sina. com
网　　址：www. shishishe. com
印　　刷：北京朝阳印刷厂有限责任公司

开本：787×1092　1/16　印张：17.75　字数：276 千字
2018 年 6 月第 1 版　2018 年 6 月第 1 次印刷
定价：108.00 元